50
AUTORES-CHAVE
DE FILOSOFIA
...E SEUS TEXTOS INCONTORNÁVEIS

Dados Internacionais de Catalogação na Publicação (CIP)
(Câmara Brasileira do Livro, SP, Brasil)

Grissault, Katy
  50 autores-chave de filosofia : ...e seus textos incontornáveis / Katy Grissault ; tradução de João Batista Kreuch. – 2. ed. – Petrópolis, RJ : Vozes, 2024.

  Título original: 50 auteurs-clés de philosophie

  ISBN 978-85-326-6789-2
  1. Filosofia 2. Filósofos I. Título.

24-188548 CDD-100

Índices para catálogo sistemático:

1. Filosofia 100
Eliane de Freitas Leite – Bibliotecária – CRB-8/8415

KATY GRISSAULT

50 AUTORES-CHAVE DE FILOSOFIA
...E SEUS TEXTOS INCONTORNÁVEIS

Tradução de João Batista Kreuch

EDITORA VOZES

Petrópolis

© 2010, Éditions Nathan, Paris.
Publicado por Nathan, Paris.

Tradução do original em francês intitulado
50 auteurs-clés de philosophie... et leurs textes incontournables!

Direitos de publicação em língua portuguesa – Brasil:
2012, Editora Vozes Ltda.
Rua Frei Luís, 100
25689-900 Petrópolis, RJ
www.vozes.com.br
Brasil

Todos os direitos reservados. Nenhuma parte desta obra poderá ser reproduzida ou transmitida por qualquer forma e/ou quaisquer meios (eletrônico ou mecânico, incluindo fotocópia e gravação) ou arquivada em qualquer sistema ou banco de dados sem permissão escrita da editora.

CONSELHO EDITORIAL

Diretor
Volney J. Berkenbrock

Editores
Aline dos Santos Carneiro
Edrian Josué Pasini
Marilac Loraine Oleniki
Welder Lancieri Marchini

Conselheiros
Elói Dionísio Piva
Francisco Morás
Gilberto Gonçalves Garcia
Ludovico Garmus
Teobaldo Heidemann

Secretário executivo
Leonardo A.R.T. dos Santos

PRODUÇÃO EDITORIAL

Aline L.R. de Barros
Marcelo Telles
Mirela de Oliveira
Natália França
Otaviano M. Cunha
Priscilla A.F. Alves
Rafael de Oliveira
Samuel Rezende
Vanessa Luz
Verônica M. Guedes

Editoração: Giulia Araújo
Diagramação: Editora Vozes
Revisão gráfica: Bianca Guedes
Capa: Érico Lebedenco
Ilustração de capa: Studio Graph-it

ISBN 978-85-326-6789-2 (Brasil)
ISBN 978-209-186059-6 (França)

Este livro foi composto e impresso pela Editora Vozes Ltda.

SUMÁRIO

Apresentação, 9

ANTIGUIDADE, 11

Coordenadas, 13
Quadro cronológico, 17

    1 Heráclito de Éfeso, 19

    2 Parmênides, 23

    3 Platão, 26

    4 Aristóteles, 32

    5 Epicuro, 39

    6 Lucrécio, 46

    7 Epiteto, 50

    8 Marco Aurélio, 55

    9 Sexto Empírico, 59

    10 Plotino, 63

    11 Agostinho (Santo), 68

IDADE MÉDIA E RENASCENÇA, 75

Coordenadas, 77
Quadro cronológico, 81

    12 Tomás de Aquino (Santo), 83

    13 Maquiavel, 90

    14 Montaigne, 96

SÉCULO XVII, 101

Coordenadas, 103
Quadro cronológico, 107

15 BACON, 109

16 HOBBES, 114

17 DESCARTES, 120

18 PASCAL, 127

19 LOCKE, 133

20 ESPINOSA, 138

21 MALEBRANCHE, 144

22 LEIBNIZ, 148

SÉCULO XVIII, 155

Coordenadas, 157
Quadro cronológico, 161

23 BERKELEY, 163

24 MONTESQUIEU, 167

25 HUME, 171

26 ROUSSEAU, 177

27 DIDEROT, 182

28 KANT, 186

SÉCULO XIX, 197

Coordenadas, 199
Quadro cronológico, 203

29 HEGEL, 205

30 SCHOPENHAUER, 213

31 COMTE, 216

32 COURNOT, 222

33 TOCQUEVILLE, 226

34 MILL, 231

35 KIERKEGAARD, 235

36 MARX, 240

37 NIETZSCHE, 246

SÉCULO XX, 253

Coordenadas, 255

Quadro cronológico, 259

38 FREUD, 261

39 HUSSERL, 267

40 BERGSON, 271

41 ALAIN, 277

42 BACHELARD, 281

43 HEIDEGGER, 285

44 WITTGENSTEIN, 291

45 POPPER, 296

46 SARTRE, 300

47 ARENDT, 306

48 LÉVINAS, 311

49 MERLEAU-PONTY, 315

50 FOUCAULT, 327

Referências, 325

APRESENTAÇÃO

A quem se destina este pequeno guia?

Este guia apresenta o essencial da produção filosófica de uma forma intencionalmente prática e viva.

Destina-se àqueles e àquelas que desejam adquirir conhecimentos fundamentais ou renovar o que aprenderam como estudantes. Constitui, assim, uma fonte de informações sintéticas para o candidato a qualquer exame ou concurso para os quais seja necessária uma base mínima de cultura filosófica.

Mas tivemos em vista, igualmente, aqueles e aquelas que devem prestar provas de filosofia em níveis de graduação, ou outros tipos de exames semelhantes. Este pequeno guia proporcionará a cada um o material essencial de que precisa para enriquecer sua bagagem.

Como usar este guia?

Este livro foi construído de maneira estritamente cronológica. Seguiu a ordem dos séculos e, dentro de cada século, a ordem de nascimento dos autores.

Cada capítulo se apresenta da mesma maneira, a saber:

• Diversas páginas de "Coordenadas" indicam as características essenciais do século ou período em questão.

• Uma cronologia coloca em relação os autores, encerrando essas coordenadas históricas.

Apresentação

- Uma seção é consagrada, em seguida, a cada um dos autores, incluindo elementos de sua biografia, suas teses essenciais, seguidas de um extrato de uma de suas obras-chave.

- Cada extrato é objeto de uma apresentação seguida de um comentário indicado pelas palavras: "Chaves textuais". Esse comentário chama a atenção do leitor para as características do texto que se segue, à semelhança do que faria um guia turístico diante de uma obra de arte ou um monumento. O estudante de filosofia poderá encontrar nesses comentários os elementos principais para um trabalho ou mesmo ideias e exemplos interessantes para aprofundar em uma dissertação ou um exame oral.

- No final do volume consta índice dos autores.

Advertências

Nós fizemos uma opção pela brevidade, a fim de que o leitor fosse realmente encorajado a estudar o guia por inteiro. Podemos dizer que aqui está contido aquilo que é, expressamente, *proibido ignorar* em matéria de filosofia. Dessa forma, tivemos que fazer escolhas cruéis. Algumas exclusões poderão decepcionar leitores especializados. Nesse caso, contamos com a sua compreensão, cientes do fato de que a ausência dos autores que aqui se encontram os teria decepcionado ainda mais!

ANTIGUIDADE

A Antiguidade foi o período decorrido entre o século VI a.C. e o ano 476 d.C. (data da queda do Império Romano). Período fecundo, ele estabeleceu as bases do conhecimento racional, bem como da reflexão ética e política. Foi neste período que nasceu a filosofia ocidental e que se elaboraram as doutrinas que marcaram toda a história da filosofia até nossos dias.

Os pré-socráticos: a emergência do discurso racional

O início do conhecimento racional: a rejeição do mito

A filosofia apareceu no século VI a.C. com aqueles que, mais tarde, foram designados como "pré-socráticos" (os predecessores de Sócrates). Antes de tudo, a filosofia se elaborou a partir de uma ruptura com os modos anteriores de explicação do mundo e, mais particularmente, em oposição à explicação mitológica dos fenômenos. Se quisermos compreender a natureza, é preciso romper com a explicação irracional que se apoia no divino. Os pré-socráticos elaboraram, portanto, uma obra científica, se considerarmos que seu propósito era explicar o mundo não mais a partir de um princípio misterioso e transcendente, mas a partir da própria razão, apelando para um olhar crítico sobre a mitologia.

As escolas jônicas

Foi na Jônia (ou Iônia), em Mileto, e em Éfeso, sobretudo, que apareceram esses primeiros discursos racionais. Os pré-socráticos nos ofereceram uma cosmogonia (explicação da formação do universo). Chamamo-los de fisiólogos (autores de um discurso – *logos* – sobre a natureza – *fisio*) porque eles procuraram explicar a natureza a partir de um princípio material único e fonte de todas as coisas.

Antiguidade

Em Mileto, **Tales** (por volta de 625 a 546 a.C.), considerado o primeiro dos pré-socráticos e, nesse sentido, é como que o pai da filosofia. Matemático (devemos a ele o famoso "teorema de Tales"), astrônomo brilhante que ficou rico graças aos seus conhecimentos dos astros, ele elaborou uma explicação natural do mundo: a água era o princípio de todas as coisas. Para **Anaxímenes** (586-526 a.C.), era o ar que representava o elemento originário, ao passo que para **Anaximandro** (610-545 a.C.), esse seria um princípio indeterminado, o Ilimitado (o *apeiron*). Resta certo que os filósofos da Escola de Mileto se caracterizaram por este esforço para compreender a origem e a organização do universo não mais em referência aos mitos, mas vinculando, antes, a um princípio originário natural a existência de todas as coisas.

Esse era, igualmente, o propósito de **Heráclito** de Éfeso, que entendia o fluxo e o vir a ser como manifestações de um princípio único, o fogo. Segundo essa filosofia da mobilidade universal, tudo estava em oposição e não era senão uma só coisa. Aqui nasceram as premissas da dialética que os pensadores do século XIX, principalmente, revisitaram.

Os filósofos italianos

Na Itália, igualmente, foi um princípio único que se procurou estabelecer, porém não um princípio material, mas sim espiritual.

Pitágoras (século VI a.C.) considerava que o mundo era ordenado pelos números: diante da permanente instabilidade que via no homem, ele se empenhou em pensar uma unidade original e organizativa.

Parmênides pertenceu à escola dos eleatas. Ele levou à filosofia uma de suas essenciais exigências: pensar o ser a partir de um discurso lógico em que os argumentos, rigorosamente concatenados, permitem evitar o erro. O Um é o Todo e o princípio, eterno, imóvel e imutável.

Assim vimos nascer aqui a exigência filosófica da unificação e da explicação racional de todas as coisas, o questionamento relativo à origem primeira e ao princípio da organização do *cosmos*.

A filosofia clássica (séculos V e IV a.C.)

Os sofistas

Os pré-socráticos colocaram as bases da constituição de um saber autônomo. Tal saber repousava na palavra e no uso do discurso. Mas desde o século V a.C. surgiu uma nova forma de uso da linguagem com

Coordenadas

os **sofistas**, que viram aí não mais um meio para atingir o verdadeiro, mas um instrumento de poder, declarando, assim, o homem como medida de todas as coisas.

Sócrates e Platão: a razão universal

Foi a esse convencionalismo e a esse relativismo que se opuseram **Sócrates**, de um ponto de vista prático (o que é a virtude?), e **Platão**, seu discípulo, de um ponto de vista teórico (como garantir a verdade do discurso?). Se consideramos Sócrates o verdadeiro pai da filosofia, é porque ele determinou as exigências do diálogo filosófico e deu à filosofia toda a sua magnitude: ela era tanto um questionamento teórico quanto um questionamento prático. A razão, considerada algo universal, democratizou-se (mesmo o escravo podia alcançar o mundo das ideias) e se tornou o padrão da reflexão ética e política.

O ser humano deveria libertar-se da ilusão gerada pelo mundo sensível com o objetivo de alcançar a realidade inteligível, modelo de todas as coisas, eterna e incorruptível.

Aristóteles: a constituição de um saber enciclopédico

Este idealismo foi recusado por **Aristóteles**, que procurou explicar o real por si mesmo, mostrando que era dentro da própria coisa que se encontrava o seu princípio de explicação. Pensador enciclopedista, Aristóteles elaborou uma filosofia sistemática e cientificamente embasada que procurou dar conta da experiência humana em todos os seus aspectos. Dele originaram-se inúmeros conceitos que influenciaram toda a história da filosofia ocidental.

O período helenístico: o questionamento ético

Declínio das cidades gregas

As filosofias de Platão e Aristóteles tiveram um engajamento político: elas visaram educar o cidadão e consideraram que a moral não podia ser compreendida independentemente do engajamento do indivíduo na cidade.

Mas quando as cidades gregas declinaram, principalmente depois da morte de Alexandre o Grande em 323 a.C., foram as questões de ordem ética que se impuseram, e então se assistiu ao divórcio da moral e da política.

A emergência de novas sabedorias: estoicismo e epicurismo

O estoicismo e o epicurismo se apresentaram como sabedorias com vistas à felicidade. Mas esta não deveria ser buscada na cidade, e sim como tarefa do próprio indivíduo, uma questão privada. Seria no ascetismo e na limitação dos desejos que o ser humano encontraria o caminho que conduziria à ataraxia (não perturbação).

O fim da Antiguidade: filosofia e teologia

O surgimento do cristianismo

Em meados do século I o cristianismo se propagou pela Síria, Ásia Menor, Grécia e, finalmente, por Roma, sob Nero. Se **Plotino** foi o último pensador pagão, seu neoplatonismo pareceu fazer ecoar o cristianismo, pois foi o divino, o Uno, o princípio supremo, que ele interrogou.

A filosofia cristã

Com **Agostinho**, pensador tardio da Antiguidade, começou a se desenvolver a filosofia cristã, abrindo caminho aos pensadores medievais. Teologia e filosofia foram reunidas em sua obra: não exclusivas, a razão e a fé entraram em diálogo.

Assim, da emergência do discurso racional à tentativa de reconciliá-lo com um pensamento sobre o divino, a Antiguidade constituiu um período de intensa atividade intelectual produtora de pensamentos influentes e de conceitos sempre presentes na filosofia ocidental. Ela foi também, correlativamente, o lugar dos fundamentos da matemática (os Elementos Euclidianos), da história (a Enquete de Heródoto) e das ciências naturais.

Quadro cronológico

HERÁCLITO DE ÉFESO

Século VI-V a.C.

Tudo flui.
(Heráclito, 1986)

Elementos biográficos

Um personagem incomum

Este célebre pré-socrático, independente e rebelde, de caráter melancólico, levou uma vida de eremita. Conhecido por seu orgulho, tratava com desdém as pessoas, que ele considerava crianças caprichosas.

O senso do trágico

Contemporâneo das guerras médicas que contrapõem os gregos aos persas, ele assistiu à queda das cidades mais prósperas da Ásia Menor, como Mileto e Éfeso. Daí se compreende seu apego ao trágico e a importância que ele atribuiu à guerra e às lutas em sua maneira de compreender o mundo.

O senso de independência e de mistério

Embora possamos vincular seu pensamento ao da Escola de Mileto, ele afirmava não ter sido aluno de ninguém, e entendia que tudo deveria ser aprendido por si mesmo.

É cognominado de "Obscuro", antes de tudo porque seu texto não tem pontuação (o que o torna, disse Aristóteles, difícil de ler), mas também porque, desprezando a estupidez e desejando não ser vulgarizado, ele cultivava o mistério na formulação de suas teses.

Antiguidade

Teses essenciais

Heráclito abriu o caminho para a filosofia tentando explicar o mundo não mais em referência a um princípio místico e sobrenatural, mas de maneira racional, buscando a origem de todas as coisas em um princípio material único.

Ele tornou sua a questão que, antes dele, tinha interessado aos membros da Escola de Mileto e, em particular, a Tales e Anaximandro: o que é que subsiste ao vir a ser incessante das coisas?

O mobilismo universal

O que subsiste, nos disse Heráclito, é a instabilidade, o vir a ser. Se o mundo é uno, é, no entanto, também um perpétuo vir a ser, tudo estaria em permanente mudança, tudo seria instável, nada permaneceria idêntico ao que é. Sua concepção se opõe neste ponto à dos eleatas, à de Parmênides, que negava a realidade do vir a ser e supunha a unidade e a identidade do Ser.

O fogo, princípio de todas as coisas

Se Tales via na água o elemento originário do cosmos, para Heráclito era o **fogo** que constituía o princípio universal, o elemento constitutivo do mundo. Tudo seria apenas transformação do fogo, que Heráclito denominava igualmente "o Uno" ou "coisa sábia".

Por ser o que constitui o universo, o fogo também seria aquilo que o ameaçaria de deslocação, aquilo que o destruiria no final do **Grande Ano**, o período de aproximadamente 10.800 anos. Vê-se como o pensamento de Heráclito era um pensamento trágico: "O fogo, ao vir, julgará todas as coisas e tomará posse de tudo" (*Fragmentos* 66).

Mas note-se que este abrasamento do universo significaria ao mesmo tempo seu fim e o princípio de sua regeneração: foi a imagem de um **tempo cíclico** que Heráclito nos ofereceu. O universo estaria sujeito ao **Eterno Retorno** deste. O Grande Ano designa o período de tempo ao termo do qual os eventos seriam levados a se reproduzirem.

O conflito perpétuo

O fogo seria, ao mesmo tempo, guerra e razão. **Guerra**, primeiramente: no mundo, os contrários se enfrentariam constantemente. Esse **conflito dos contrários** seria imanente à natureza do Uno. Tudo nasceria da luta, esse trágico invólucro da existência.

Mas o fogo também é **razão**, harmonia, *logos* e aquilo que assegura o equilíbrio dos contrários. A guerra obedeceria a uma lei racional.

Tudo, portanto, seria, ao mesmo tempo, uno e contrário. Esta concepção da tensão imanente a toda harmonia, este pensamento da unidade dos contrários no vir a ser inspirou a dialética do século XIX, sobretudo a de Hegel, que se proclamou discípulo de Heráclito. Ele influenciou igualmente Nietzsche, que o designou como o mais surpreendente dos pré-socráticos pela força e a modernidade de seu pensamento.

A sabedoria

A sabedoria consistiria, então, em compreender a ordem da desordem, ou seja, **viver de acordo com a racionalidade do vir a ser**. Seria sábio aquele que soubesse que o *logos* governa o mundo na fluidez do tornar-se cíclico. "A sabedoria consiste em nada mais do que em uma coisa: conhecer o Pensamento que governa tudo através de todas as coisas" (*Fragmentos* 41).

O pensamento, o *logos*, que se substancializa no fogo, seria a própria racionalidade do mundo, o verbo transcendente, o sentido, do qual Heráclito se afirma o mensageiro.

Uma obra-chave: *Fragmentos*

Contexto

Heráclito parece não ter escrito mais que um poema, intitulado "Sobre a natureza", do qual só temos alguns trechos esparsos reunidos sob o título de *Fragmentos*. Trata-se de 136 fragmentos que foram divididos em três partes: uma falando do universo, outra sobre a política e a última sobre a teologia. O estilo proverbial e aforístico de Heráclito faz com que sua filosofia tenha que ser sempre de novo descoberta e interpretada.

Extrato

Não se pode entrar duas vezes no mesmo rio.

Nem tocar duas vezes uma substância transitória em um mesmo estado, pois ela se dispersa e se reúne de novo pela presteza e rapidez de sua metamorfose: a matéria, sem começo e sem final, ao mesmo tempo nasce e morre, surge e desaparece (Heráclito, 1986).

Chaves textuais

O incessante fluir...

- A afirmação do movimento universal: tudo muda, nada permanece. A impossibilidade de entrar duas vezes no mesmo rio: a água não é a mesma na segunda vez, ela mudou e o ser humano também.

- Não haveria, portanto, jamais uma segunda vez, já que nada pode ser idêntico à "primeira" vez.

...na unidade

- Mas, ao mesmo tempo, Heráclito afirmava a eternidade do mundo cuja matéria não tem começo nem fim.

- Transformação perpétua da matéria que, contudo, se mantém: unidade e harmonia dos contrários que se engendram mutuamente em um vir a ser cíclico.

- A contradição, a luta dos contrários é o princípio de todas as coisas.

2
PARMÊNIDES

Século VI-V a.C.

*Com toda necessidade, é preciso
pensar e dizer que é o Ser.*
(Sobre a natureza)

Elementos biográficos

A escola dos eleatas

Parmênides foi o mais eminente representante da escola dos eleatas. Esse pré-socrático, ao estabelecer a unidade e a imobilidade do Ser, opôs-se a Heráclito, que afirmava que tudo era um tornar-se e uma luta de contrários.

Seu discípulo, Zenão de Eleia, defendeu a negação do movimento por meio da evidenciação dos paradoxos.

As origens do pensamento de Parmênides

As raízes de seus pensamentos são controversas. Ele teria sido aluno de Xenófanes, mas em suas concepções podemos identificar também influências pitagóricas.

Teses essenciais

Parmênides, pai da ideia de Ser, influenciou Platão em seu pensamento sobre o inteligível e o sensível. Este último escreveu, além disso, um diálogo chamado *Parmênides*, no qual examinou as dificuldades colocadas por esta concepção de Ser.

Antiguidade

O Ser é, o Não Ser não é

Somente o Ser é, o Nada não é absolutamente. Para Parmênides, a identidade caracterizava o Ser. Assim, dizer que o Ser é equivalente a dizer que **apenas aquilo que é imóvel, eterno e imutável é**. Não haveria lugar algum para o movimento e a contradição.

Dois caminhos se apresentariam para quem procurasse a verdade. O primeiro levaria à verdade do Ser, afirmando que o Não Ser não é. O segundo, enganoso, seria o caminho da opinião que se ampararia na experiência sensível.

Nossa percepção primeira iria ao encontro da concepção imobilista: nossos sentidos não dão a visão de uma perpétua mudança. Parmênides se colocava contra a experiência sensível (tema amplamente retomado por Platão). A experiência sensível seria enganosa e pertenceria à ordem das aparências. Este segundo caminho, que consiste em dar crédito aos sentidos, não poderia conduzir à verdade.

O primeiro caminho, metodológico, seria aquele que caracterizaria o pensamento verdadeiro. Indo além das aparências, o pensamento distinguiria realmente o Ser.

A afirmação da hegemonia da razão

Parmênides instaurou a primazia do pensamento racional sobre a enganosa evidência sensível: com ele nasceu a exigência filosófica da racionalidade. O pensamento de Parmênides e dos eleatas se distinguiu do pensamento de Heráclito e dos milesianos porquanto entendia o princípio de todas as coisas como realidade inteligível (o Ser é o Uno e o Todo), ao passo que os segundos o concebiam como um princípio de ordem material.

Uma obra-chave: *Sobre a natureza*

Contexto

Esse poema de Parmênides expõe as duas vias de investigação que podem ser concebidas. A primeira parte da obra, "A via da verdade", apresenta o caminho que conduz ao Ser. A segunda, "A via da opinião", mostra que é necessário desconfiar dos hábitos e dos sentidos.

Parmênides • Século VI-V a.C.

Extrato

Resta-nos apenas um caminho a percorrer: o Ser é. E há uma vastidão de sinais de que o Ser é incriado, imperecível, pois somente ele é completo, imóvel e eterno. Não se pode dizer que ele foi ou será, pois ele é ao mesmo tempo inteiro no instante presente, uno, contínuo. Com efeito, que nascimento poderíamos lhe atribuir? Como e por meio de que justificaríamos seu desenvolvimento? Não te permitirei dizer, nem mesmo pensar, que seja por meio do Não Ser. Não se pode dizer nem pensar que o Ser não seja. Porque, se ele viesse do nada, que necessidade teria provocado sua aparição mais cedo ou mais tarde? Na verdade, o Ser não tem nem nascimento nem começo. Assim, portanto, é necessário que ele seja absolutamente ou não seja de forma alguma (Voilquin, 1964).

CHAVES TEXTUAIS

Afirmação da existência do Ser

Dizer que o Ser não é, seria contradizer-se: a razão lógica vem em auxílio do pensamento. Com Parmênides nasceram a argumentação e a exigência de uma concatenação rigorosa dos argumentos, um método que permite evitar o erro.

A eternidade e a imobilidade do Ser

Se o Ser tivesse sido criado, de que teria se originado, visto que somente ele é? Ele não pode ser engendrado: teríamos que supor sua existência antes que ele existisse, o que seria contraditório.

3
PLATÃO

Por volta de 427-347 a.C.

Maravilhar-se: eis aí um sentimento que tem tudo a ver com o filósofo. Com efeito, não é outra a origem da filosofia.
(Teeteto)

Elementos biográficos

Sócrates: a figura do mestre

Descendente da alta nobreza ateniense, com uma promissora e brilhante carreira política diante de si, Platão se encontrou com Sócrates, de quem se tornou aluno. Abandonou, então, suas aspirações políticas e se voltou para a filosofia.

Em seus escritos, Platão colocou Sócrates em situação de diálogo com diversos interlocutores. Desse modo, é difícil, em sua obra, distinguir as ideias socráticas das platônicas.

É por meio de tais diálogos e pelos escritos de Xenofante que conhecemos aquele que denominamos tradicionalmente como "pai da filosofia".

Ateniense, Sócrates nasceu em 470 a.C. de um pai escultor e de uma mãe parteira com quem gostava de fazer comparação ao afirmar que ele, por meio de seus incessantes questionamentos, era também uma espécie de "parteiro de mentes", da verdade que os seres humanos têm dentro de si. Acusado de corromper a juventude e de impiedade, Sócrates foi condenado a beber cicuta, um veneno mortal, e morreu em 399 a.C.

Platão • Por volta de 427-347 a.C.

A virada: a idade da maturidade

A morte de Sócrates teve uma influência considerável na vida de Platão: a partir desse momento ele escreveu para compreender como a justiça pôde ser tratada com descaso na cidade.

Em 387, Platão fundou a Academia, a escola de filosofia de imenso sucesso que levou suas doutrinas adiante até o século VI d.C. Aristóteles foi seu aluno.

Do considerável conjunto de suas obras, podemos citar principalmente *Mênon*, a *Apologia de Sócrates*, o *Banquete*, o *Teeteto* e *Timeu*.

Teses essenciais

Platão escreveu *Diálogos*, e isto não foi por acaso. Sócrates, com efeito, passava a maior parte de seu tempo em diálogos com seus interlocutores. Marginal, encarnou a figura típica do crítico que ironiza as opiniões recebidas da multidão. Fiel aos ensinamentos de seu mestre, Platão considerava a opinião como o maior obstáculo à posse da verdade. Ser sábio seria saber que nada se sabe.

O método: a maiêutica, a arte de trazer as mentes à luz

Sócrates assumiu para si a máxima gravada no frontal do templo de Delfos: "Conhece-te a ti mesmo". Com efeito, o conhecimento de sua própria ignorância seria necessário a toda busca pela verdade.

Na *Apologia de Sócrates*, Platão apresenta Sócrates dirigindo-se a seus concidadãos pouco antes de sua condenação. Em seu discurso, Sócrates conta que, um dia, o oráculo de Delfos afirmou a um de seus amigos que Sócrates era o mais sábio dos homens. Inicialmente surpreso, ele, que repetia não ter nada a ensinar, compreendeu então que, na verdade, o que havia de mais sábio nele era exatamente **a consciência de que nada sabia**.

Sob esse aspecto ele se opôs aos **sofistas**, mestres itinerantes de sua época, que se propunham a ensinar a retórica aos jovens ávidos de poder político, e consideravam o discurso um meio de persuasão e de dominação. Para Platão e Sócrates, o *logos*, a palavra, deveria ser vetor de saber, não de dominação.

Sócrates questionou e criticou a opinião de seus interlocutores a fim de levá-los a descobrirem a verdade. A **maiêutica** é essa arte de fazer nascer nas mentes a verdade que existe dentro de cada um de seus in-

Antiguidade

terlocutores. Ela se serviu da **dialética**, um movimento ascendente por meio do qual a mente passa da multiplicidade do sensível à unidade da ideia, das aparências à realidade. A célebre "alegoria da caverna" (*República*, VII) configura em imagens essa ascensão dialética.

A dicotomia: mundo sensível e mundo inteligível

Se os homens eram facilmente seduzidos pelas opiniões, isso acontecia porque eles se apegavam em seus julgamentos, às **aparências**, procedentes do **mundo sensível**, o mundo acessível aos sentidos. Ora, o mundo sensível, marcado pela matéria, era o lugar da particularidade, da mudança, da aparência. Esse mundo não era mais do que uma **pálida cópia do mundo inteligível**, o mundo das **ideias**, daquelas realidades verdadeiras, **modelos** de todas as coisas.

Esse **dualismo**, que admitia a existência de dois mundos, conciliava as concepções contrárias de Parmênides (segundo o qual o Ser seria imóvel) e de Heráclito (que afirmava o vir a ser incessante de todas as coisas).

O mundo inteligível, exclusivamente ligado ao espírito, deveria se compreender como o lugar da **verdade** imutável, eterna e absoluta. Saber, por exemplo, o que era a justiça em si suporia ir além dos exemplos particulares de julgamentos justos (sempre incompletos e imperfeitos, que dão apenas uma visão parcial e infiel da justiça), a fim de identificar a ideia mesma de justiça, da qual qualquer ato justo participa.

A teoria da reminiscência

Tal ascensão somente seria possível por causa da **reminiscência** (lembrança): a alma se recordaria das ideias que estão nela e que foram esquecidas no momento de sua encarnação no corpo. Pois, se podemos descobrir aquilo que não sabemos ainda, é porque temos dentro de nós, escondido, o objeto de nossa busca.

A política: a busca da ordem

Escandalizado pela condenação injusta de Sócrates, Platão abordou o problema político em seus diálogos e apresentou uma concepção inovadora de governo, fundamentada na ordem e no respeito da hierarquia. Na *Sétima carta*, ele reconheceu que "todos os Estados atuais, sem exceção, são mal governados [...]. É somente pela filosofia que se pode discernir todas as formas de justiça política e individual".

Platão • Por volta de 427-347 a.C.

Assim como na alma humana se distinguem três partes, uma desejosa (a sensibilidade), outra irascível (a vontade) e a última, finalmente, razoável (a mente), a cidade ideal deveria compreender uma tripartição entre os produtores, os guardiões da cidade e os magistrados filósofos. Apenas o sábio seria apto para governar. Nascia então a concepção do **filósofo-rei**. Uma cidade na qual cada um cumprisse seu papel em função de sua classe seria uma cidade harmoniosa e ideal.

A **justiça** se compreenderia como ordem, harmonia, tanto na cidade quanto na própria alma: "o homem justo instaura uma ordem autêntica em seu interior, assume o comando de si mesmo, [...] estabelece um acordo perfeito entre as três partes da sua alma" (*República*).

A arte: uma imitação enganadora

A obra de arte é uma imitação enganadora e fonte de ilusão. Ela é apenas uma **cópia da cópia**. De fato, o leito pintado pelo artista é uma cópia do leito feito pelo artesão que, por sua vez, é uma cópia da ideia de leito.

Enquanto imitação, portanto, a arte deve ser banida da cidade ideal: "a arte de imitar está, assim, distante do verdadeiro e, se ela pode reproduzir tudo, isto se deve, parece, ao fato de apenas tocar uma pequena parte de cada coisa, e esta parte é nada mais do que um fantasma" (*República*).

Uma obra-chave: *Mênon*

Contexto

No *Mênon*, Sócrates pergunta ao seu interlocutor, Mênon, sobre o que é a virtude. No entanto, o verdadeiro intuito de Mênon não é instruir sobre as características da virtude, e o diálogo não leva a nenhuma resposta satisfatória sobre essa questão. O interesse primeiro desse diálogo é mostrar quais são as exigências da dialética e como deveria ser conduzida uma verdadeira reflexão filosófica.

Extrato

A Sócrates, que lhe pergunta sobre o que seja a virtude, Mênon responde da seguinte maneira:

Mênon: Isto não é difícil de te responder, Sócrates. Se é, inicialmente, sobre a virtude de um homem que tu queres falar, é fácil dizer que ela consiste em gerir bem os assuntos da cidade e, assim procedendo, fazer o bem aos seus amigos e o mal aos seus inimigos, e, ao mesmo tempo, cuidando para não sofrer, por sua vez, mal algum. Se, porém, se trata da virtude de uma mulher, não é difícil responder-te que ela deve administrar bem sua casa, protegendo o que existe nela e obedecendo ao seu marido. Outra é a virtude de uma criança, menina ou menino, outra ainda a de um idoso, e outra, se desejares, é a do homem livre ou do escravo. E há diversas outras mais, de maneira que não é absolutamente embaraçoso, a quem quer que seja, dizer aquilo que ela é; pois, de acordo com a idade, o tipo de ocupação, cada um de nós tem, para cada função, uma virtude particular. Eu penso, Sócrates, que o mesmo também acontece com relação ao vício.

Sócrates: Parece, Mênon, que eu sou mesmo um felizardo: eu te pergunto a respeito de uma virtude apenas e tu me dás um enxame inteiro. Mas, para aproveitar a imagem do enxame que tomei emprestada, se, ao ser perguntado a respeito da natureza da abelha, tu me tivesses respondido que existem muitas delas e de diversas espécies, então o que terias dito se eu te perguntasse, em seguida: é precisamente como abelhas que tu dizes que elas são numerosas, de muitas espécies e diferente umas das outras? Ou elas em nada são diferentes como abelhas, mas com relação a outros aspectos, por exemplo, por sua beleza, tamanho ou outras qualidades semelhantes? Dize-me, nesse caso, qual seria a tua resposta?

Mênon: Eu responderia que as abelhas, enquanto abelhas, não se diferem umas das outras.

Sócrates: Se eu acrescentasse: Mênon, dize-me, por favor, em que consiste isso pelo que as abelhas não têm diferenças entre si e são todas a mesma coisa, terias condições de me dar uma resposta satisfatória?

Mênon: Sem dúvida.

Sócrates: Pois bem, o mesmo acontece com as virtudes. Por mais que existam várias e de muitas espécies, todas elas têm um elemento comum por meio do qual elas são virtudes, e é esta característica que deve ter em vista aquele que for responder a quem o interroga, para lhe explicar o que é a virtude (Platão, 1964).

Platão • Por volta de 427-347 a.C.

CHAVES TEXTUAIS

O erro de Mênon

- Ao tentar definir a virtude, ele, na verdade, não fez mais do que dar exemplos de virtudes particulares.

- Ele ainda estava fechado dentro da opinião e julgava pelas aparências. Em sua resposta, ele se remeteu às evidências ilusórias do mundo sensível: as virtudes.

A exigência de Sócrates

- Não eram exemplos o que ele queria, mas a própria essência da virtude.

- Se é possível denominar "virtude" todas essas atitudes descritas por Mênon, é porque todas elas têm, para além de suas diferenças, alguma coisa em comum, que é a virtude.

O método socrático

- Recorreu à imagem das abelhas para uma melhor compreensão dos interlocutores (exigência do diálogo filosófico).

- Simplesmente o questionando (e não impondo seu pensamento), Sócrates fez com que Mênon admitisse seu erro.

- Mesmo que as abelhas sejam diferentes umas das outras (pelo tamanho, a beleza...), elas têm, no entanto, alguma coisa em comum, que é a sua natureza de abelha.

- Igualmente, é preciso identificar aquilo que todas as virtudes têm em comum, com o intuito de descobrir o que é a virtude em si mesma: é preciso passar do sensível (particular, diverso e transitório) ao inteligível (universal, unificado e imutável).

4
ARISTÓTELES

384-322 a.C.

O homem é, por natureza, um animal político.
(Política)

Elementos biográficos

Uma educação platônica

Aristóteles nasceu em Estagira, na Macedônia. Seu pai foi o médico pessoal de Amintas III, avô do futuro Alexandre Magno, de quem Aristóteles foi o preceptor.

Com cerca de 17 anos ele foi para Atenas e entrou na Academia, a escola fundada por Platão, e se tornou um de seus alunos mais brilhantes. O próprio Platão o chamou de "A inteligência".

O preceptor

Após a morte de Platão, em 348, ele deixou Atenas para fundar, na Ásia Menor, uma escola platônica, mas esteve ali apenas por três anos.

Em 342, Aristóteles se tornou preceptor do jovem Alexandre, então com a idade de 13 anos, na corte de Filipe de Macedônia. Ele deixou essa função por volta de 335, quando Alexandre sucedeu a seu pai.

O Liceu

Decidiu, então, retornar à Atenas para criar ali a sua própria escola de filosofia, o Liceu, que passou a concorrer com a Academia. O Liceu também ficou conhecido como *Peripatos* (passeio),

Aristóteles • 384-322 a.C.

porque Aristóteles dava suas aulas caminhando pelos jardins. Seus discípulos, por isso, ficaram conhecidos pelo nome de "peripatéticos".

Em 323, após a morte de Alexandre, Aristóteles, ameaçado pelo partido antimacedoniano e acusado de impiedade (como o fora Sócrates...), preferiu abandonar Atenas.

Ele morreu em 322, deixando uma obra considerável que exerceu forte influência sobre o pensamento árabe e sobre a filosofia cristã medieval. Entre suas principais obras podemos mencionar a *Poética*, *Ética a Nicômaco*, a *Metafísica* e a *Política*.

Teses essenciais

Embora apenas parte de sua obra tenha chegado até nós, Aristóteles é um dos pais fundadores não somente da metafísica e da lógica, mas também da zoologia (ele foi um dos primeiros a classificar as espécies animais e a recolher metodologicamente informações de observação).

A invenção da lógica formal

Aristóteles foi o primeiro a determinar as propriedades do raciocínio, independentemente de seu conteúdo. Colocando em evidência o **silogismo** demonstrativo, raciocínio que, a partir de duas premissas, permite chegar a uma conclusão necessária, Aristóteles colocou as bases de uma lógica formal, isenta de todo conteúdo. A forma do silogismo é a seguinte:

Todo A é B (premissa maior)
C é A (premissa menor)
Portanto, C é B (conclusão)

Hegel deu ênfase, sobre isso, ao mérito de Aristóteles: "É um mérito imortal de Aristóteles ter [...] reconhecido e determinado formas que o pensar assume em nós" (*Lições sobre a história da filosofia*). Mostrando quais são as formas do pensamento racional e como elas podem ser pervertidas, Aristóteles estabeleceu as condições da ciência, os instrumentos necessários ao estabelecimento do conhecimento.

Não se deve negligenciar a experiência

Aristóteles permaneceu apegado à experiência: se, por um lado, a **ciência era sempre do geral e do necessário**, e se era preciso transcender a esfera da opinião, como preconizado por Platão, por outro,

Antiguidade

não deixava de ser verdade que era somente pela **observação dos fatos** que se poderia aceder aos princípios primeiros que governam o real. Contrariamente a Platão, que considerava necessário, para alcançar a verdade, afastar-se do sensível, Aristóteles defendia um **método empírico**. Ele recusava a separação platônica entre mundo sensível e mundo inteligível. Se quiséssemos explicar alguma coisa, era dentro desta coisa mesma que deveríamos procurar a explicação, e não em algum lugar além, transcendente.

Nesse sentido, a lógica não deveria, absolutamente, desatar-se do real: ela seria o utensílio (o *organon*) do pensamento que deveria permitir a identificação dos fatos em si e de suas causas. O rigor do pensamento, sua capacidade de manter uma demonstração fundada sobre premissas corretas, a preveniriam contra o erro.

A física

A lógica servia à ciência e, sobremaneira, ao estudo da natureza. Na *Física*, Aristóteles se interessou pela natureza e nos forneceu uma verdadeira cosmologia. Se, por um lado, ele rejeitou a concepção do mundo das ideias como algo separado dos *cosmos*, distanciando-se, nesse ponto, de Platão, por outro, distinguiu no universo, concebido como totalidade pronta organizada, duas regiões. A primeira constituía o **mundo supralunar**, no qual os astros teriam movimentos perfeitos e eternos, porque circulares. A segunda, o **mundo sublunar** (abaixo da lua), era o lugar da imperfeição, pois estava dominado por uma diversidade de movimentos, principalmente os da corrupção e da geração.

Era, portanto, pelo **movimento** que reinava no mundo sublunar que Aristóteles se interessava, para mostrar, sobretudo, que o que caracterizava todo corpo natural era o fato de trazer em si o princípio de sua geração e de sua corrupção. A **natureza** não era o conjunto das coisas, mas um **princípio de produção**, a causa do desenvolvimento de um ser inerente ao próprio ser, constitutiva de sua essência.

Ato e potência: princípio de todo movimento

Foi por meio dos conceitos de **potência** e de **ato** que Aristóteles explicou todas as mudanças na natureza. Todo ser teria em si virtualidades que, enquanto não efetivas, estão nele "potencialmente", e não ainda realizadas.

Aristóteles • 384-322 a.C.

A passagem da potência ao ato era a realização dessa virtualidade. É dessa forma, por exemplo, que podemos dizer que um botão é uma flor em potência, e que esta existirá em ato apenas quando o botão tiver se aberto.

O vivente: aquele que tem em si o princípio de seu movimento

Aristóteles colocou em evidência o fato de que todo ser vivo tem uma alma, que ele chamava de **enteléquia**. Ela constituía o princípio de sua organização. As plantas teriam uma alma **vegetativa**, os animais, uma alma **sensitiva** e os seres humanos, uma alma **racional**. O ser humano não existiria em ato (não seria verdadeiramente ser humano), portanto, senão quando faz uso de sua razão.

A alma seria o princípio de organização dos corpos, sua **forma**, porém não uma forma transcendente, como em Platão. Intrinsecamente unida ao corpo, ela desapareceria com ele. Essa visão unitária do ser humano constituiu, depois, para Tomás de Aquino, que tentou conciliar as teses aristotélicas com o cristianismo no século XIII, sua principal dificuldade.

A visão da natureza e do vivente proposta por Aristóteles era, sobretudo, uma visão **finalista**, principalmente quando ele escreveu que "não é por ter mãos que o homem é o mais inteligente dos seres, mas é porque ele é o mais inteligente que ele tem mãos" (*Sobre as partes dos animais*): a constituição própria do ser vivo visa um fim. A natureza nada faria em vão.

As quatro causas

Preocupado em encontrar utilitários conceituais aptos para explicar o real e responder à pergunta "por quê?", Aristóteles distinguiu quatro causas de todas as coisas. Com efeito, conhecer seria, antes de tudo, ser capaz de identificar as causas. A causa **material**, primeiramente, era uma potencialidade pura que deveria ser atualizada pela forma para ser alguma coisa (por exemplo, o mármore da estátua). A causa **eficiente**, em seguida, designaria o agente transformador (por exemplo, o escultor). Quanto à causa **final**, esta remeteria ao fim que a transformação persegue (a manifestação da beleza). Enfim, a causa **formal** remeteria à forma do objeto (a ideia que o estrutura; por exemplo, a aparência de Afrodite no caso de uma escultura que a represente).

A metafísica

"Todos os homens desejam naturalmente saber" (*Metafísica*), e se interrogam quanto à origem e ao fundamento de todas as coisas. A metafísica procurava responder a essa interrogação. Notemos que Aristóteles não empregou, ele mesmo, esse termo "metafísica": foi Andrônicos de Rodes quem, ao editar, por volta do ano 60 a.C., as obras de Aristóteles, decidiu denominar assim as obras situadas depois da *Física*.

A metafísica é, acima de tudo, o **estudo do ser enquanto ser**, ou seja, daquilo que subsiste no ser para além de todas as mudanças que ele possa sofrer, ou ainda, o estudo daquilo que faz com que um ser seja um ser, e não isto ou aquilo.

Ela visa, ainda, estabelecer os **primeiros princípios e as primeiras causas**. Nesse sentido, é teologia, pois coloca em evidência a existência de um primeiro motor, a origem de tudo o que é; dito de outra forma, Deus, Ato puro, Forma pura, que move sem ser movido, eterno, perfeito.

A moral: a felicidade como bem soberano

O pensamento aristotélico é um **eudemonismo**: ou seja, ele concebeu a **felicidade** como o fim supremo da vida, como o **bem soberano** (aquele ao qual estariam subordinados todos os outros bens, aquilo que seria buscado por si mesmo, e não em vista de nenhuma outra coisa).

Para um ser, um bem constitutivo de felicidade seria realizar sua natureza, exercer a **virtude** que lhe é própria (a virtude designa aquilo em vista do que se é feito; por exemplo, a virtude de um medicamento é curar). Ora, a virtude específica do homem consistiria em exercer sua razão. Portanto, seria conduzindo uma vida fundada na razão que o homem poderia aceder à felicidade como bem propriamente humano, como atualização do homem. A vida feliz seria, dessa forma, a **vida contemplativa**, e residiria na atividade mais perfeita do homem.

No entanto, "uma só andorinha não faz verão" (*Ética a Nicômaco*): a felicidade demanda tempo e constância. Além disso, ela também dependeria de circunstâncias favoráveis, e poderia se tornar inacessível por obstáculos exteriores.

Virtude e felicidade se acordariam, portanto, e seria por uma via razoável, prudente, praticante da justa medida, que se poderia chegar à felicidade.

Aristóteles • 384-322 a.C.

A política, fim da natureza

Aristóteles não separava moral e política. Na realidade, era somente na cidade que o homem poderia atualizar suas disposições para uma vida razoável e feliz. Sendo "por natureza um animal político", o homem não poderia se realizar como tal senão dentro da cidade.

Esta era vista, de acordo com o princípio finalista, como um **fim da natureza**, pois somente ela permitiria o bem-viver que supõe uma superação das tarefas materiais em proveito de uma atividade mais propriamente humana. Essa superação não poderia ser a condição de todos, porque a produção é uma necessidade. Assim, Aristóteles justificava, por exemplo, a escravidão na medida em que, cumprindo seu papel, manifestava-se como necessária.

A prudência e a justa medida eram as virtudes do homem político. Assim, Aristóteles criticava a busca da acumulação de riquezas que era geradora apenas de vícios e vaidades. O regime ideal seria aquele que governa de maneira temperada e moderada a classe média.

Uma obra-chave: *Política*

Contexto

Apegado aos fatos, Aristóteles o era também quando se tratava de pensar a política. Procedendo de maneira descritiva e comparativa, ele analisava as formas de governo e a origem do Estado, que considerava natural, a fim de propor meios de conservar e estabilizar as diferentes formas de governo e evitar a subversão.

Extratos

O homem é [...] um animal cívico, mais social do que as abelhas e outros animais que vivem juntos. A natureza, que nada faz em vão, não lhe reservou senão a ele o dom da palavra, que não deve ser confundida com os sons da voz. Estes são apenas expressões de sensações agradáveis ou desagradáveis aos quais os demais animais são, como nós, suscetíveis. A natureza lhes deu um órgão limitado a este único efeito; mas nós temos a mais, além do conhecimento desenvolvido, pelo menos o sentimento vago do bem e do mal, do útil e do nocivo, do justo e do injusto, objetos para cuja manifestação nos foi principalmente acordado o órgão da palavra. É o intercâmbio da palavra que caracteriza o vínculo de toda sociedade doméstica e civil (Aristóteles, 1983).

Chaves textuais

O homem, um animal político

• A política e a cidade não eram, de forma alguma, o resultado de convenções ou de artifícios acidentais. Se a cidade existia, era porque ela representava o fim último da natureza.

• Assim, o homem não era verdadeiramente homem senão por sua atividade no seio da cidade. Ali ele encontrava tanto as condições de sua existência quanto as condições para sua realização.

A palavra é distinta da voz

• Prova da destinação política do homem: sua própria constituição, o fato de ele ter a palavra, ao passo que o animal é dotado somente da voz.

• A voz permite ao homem e ao animal gritar (e exprimir sensações, exteriorizar a dor ou o prazer).

• Muito mais do que isso, a palavra veicula sentidos, valores (justo e injusto, bem e mal) que podem ser partilhados, e sobre os quais se pode discutir. Neste sentido, ela é o instrumento pelo qual se constrói uma comunidade.

A cidade, um fim natural

• Ora, a natureza "nada faz em vão": se ela dotou o ser humano da palavra, é porque com isto ela visava a um fim. Se o próprio da palavra é permitir o intercâmbio de valores, o fim visado com isso é a constituição da cidade fundada sobre esses valores.

• Era dessa maneira que se justificava a naturalidade da cidade: ela é natural porque, como se pode ver, o homem é dotado de tudo que é necessário à sua existência.

5
EPICURO

341-270 a.C.

O prazer é o princípio e o
fim da vida bem-aventurada.
(Epicuro, 1987)

Elementos biográficos

As raízes do pensamento de Epicuro

Nascido na Ilha de Samos, Epicuro seguiu as aulas de Panfílio desde os 14 anos. Decepcionado com esse platônico, tornou-se aluno de Nausífanes, discípulo de Demócrito de Abdera.

Demócrito (por volta de 460-380 a.C.) foi o fundador do atomismo. Foi sobre a base de seus ensinamentos que Epicuro elaborou sua concepção materialista do mundo e, particularmente, a ideia de que o mundo era constituído de átomos indivisíveis e de vazio.

Uma época conturbada

Epicuro viveu em uma época politicamente caótica e assistiu ao declínio das cidades gregas. Em 323 a.C., morreu Alexandre o Grande. Guerras e motins se sucederam, e Atenas mudou sete vezes de chefe político.

A Escola de Epicuro

Epicuro decidiu retirar-se do mundo para conduzir uma vida ascética. Instalou-se em Atenas para criar uma escola de filosofia, o Jardim. Ali ele viveu em uma comunidade com seus amigos, denominados os "filósofos do Jardim", propagando uma vida simples e sábia, fundamentada na harmonia e na amizade.

Antiguidade

Epicuro criou sua escola principalmente em reação aos modelos culturais veiculados pelas duas maiores escolas atenienses, o Liceu (escola fundada por Aristóteles) e a Academia (fundada por Platão). As duas escolas atenienses, reservadas a uma elite, pretendiam formar o cidadão em vida de sua realização na cidade e se revelaram, no entanto, inaptas para resolver os problemas políticos de seu tempo.

Epicuro propôs, então, um novo modelo de vida, visando ao bem-viver de maneira diferente da formação erudita e ligada à política. Pois o papel da filosofia era antes a condução dos homens pela via da sabedoria: o Jardim acolheu tanto personalidades ilustres quanto mulheres e escravos.

A figura do sábio

Com uma serenidade a toda prova, Epicuro enfrentou com coragem os sofrimentos decorrentes de uma terrível doença renal. Sua vida inteira foi dedicada à amizade. Generoso, ele ofereceu em testamento aos seus próximos as condições para levarem uma vida decente.

De sua imensa obra (cerca de 300 títulos), restaram-nos nada mais do que algumas máximas e três cartas, a *Carta a Heródoto*, a *Carta a Pítocles* e a *Carta a Meneceu*.

Teses essenciais

O epicurismo teve uma ampla difusão. Não deixou indiferentes pensadores como Espinosa, Montaigne ou ainda Marx.

A filosofia epicuriana compreende três partes: a **canônica**, primeiramente, interessava-se pelos critérios da verdade; a **física**, em seguida, tratava da natureza, e a **moral**, por fim, expunha as condições de uma vida feliz.

A canônica

O objetivo da filosofia era a **felicidade**, compreendida como serenidade. Ora, toda serenidade repousava sobre a segurança, que poderia ser obtida somente pelo **conhecimento**. A canônica pretendia colocar as bases do conhecimento, penhor da verdade.

Pelo que diz respeito aos critérios do verdadeiro, a doutrina de Epicuro se opôs à de Platão. Este último considerava a sensação como fonte de toda ilusão e de todo erro. Os epicuristas, pelo contrário, afirmavam que nossas **sensações**, longe de serem subjetivas e relativas, eram aquilo por meio do qual nós teríamos acesso ao real. Elas eram, portanto, enquanto dados concretos dos sentidos, o critério da verdade, aquilo que nos colocava em contato com a natureza.

Nós não podemos demonstrar que as sensações são equivocadas. Elas procedem de emanações de **simulacros** (partículas finas) dos objetos que tocam os sentidos. Os simulacros têm uma estrutura idêntica à do objeto, de modo que é a própria realidade que nós percebemos.

A física: tudo é átomo e vazio

Epicuro elaborou uma **física materialista e atomista**: tudo seriam átomos e vazio. O vazio infinito e imaterial permitiria visualizar a possibilidade do movimento. Os átomos seriam os elementos materiais últimos, minúsculos e indivisíveis, que se moveriam no vazio. Eles seriam, então, inacessíveis aos sentidos.

Nós perceberíamos, por outro lado, os **grupos de átomos** formados pelo encontro fortuito dos átomos. Portanto, existiriam duas espécies de corpos, os átomos e os corpos tais quais nós os conhecemos (os grupos). Se os átomos são a matéria infinita e eterna, os grupos estariam sujeitos à morte: eles se decomporiam em elementos atômicos que, por meio de movimentos imprevisíveis, dariam lugar a novas combinações e, assim, ao nascimento de novos corpos. Dessa maneira, **nada nasceria de coisa alguma**, e nada desapareceria absolutamente.

A física epicuriana afirmava a infinitude do universo e a pluralidade dos mundos. Não sendo o nosso mundo mais do que uma combinação possível entre todos os mundos, não seria incoerente pensar seu fim, entendido como sua dissolução em elementos atômicos últimos.

Se tudo é uma composição de átomos, **tudo é matéria**, mesmo a alma e os deuses. Por esse **materialismo**, Epicuro se opôs ao idealismo de Platão e ao finalismo de Aristóteles. Rejeitando a noção de destino desenvolvida pelos estoicos, ele explicou os fenômenos naturais pelo princípio de **causalidade** e pela existência do **acaso**.

A física nos fundamentos da ética

A física colocou as bases de uma ética que conduziria ao bem-viver. Vivendo em uma época tumultuada, Epicuro não parou de procurar uma resposta prática à infelicidade humana. Tal resposta não se encontraria no estabelecimento de um projeto social, como em Aristóteles, mas na realização de uma moral privada.

Mas, para conseguir ser feliz, continuaria sendo necessário ser livre, e frequentemente se deduz dos sistemas materialistas a impossibilidade da liberdade. Ora, a doutrina epicuriana situa a liberdade no centro de sua moral. Assim como na natureza, existe aí a contingência: o homem experimenta sua **liberdade**, sua capacidade de ser causa primeira, de se autodeterminar.

O que tornava o homem infeliz era a esperança do irreal. Compreende-se, assim, como a física, ao permitir um conhecimento da natureza, é a base da ética.

O quádruplo remédio

Para cuidar dos males da alma, Epicuro propôs um quádruplo remédio.

1) Se todas as coisas eram de natureza material, os deuses não teriam nenhuma influência sobre nossas vidas, mas se bastariam a si mesmos (a noção de divindade incluiria a de perfeição e, portanto, de autossuficiência). Eles seriam indiferentes aos assuntos humanos. Não era preciso temê-los e poderíamos nos libertar das superstições de todo gênero.

2) A morte, compreendida como decomposição do corpo em elementos atômicos, seria a ausência de sensações e, portanto, não seria nada para nós (cf. texto logo a seguir). O atomismo nos libertaria do temor da morte.

3) Nós poderíamos enfrentar a dor. Se ela fosse insuportável, ela levaria à perda da consciência e assim acabaria. Enquanto a sentimos, é porque podemos suportá-la, sendo que o pensamento do prazer poderia, ademais, atenuá-la.

4) Poderíamos atingir a felicidade por meio de uma vida prudente que sabe regular os desejos. A natureza nos ensinaria aquilo de que temos necessidade, e bastaria saber ouvir para atingir esse estado de contentamento e serenidade. Assim, distinguindo entre nossos desejos aqueles que são conformes à nossa natureza e aqueles que são inúteis, poderíamos assegurar a possibilidade de sermos felizes.

A felicidade, portanto, deveria ser realizada neste mundo, e não ser esperada em um além hipotético e duvidoso.

Epicuro • 341-270 a.C.

O prazer: princípio da vida feliz

O que Epicuro defendia era um **hedonismo**, ao afirmar que **o bem soberano é o prazer**. Porém, ele tem sido geralmente mal-entendido, como se pode perceber na linguagem corrente que designa com o termo "epicurista" a um *bon vivant*, um indivíduo voltado às suas satisfações de forma desregrada e excessiva. É verdade que, para Epicuro, o prazer era o que deveria ser buscado, mas este não se identificava com a satisfação do menor de nossos caprichos. A felicidade seria, antes de tudo, um estado de calma, de prazer estável, algo inconciliável com uma vida desenfreada.

A sensação, critério do verdadeiro, era, igualmente, o critério do bem. Prazer e dor seriam afeições que nos permitiriam saber se um objeto está em harmonia com nossa natureza. Viver feliz, por isso, seria viver **de acordo com sua natureza**, evitando as tensões do desejo e todo o sofrimento. Foi dentro deste objetivo que Epicuro distinguiu três espécies de desejos:

1) **Os desejos vãos** (ex.: desejo de riqueza) eram fontes de angústia, e não eram nem naturais (não respondiam às necessidades de nossa natureza) nem necessários (poderíamos sobreviver sem satisfazê-los). A busca da felicidade, compreendida como **ataraxia** (ausência de perturbações na mente) e **aponia** (ausência de perturbações no corpo) exigiria a abolição deles. De nada serviria desejar sempre mais, pois isto seria apenas fonte de frustração e de problemas.

2) **Os desejos naturais e não necessários** (ex.: desejo sexual) deveriam ser satisfeitos com prudência e moderação.

3) **Os desejos naturais e necessários** (ex.: a fome) deveriam ser satisfeitos. Tratava-se, portanto, de atingir a felicidade por uma simplificação da vida, renunciando a tudo o que fosse vão e supérfluo.

Uma obra-chave: *Carta a Meneceu*

Contexto

A *Carta a Meneceu* expõe o essencial da ética epicuriana. Ela define as condições necessárias ao bem-viver, os princípios que permitem atingir a ataraxia.

No texto a seguir, após ter mostrado que é um equívoco temer os deuses, Epicuro se voltou ao segundo dos nossos temores sem fundamento, o medo da morte.

Extrato

Habitua-te a pensar que a morte não é nada para nós; pois todo bem – e todo mal – está nas sensações: ora, a morte é a privação da sensação. Consequentemente, o correto conhecimento de que a morte não é nada em relação a nós faz com que a condição mortal da vida seja alegre, não por acrescentar um tempo infinito, mas por suprimir o desejo da imortalidade. Porque nada mais há de temerário na vida para aquele que compreendeu que nada há de temerário na não vida. É um tolo, portanto, aquele que diz que tem medo da morte, não porque sofrerá quando ela chegar, mas sim porque ela irá chegar um dia. Se a presença de algo não nos causa nenhum mal, angustiar-se por isso equivale a sofrer por nada. Dessa forma, o mais terrível dos males, a morte, não significa nada para nós, uma vez que, quando nós estamos presentes, ela está ausente, e quando ela vier, nós não existiremos mais. A morte, portanto, não tem relação nem com os vivos nem com os mortos, pois para uns ela não está presente e os outros não existem mais. Contudo, as multidões fogem da morte tanto por ser o pior dos males como pela cessação das coisas da vida. O sábio, ao contrário, não teme o não viver, pois nem lhe pesa viver, nem considera um mal não viver (Epicuro, 1987).

Chaves textuais

A sensação, critério do bem e do mal

- Sensação: dor (critério do mal) e prazer (critério do bem).
- Princípio: a natureza nos mostraria simplesmente (pela sensação) o que nos conviria ou não. Para ser feliz seria preciso se conhecer, se escutar.

A morte não significa nada para nós

- A morte, ausência de vida, seria ausência de sensação, uma vez que a sensação é inerente à vida. Ela seria, então, ausência de dor, e não nos afetaria.

Epicuro • 341-270 a.C.

- O atomismo fundamenta a ética: compreendendo que a morte é a dissolução do corpo e da alma (o conjunto do que somos se decomporia em átomos), compreende-se que não haveria por que temê-la.

- Libertando-se deste temor, dar-se-ia um passo rumo à ataraxia, pois o temor é um distúrbio da alma. O saber seria condição necessária para a felicidade.

É tolice temer a morte

- Ou a morte ainda não estaria presente e, nesse caso, seria absurdo temê-la e não haveria razão para sofrer e ser infeliz por nada, ou

- A morte se faria presente, mas, então, não poderíamos sofrê-la porque não estaríamos mais vivos.

Por que as massas têm medo da morte?

- As pessoas veem na morte "o pior dos males": sem ter consciência do que o corpo é, nem do fato de que a morte é a cessação da vida, as pessoas têm medo dela, sem razão.

- As pessoas enxergam a morte como "a cessação das coisas da vida", e pensam que a morte representa a privação de todas as coisas boas que se pode gozar estando vivas. Porém, isso é porque não souberam encontrar o contentamento.

- O homem sábio, ao contrário, atingiria um estado de completude e de satisfação, e não seria atormentado pelo desejo vão da imortalidade. Ele não deixaria sua vida com um sentimento de privação. Viver mais tempo não lhe traria nada mais do que ele já tem.

- As pessoas deveriam meditar para se libertarem desses temores que atormentam sua alma.

6
LUCRÉCIO

<u>98-55 a.C.</u>

Pretender que os deuses quiseram preparar o mundo e suas maravilhas para os homens é pura insensatez.
(Lucrécio, 1993)

Elementos biográficos

A queda de Roma

Assim como seu mestre Epicuro havia presenciado o declínio das cidades gregas, Lucrécio assistiu em sua época ao declínio da República de Roma, devastada pela guerra civil e as crises sociais e econômicas. Ele assistiu às premissas da queda da República Romana que aconteceu no ano 27 a.C.

Teses essenciais

Lucrécio transmitiu em seu poema, *De natura rerum*, a doutrina epicuriana, realizando uma crítica mais azeda e precisa do que seu mestre das superstições e explicações falsas dos fenômenos naturais.

O naturalismo materialista de Lucrécio

Da mesma forma que Epicuro que, dois séculos antes dele, havia elaborado uma física materialista baseada no atomismo, Lucrécio concebia o universo como sendo composto exclusivamente de átomos e de vazio. Os corpos que vemos seriam combinações de átomos e, se teriam formas diferentes, isto era porque essas combinações poderiam variar infinitamente.

Para explicar como os átomos poderiam dar origem à existência de corpos (aglomerados de átomos), seríamos obrigados a admitir que seus movimentos não são apenas retilíneos, pois se assim fossem eles nunca se encontrariam. Portanto, é devido à sua **declinação**, possibilidade que os átomos têm de desviar sua trajetória, que se procederia a formação dos corpos. Esta declinação Lucrécio denominou também de *clinamen* (em latim: "inclinação". Notemos que em nenhuma parte nos textos de Epicuro nós encontramos referência ao *clinamen*, termo que, talvez, deva ser atribuído a Lucrécio).

A liberdade afirmada

Assim, Lucrécio outorgou à matéria uma **liberdade** que permitiu pensar da mesma forma a liberdade humana: a espontaneidade estava presente tanto no corpo quanto no espírito, ele mesmo constituído de átomos. Tal princípio permitiu justificar a possibilidade, para o homem, de ser autônomo.

Isto seria ainda mais verdadeiro porque a natureza, sendo material, não poderia ser obra de uma vontade divina transcendente; nunca poderia ser objeto de um projeto divino, mas lugar do acaso e da necessidade. Lucrécio rejeitou, assim como Epicuro, a ideia de um destino que implicasse a submissão do homem à fatalidade.

A sabedoria no conhecimento

A moral de Lucrécio estava próxima da moral de Epicuro: somente libertando a alma dos tormentos que suscitam medos e desejos supérfluos que o sábio poderia atingir a **ataraxia**, a serenidade do espírito, isento de toda agitação.

O homem deveria procurar a **felicidade** desapegando-se do que era supérfluo, libertando-se das paixões que agitavam sua alma. A finalidade da vida seria o **prazer**, não aquele desregrado, de uma pessoa imoderada, mas o prazer em repouso, compreendido como ausência de dor.

O conhecimento racional da natureza era o meio pelo qual o homem poderia purificar-se de seus medos, de suas ilusões, das superstições, enfim, de tudo aquilo que perturbasse a sua alma e entravasse o repouso tão desejado.

Lucrécio, visto dessa forma como um libertador, não cessou de denunciar a vaidade e a periculosidade das religiões e superstições que alienam o espírito humano.

Antiguidade

Uma obra-chave: *Da natureza das coisas*

Contexto

Única obra de Lucrécio, esse poema filosófico é composto de seis cantos que, retomando as doutrinas de Epicuro, as enriquecem e lhes dão uma feição estética.

Fazendo a ordem dos cantos seguir a ordem da razão, Lucrécio propôs um naturalismo propício à sabedoria, já que o estudo da natureza não poderia ser distinto da ética.

Extrato

Sobre esse assunto eu preciso ainda te dizer isto:

Em sua inevitável queda, com o peso que os conduz
Caem direto pelo vazio, em um tempo indefinido
Em lugares indefinidos, os átomos se tornam algo;
De onde se poderia dizer que o movimento alterou-se.
Sem esta inclinação, todos, como gotas de chuva
Tombariam de alto a baixo no vazio sem fim
Nenhum encontro haveria, nem um choque seria possível
A natureza, portanto, não teria criado nada jamais
(Lucrécio, 1993).

CHAVES TEXTUAIS

A inclinação dos átomos

- O *clinamen*, ou, ainda, a declinação dos átomos, designa a possibilidade de os átomos se desviarem de uma trajetória retilínea durante sua queda no vazio.

- Haveria três causas do movimento dos átomos: a declinação, o choque e o peso.

O *clinamen* como princípio de explicação dos corpos

- Sem a declinação não haveria possibilidade de existência dos corpos. Se os átomos não pudessem modificar sua trajetória, eles simplesmente cairiam no vazio de maneira retilínea, sem jamais se encontrarem. Portanto, eles não poderiam se combinar, de maneira que formassem um aglomerado de átomos, um corpo.

Rejeição da estrita necessidade

• Justificação da liberdade: a natureza não seria regida por uma estrita necessidade. Possibilidade de movimento espontâneo e indeterminado que se faz em "tempos" e "lugares indefinidos".

• O indefinido era aquilo que não resultava de nenhuma providência, de nenhum destino. Lucrécio se opôs aos estoicos e afirmou a existência do acaso na natureza.

• Consequentemente, o homem não estaria submetido ao destino, ele poderia ser livre, pois seria composto de átomos, e estes seriam dotados de um movimento.

7
EPITETO

50-130 d.C.

O que perturba os homens não são as coisas,
mas as opiniões categóricas que
eles têm sobre as coisas.
(Epiteto, 1876)

Elementos biográficos

Um antigo escravo

Este filósofo estoico, filho de escravos, tinha o nome grego *epiktetós*, que significa "adquirido recentemente". Com efeito, ele foi escravo a serviço de um amo brutal, Epafrodita. Diz-se que um dia este lhe haveria quebrado uma perna e que Epiteto lhe teria dito apenas: "Eu te havia avisado que tu a quebrarias" sem maiores lamentos (de onde o sentido do adjetivo "estoico"). Contudo, apesar de cruel, seu amo permitiu que Epiteto frequentasse as lições do estoico Musonius Rufus, que inspirou sua filosofia.

A liberdade a serviço da filosofia

Libertado, o ex-escravo abriu uma escola de filosofia em Roma. Mas, em 94, o Imperador Domiciano expulsou os filósofos de Roma e da Itália. Refugiado em Épire, Epiteto criou uma nova escola.

Seu ensinamento era unicamente oral: como Sócrates, ele mesmo não deixou nada escrito. Foi seu discípulo Arriano, futuro historiador e brilhante estadista romano, que transcreveu suas aulas e nos transmitiu o pensamento de Epiteto por meio do *Manual* e das *Conversações*.

Epiteto • 50-130 d.C.

Teses essenciais

A vida do estoico foi simples e modesta, ele encontrou o caminho da sabedoria na resignação e na abstinência, fontes de indiferença e de libertação com relação às paixões alienantes. "Suporta e abstém-te", essa é a máxima que parece caracterizar melhor a atitude de Epiteto.

O estoicismo

Especifiquemos o que foi o estoicismo: uma escola de filosofia extremamente vigorosa que perdurou durante seis séculos. Três etapas marcam sua história: o **estoicismo antigo**, fundado por Zenão de Cittium (332-262 a.C.), nos séculos IV e III a.C., o **estoicismo médio** nos séculos II e I a.C., e, finalmente, o **estoicismo imperial**, até o século II d.C., representado principalmente por Epiteto e Marco Aurélio.

Os filósofos do Pórtico (nome dado aos estoicos em referência ao lugar de origem da doutrina) ensinaram e reelaboraram constantemente uma doutrina moral visando à felicidade na sabedoria fundada sobre uma concepção racional da natureza. A intuição comum aos diversos representantes do estoicismo consistia em pensar que o homem, enquanto um ser inserido na natureza, deveria **viver em conformidade com ela**. Modelo de sabedoria, de domínio de si, o estoicismo exerceu influência sobre pensadores como Montaigne, Descartes ou, ainda, Espinosa.

Um mundo ordenado

Na linha do estoicismo, Epiteto considerava o mundo como submetido a uma ordem imutável, o **destino**, ao qual nada podia subtrair-se. Filho de Deus, razão que governa o mundo, o homem não podia mudar o curso das coisas (as circunstâncias materiais, doenças...), mas não deixava de ser senhor de si mesmo.

Nossa felicidade depende apenas de nós

A **moral** era a preocupação maior deste filósofo: o conhecimento da natureza, para ele, deveria nos permitir viver bem. Para ser feliz, nos diz Epiteto, precisávamos, antes de tudo, compreender **aquilo que depende de nós e aquilo que não depende** (cf. extrato do texto adiante).

E como aquilo que se relaciona aos nossos pensamentos, nossos julgamentos, nossos desejos e aversões estaria em nosso poder, e como, também, é a este domínio que pertenceria o que se relaciona com o bem

Antiguidade

ou o mal, a felicidade estaria em nosso poder, porque seriam nossas representações ou frustrações que causariam a nossa infelicidade.

Diante disso, compreender que nós temos o poder de modificá-las ou aboli-las seria também compreender que nossa felicidade, a tranquilidade de nossa alma (ataraxia), dependeria exclusivamente de nós mesmos. Por exemplo, "o que, para o homem, é o princípio de todos os males e de sua baixeza de alma e sua pusilanimidade não é a morte, mas muito mais o medo da morte" (*Conversações*).

A liberdade afirmada do sábio

Essa distinção entre o que depende de nós e o que não depende permitiria compreender como, apesar da existência de uma ordem implacável no mundo, o homem permaneceria absolutamente livre. Sua liberdade, na realidade, não consistiria em uma superioridade ilusória sobre a natureza, mas em um **domínio sobre seus pensamentos**.

Por ser completamente parte da natureza, parte do cosmos, o homem deveria aprender a viver em conformidade com esta ordem. Apenas aceitando o curso das coisas ele poderia superar a infelicidade.

Como uma filosofia da liberdade, o estoicismo é, também, uma filosofia da vontade. O sábio aceita para não sofrer, deve esforçar-se para ser feliz: "Não peças que as coisas que chegam cheguem como tu queres. Mas, antes, queiras que as coisas cheguem como chegam, e serás feliz" (Epiteto, 1876). Sendo capaz de se libertar, por meio do domínio de seus pensamentos e desejos, daquilo que incomoda seu espírito, o homem acederia à felicidade vivendo em harmonia com a ordem do mundo.

A apatia: o domínio dos desejos

A apatia é o que o sábio busca: a ausência de paixão, de afeição patológica da alma; é verdade que tal ideal requer um esforço de superação pessoal que causa admiração. Mas tal esforço não é impossível e Epiteto recomendava esse exercício constante para progredir até um autodomínio que colocasse o homem acima dos falsos desejos portadores de infelicidade. A filosofia requer tempo e empenho.

Uma obra-chave: *Manual*

Contexto

Nesta obra Epiteto deu os conselhos a serem seguidos em vista da libertação dos males que atormentam a alma. O filósofo deveria saber autodominar-se e libertar-se dos desejos vãos. Para isto, antes de tudo, deveria seguir uma regra essencial: distinguir o que depende de nós e o que não depende.

Extrato

Entre as coisas, algumas dependem de nós, ao passo que as outras não dependem de nós. Aquelas que dependem de nós são a opinião, a inclinação, o desejo, a aversão: em uma palavra, tudo aquilo que é obra nossa. As coisas que não dependem de nós são o corpo, os bens, a reputação, as dignidades: em uma palavra, as coisas que não são obra nossa.

E as coisas que dependem de nós são naturalmente livres; ninguém pode impedi-las, nada pode prendê-las; mas as que não dependem de nós são impotentes, escravas, sujeitas ao impedimento, alheias a nós.

Lembra-te, portanto, que, se tu acreditas serem livres as coisas que, por sua natureza, são escravas, ou próprias para ti as coisas que te são alheias, tu estarás amarrado, aflito, atormentado, e acusarás deuses e homens. Porém, se crês ser teu apenas aquilo que é teu, e alheio aquilo que é, de fato, alheio, então ninguém jamais te forçará a fazer alguma coisa, ou te impedirá de fazê-lo. Tu não reclamarás de ninguém nem a ninguém acusarás; não farás involuntariamente sequer uma ação; ninguém te prejudicará e não terás inimigo algum, porque nem mesmo poderias sofrer algum tipo de prejuízo (Epiteto, 1876).

Antiguidade

Chaves textuais

O que não depende de nós

- Aquilo que depende de circunstâncias exteriores, e que não pode ser mudado. É o que não nos pertence, e sobre o que não temos nenhuma influência.

- Por exemplo, "o corpo, os bens, a reputação, as dignidades" dependem do destino ou ainda do julgamento dos outros. É preciso aprender a aceitar as coisas como elas são.

O que depende de nós

- Aquilo que é obra nossa, sobre o que podemos e devemos assumir como nosso.

- Assim, "a opinião, as inclinações, o desejo, a aversão" são obra nossa: elas dependem do nosso espírito e de nossa vontade.

- As coisas em si mesmas não são nem boas nem más, mas nossa avaliação delas é que lhes atribui uma coisa ou outra. Portanto, é preciso aprender a olhar o mundo de outra forma e compreender que somos nós que atribuímos um valor aos acontecimentos.

Uma distinção capital

- Fazer essa distinção é capital: ela condiciona o acesso à sabedoria e à serenidade.

- O insensato, desejando coisa diferente do que existe, não distingue o que depende dele e o que não depende. Torna-se escravo de suas opiniões, de seus desejos, de seus julgamentos. Fica alienado.

- Ao contrário, o sábio, indiferente aos acontecimentos que não podem incomodá-lo (ele sabe que não está em seu poder mudá-los), coloca-se acima de todo transtorno (angústia, inquietação, desejo não satisfeito...). Ele é livre.

8
MARCO AURÉLIO

121-180 d.C.

*Nunca mais discutir sobre esse assunto:
'o que deve ser um homem de bem?', mas sê-lo.*
(Marco Aurélio, 1962)

Elementos biográficos

Um filósofo

Marco Aurélio, filósofo estoico da época imperial, descobriu com paixão as *Conversações* de Epiteto e decidiu, aos 12 anos, vestir o manto dos estoicos e adotar seu modo de vida frugal.

...que se tornou imperador

O Imperador Adriano afeiçoou-se desse jovem. Ele somente consentiu em aceitar Antonino, o marido da sobrinha de sua mulher, mediante a condição de que este designasse, por sua vez, Marco Aurélio como seu herdeiro.

Imperador admirado e apreciado por todos por sua bondade e inteligência, Marco Aurélio procurou cumprir muito bem suas funções. Preocupado com a defesa de seu império, e ao mesmo tempo aspirando à paz e ao estudo, ele se viu obrigado a passar grande parte de sua vida lutando contra as invasões bárbaras que se sucederam, bem como administrar as catástrofes (fomes, pestes, revoltas de generais...) que fragilizaram seu império. Foi nos campos de batalha que ele redigiu seus *Pensamentos para mim mesmo*, verdadeiro retrato espiritual de um comandante de exércitos preocupado em guardar viva sua reflexão sobre o sentido da vida.

Esforçando-se para fazer reinar a justiça, Marco Aurélio pôs em prática os conselhos da filosofia do Pórtico. Assim, descreveu Renan sua admiração pelo imperador filósofo: "Com Marco Aurélio a filosofia reinou. Durante um momento, graças a ele, o mundo foi governado pelo melhor e o maior homem de seu século" (*Marco Aurélio ou o fim do mundo antigo*).

Teses essenciais

Marco Aurélio retomou inúmeras teses de Epiteto. Ao redigir para uso próprio suas notas pessoais, ele aplicou os exercícios espirituais aconselhados pelo estoico. Sua originalidade se encontrava justamente nesta intimidade da escrita e no envolvimento, este cuidado de agir em conformidade com a doutrina e viver com dignidade.

O deus interior

O que nos permite viver bem e garante nossa capacidade de atingir a serenidade, apesar das vicissitudes da vida, seria o **deus interior**, ou ainda **mestre interior**, esse **gênio** que nos guia rumo ao bem: a **razão**. Assim, Marco Aurélio defendeu o cuidado de si mesmo, a busca da sabedoria e a virtude que tal deus interior possibilita.

A razão, sendo algo comum a todos, implica que sejamos, em nossas atividades, respeitosos, justos e amáveis para com nossos semelhantes. **Cidadão do mundo**, o homem pertenceria à comunidade dos seres razoáveis e, portanto, deveria interessar-se pelo bem comum acima de tudo, deixando de lado, se necessário, seu egoísmo: seria preciso, assim, compreender que "aquilo que não é útil ao enxame, também não o é à abelha". Compreende-se, então, por que Marco Aurélio, apesar de sua posição, desprezava as honras e a busca da glória. Ele manifestou um profundo **senso de igualdade**.

Devemos viver conformes à natureza

Como estoico, Marco Aurélio destacou o vínculo que liga o homem à natureza. O ser humano faria parte desse Todo que é a natureza, na qual ele vê a **Razão universal**. Dessa forma, a sabedoria exige que se viva em conformidade com o deus interior, parcela dessa Razão universal.

Seria, portanto, dentro do império de si mesmo que consistiria a verdadeira autonomia que levaria à sabedoria. Marco Aurélio procura incessantemente encarnar esse domínio de si mesmo, algo que, segundo seus contemporâneos, ele conseguiu fazer com sucesso.

A preeminência do presente

Da obra de Marco Aurélio se depreende certo cuidado com relação à fragilidade da vida humana. Não teríamos nenhuma ascendência ou poder sobre o passado nem sobre o futuro. Consequentemente, o que conta é somente a atividade realizada no presente. A existência humana é precária e é, portanto, no presente que a virtude se deve manifestar. Daí a necessidade de interrogar-se constantemente e procurar dominar seu julgamento.

A pequenez da existência humana diante da grandeza do cosmos, de que ela não representa mais do que uma ínfima parte, deveria conduzir à modéstia e à consciência de que a morte não é trágica, mas necessária à renovação do mundo. Não haveria razão alguma para temer; ela é algo do **destino**, da **providência**, algo que o sábio deveria aceitar. É preciso, antes, usufruir dos acontecimentos e não tentar, inutilmente, alterar a ordem do mundo.

Uma obra-chave: *Pensamentos para mim mesmo*

Contexto

Este conjunto de reflexões realizadas dia após dia nos campos de batalha revela um senso de dever sem comparação. Com essas notas Marco Aurélio buscou conciliar a exigência do "viver bem", a busca da sabedoria e da serenidade, com as vicissitudes e a precariedade da existência humana. Mais particularmente, este extrato analisa o medo da morte e a pequenez da existência humana.

Extrato

Mesmo que tu pudesses viver 3 mil anos, ou 10 mil que fossem, lembra-te, contudo, que ninguém vive outra vida senão a que tem, e nem outra senão a que perde. Por isso, a vida mais longa e a mais curta dão no mesmo. Pois o presente é igual para todos; e é igual, também, aquilo que perece. E a perda se mostra assim, instantânea, já que não se pode perder nem o passado nem o futuro. Pois, de fato, como poderiam tirar-te aquilo que não tens? De todas as coisas, é preciso lembrar--se: primeiro, que as coisas são eternamente semelhantes e começam sempre de novo, e não importa que vejamos as mesmas coisas durante 100 ou 200 anos ou durante um tempo infinito; depois, que a perda é a mesma, quer morramos em idade avançada ou em poucos anos: o

Antiguidade

presente, com efeito, é a única coisa da qual se pode ser privado, pois é a única coisa que teríamos, e não perdemos aquilo que não temos (Marco Aurélio, 1962).

CHAVES TEXTUAIS

A duração da vida não tem importância

• Marco Aurélio combateu aqui o conceito usual segundo o qual viver mais longamente equivale a viver melhor.

• Não é a quantidade de tempo o que conta, mas a qualidade.

• Com efeito, o passado e o futuro não nos pertencem, não existem; apenas o presente existe, o que significa que, perdendo a vida, perdemos o presente, igual para todos.

O medo da morte não tem fundamento

• Serenidade do sábio que não tem esperança de condições melhores, nem tem medo da morte, apenas compreende sua necessidade, sua conformidade em relação ao destino.

• A morte não é uma coisa ruim: a Razão Universal governa o mundo e cada ser participa desse desenvolvimento, chamado a renovar-se seguindo o mito do eterno retorno.

SEXTO EMPÍRICO

Séculos II e III

A toda razão podemos contrapor outra razão igualmente forte.
(Sexto Empírico, 1997)

Elementos biográficos

Um médico filósofo

Filósofo, médico e astrônomo grego, Sexto Empírico nasceu em meados do século II em Mitilene e viveu em Alexandria e Atenas.

Empirista, carregou a denominação "Empiricus" porque praticava a medicina fundamentando-se na experiência própria de cada um de seus doentes. Considerava as circunstâncias particulares como a idade ou ainda as doenças anteriores dos seus pacientes, rechaçando a aplicação cega de teorias gerais.

Um historiador da filosofia

Sexto Empírico foi o dirigente da Escola Cética de 180 a 210. Além das teses do cético Pirro, ele examinou e nos fez descobrir nos *Esboços pirronianos* e em seus tratados *Contra os dogmáticos* e *Contra os professores* as doutrinas dos principais filósofos gregos. Ele nos transmitiu informações inéditas e realizou um verdadeiro trabalho de historiador da filosofia antiga.

Antiguidade

Teses essenciais

Sexto Empírico contribuiu para a difusão das teses céticas e, sobretudo, das do fundador do ceticismo, Pirro de Elis (365-275 a.C.).

Contra o dogmatismo

O que mais Sexto Empírico combateu foi, primeiramente, o dogmatismo e, acima de tudo, o estoicismo. Examinando as teses contrárias, ele provou sua inanidade, não dando razão a nenhuma delas. Os argumentos pelos quais os metafísicos pretendem defender suas doutrinas se equiparam, sendo que nenhum parece mais legítimo do que os outros. A incerteza é reconhecível.

O verdadeiro é tão precioso que afirmar qualquer coisa sem fundamento chega a ofender. Por isso se requer a prudência: "Algumas razões que eu examinei, utilizadas para estabelecer uma asserção dogmática, parece-me que encontra uma outra razão oposta a ela, que estabelece também um dogma, e que é igual ao primeiro" (Sexto Empírico, 1997).

O ceticismo

Cético, Sexto Empírico reivindicou a suspensão dos julgamentos, das asserções, a *épochè* (estado de dúvida): uma vez que o verdadeiro é de difícil acesso, seria necessário rejeitar todas as asserções que não poderiam ser fundamentadas. Era a fragilidade do espírito humano que poria em evidência o ceticismo. Certamente o verdadeiro existe, mas não podemos ter certeza de atingi-lo, e também devemos suspender nossas asserções.

Se não podemos ter certeza de atingir o verdadeiro, é porque, antes de tudo, não podemos, contrariamente ao que afirmam os **empiristas**, confiar em nossos sentidos: as sensações variam de um indivíduo a outro e, portanto, são relativas. É ainda porque, diferentemente do que admitem os **racionalistas**, a razão não pode resolver as contradições dos dogmáticos e se encontra diante de dificuldades insuperáveis em sua busca pela verdade.

O fim do ceticismo: a ataraxia

Alguns criticam o ceticismo no aspecto em que ele conduziria a uma passividade com relação ao mundo, de modo que tudo poderia parecer vão: a que serviria buscar a verdade, se ela é inalcançável? Como, inclusive, conceber a possibilidade da ação por parte de uma mente que recusasse toda certeza? Sexto Empírico, consciente dessas críticas, respondeu.

Ele não convocou a um ceticismo "preguiçoso", mas a uma prudência salvadora. Superando todos os dogmas, o cético se dá a possibilidade de atingir um estado de quietude, uma paz da alma que se chama **ataraxia**. Esta consistiria na ausência de toda perturbação do espírito. Se, portanto, devemos ser céticos, é em vista dessa serenidade. "O cético visa à serenidade em questão de opinião" (Sexto Empírico, 1997).

A moral do cético: a consciência da relatividade

De um ponto de vista moral, Sexto Empírico preconizou uma vida em conformidade com os costumes em vigor, consciente, contudo, da relatividade desses costumes. O ceticismo não condena, portanto, inevitavelmente à inação, mas promove tolerância e moderação, atitudes propícias à serenidade.

Obra-chave: *Esboços pirronianos*

Contexto

Nesta obra, Sexto Empírico propôs uma introdução ao ceticismo. Ele apresentou os princípios fundadores e analisou de maneira crítica a pretensão dos filósofos de atingirem a verdade absoluta.

Extrato

Tomando o termo de princípio ou de causa por fim ou causa final, nós dizemos que o princípio, ou a causa, ou o fim do ceticismo é a esperança que o filósofo cético tem de chegar, por meio dessa espécie de filosofia, à *ataraxia*, quer dizer, à isenção da perturbação, ou à tranquilidade da alma. Pois os grandes gênios, que foram os autores dessa disciplina, vendo que tal igualdade de afirmações, que eles observavam nas coisas, perturbava-o, começaram a examinar o que poderia haver de verdadeiro ou de falso nas coisas, a fim de obter uma disposição isenta de perturbação, pelo discernimento que poderiam fazer das coisas. Mas se se perguntar o princípio sobre o qual o cético se funda principalmente para duvidar de tudo, trata-se do seguinte: que toda razão pode ser contradita por uma razão oposta do mesmo peso e o mesmo valor. Este princípio nos leva a reconhecer que não existem dogmas, nada que se possa afirmar ou negar dogmaticamente e com garantia (Sexto Empírico, 1997).

Chaves textuais

O fim do ceticismo: a ataraxia

• A ataraxia: ausência de perturbação (inquietude, angústia...) da alma, serenidade de espírito. Esse é o fim visado pelo cético.

• O meio para alcançar esse fim é a suspensão do julgamento (sentença dogmática): não ter opiniões falsas, ideias angustiantes, liberar a mente daquilo que poderia perturbá-lo.

• A dúvida definitiva: não é preciso afirmar nada.

A crítica do dogmatismo

• O dogmatismo colocou argumentos em favor de sua tese. Mas, a esses argumentos, pode-se objetar argumentos contrários e de mesmo valor (igualmente legítimos). O ceticismo parece ser uma atitude mais coerente.

O princípio do ceticismo

• Compreender e aceitar que nenhuma das teses contrárias pode ser considerada superior é se libertar das hesitações e crenças nocivas.

• O ceticismo: arte de viver.

O ceticismo não leva à preguiça

• Rejeição da acusação de preguiça e de inação: o cético é, antes de tudo, aquele que examina, que busca a verdade (*skepsis*, em grego, significa "exame").

• Não é, primeiramente, aquele que "duvida": a *époché* é um **resultado** necessário face à tomada de consciência da fragilidade dos conhecimentos.

10
PLOTINO

Cerca de 205-270

É no mundo inteligível que se encontra a realidade verdadeira.
(Plotino, 1967)

Elementos biográficos

Uma vida de filósofo

Nascido no Egito, Plotino estudou com o filósofo platônico Ammonius Saccas antes de seguir o Imperador Gordiano em uma campanha militar contra os persas para estudar as sabedorias indianas e persas. Ele se instalou em Roma em 244 para criar ali uma escola que teve imenso sucesso.

Seu ensinamento foi exclusivamente oral durante 10 anos. A pedido de seu discípulo mais célebre, Porfírio, ele decidiu escrever. No entanto, indisposto a reler seus livros, ele encarregou Porfírio de revisar e publicar seus escritos.

Uma vida exclusivamente ascética

Com horror por tudo que se referia ao corpo, Plotino levou uma vida excessivamente ascética, recusando todo cuidado corporal, a ponto de colocar sua saúde em perigo. Nunca concordou que fizessem uma estátua dele, ou mesmo seu retrato, tendo em conta que a única coisa importante era o discurso, não o corpo ou a imagem sensível.

Contudo, considerado por aqueles que se aproximavam dele como um homem sábio, um guia e diretor de consciência, ele viveu rodeado de crianças que lhe foram confiadas. Porfírio, em sua *Vida de Plotino*, o descreveu como "doce, disponível a todos aqueles que, de uma maneira ou de outra, puseram-se em relação com ele".

Antiguidade

Teses essenciais

Partindo de conceitos platônicos, os quais ele revisita de maneira original, Plotino fundou o **neoplatonismo**, filosofia que exerceu uma grande influência sobre o pensamento medieval. Sua doutrina remeteu, além disso, às questões e argumentos desenvolvidos pela filosofia estoica, marcantes em sua época, mas se inspirou igualmente na filosofia aristotélica.

O Uno, princípio de todas as coisas

Como Platão, no *Parmênides*, obra de referência dos neoplatônicos, Plotino afirmou a existência de um **mundo inteligível** para além do **mundo sensível** (mundo acessível aos sentidos). O princípio supremo do qual procedem as realidades inteligíveis e as realidades sensíveis seria o **Uno**, ou ainda, segundo o termo platônico, o **Bem**.

Mas o Uno, existindo em todas as coisas, existe, contudo, para além delas, seria anterior a elas e a toda determinação ontológica[1], como também seria inefável[2], imóvel, eterno, não engendrado, desprovido de toda qualidade que o multiplicasse.

Assim, somente poderíamos invocá-lo, dizer o que ele não é, sem poder dizer positivamente o que ele é. Seria um absoluto incognoscível, uma pura transcendência de onde procederiam todas as coisas e de onde elas obteriam sua unidade.

Portanto, não é o pensamento que pode se identificar ao Uno e se unir ao Bem, mas a alma, por meio de uma experiência mística dependente do desejo e do amor; a **contemplação** se compreende como fusão da alma e do Bem. Seria reencontrando em si mesmo a unidade de onde procedemos, voltando-nos ao Uno, que poderíamos nos unir a ele e ter dele uma percepção compreensiva, mas jamais explicativa.

As três hipóstases

O mundo conteria três **hipóstases**, isto é, três princípios que permanecem sob a mudança das coisas, três realidades primeiras e verdadeiras, inteligíveis e incorporais: o Uno, o intelecto e a alma.

---

1. Ontológica: relativa ao ser.
2. Inefável: que não se consegue dizer.

Plotino • Cerca de 205-270

Tudo nasceria e procederia do Uno, cuja mais elevada emanação é o **intelecto** (o *noûs*), lugar inteligível constituído de um conjunto de realidades inteligíveis, das **formas**. Ele pensa todas as coisas e é o ser e a vida.

Do intelecto procederia a **alma**, causa e princípio organizador do mundo sensível que é uma imagem do mundo inteligível. Dela procederiam as almas individuais.

Assim, o Uno seria como o sol que, por sua irradiação, geraria tanto a luz como a sombra, sem, no entanto, confundir-se com elas: ele é fonte e princípio de unidade de todas as coisas. Para designar esse processo de geração pelo qual as hipóstases "vêm" umas das outras, permanecendo, no entanto, distintas, fala-se de **processão**.

A conversão

A **matéria** é o último grau ontológico, último reflexo do Uno, fonte do **mal**. Ela é ausência de forma, privação, falha de ser de que a alma deve se libertar a fim de se voltar para o Uno e conhecer o **êxtase**, a contemplação fusional do Bem. É por isto que o ser humano deveria se libertar do seu corpo, dominá-lo. A alma deve superar as limitações corporais e encontrar em si mesma seu princípio: deve se purificar para progredir rumo à contemplação.

Uma obra-chave: *Enéadas*

Contexto

Plotino havia encarregado Porfírio de colocar em ordem e corrigir seus escritos. Este último organizou sua obra em 54 tratados repartidos em seis *Enéadas*, reunidas em três volumes. O primeiro volume (*Enéadas* I a III) trata de ética, de física e de cosmologia. O segundo (*Enéadas* IV e V) é consagrado à alma e ao intelecto. Enfim, o último volume trata do Uno.

Assim, ler as *Enéadas* na ordem proposta por Porfírio é formar-se passando das questões mais simples às mais complexas. A leitura deve permitir a conversão da alma que, libertando-se do sensível, torna-se capaz de contemplar o Uno.

Antiguidade

Extrato

O Uno é anterior a *qualquer coisa*.

É por isso, na verdade, que ele é inefável: o que quer que você diga, estará dizendo *alguma coisa*; ora, aquilo que está para além de todas as coisas, que está além da venerável Inteligência, o qual está além da verdade que está em todas as coisas não tem um nome; porque um nome seria algo diferente dele; ele não é uma dentre as muitas coisas e não tem nome algum porque nada pode ser dito dele como de um sujeito [...].

Então, como falar dele? Nós podemos falar dele, mas não conseguiremos expressar o que ele mesmo é. Não temos dele nem conhecimento nem pensamentos. Como falar dele se nem mesmo o identificamos enquanto tal? É que, sem identificá-lo com o conhecimento, mesmo assim não ficamos absolutamente sem identificá-lo; identificamo-lo o suficiente para falar dele, mas sem que nossas palavras o alcancem nele mesmo. Dizemos aquilo que ele não é, e não aquilo que ele é (Plotino, 1967).

CHAVES TEXTUAIS

A simplicidade do Uno

• O Uno: princípio primeiro de onde tudo procede, portanto, anterior a qualquer coisa, imóvel, perfeito e simples. O Uno é somente ele mesmo, e não "alguma coisa".

• Com efeito, aquilo que é *alguma coisa* designa o que pode receber uma determinação e, então, é múltiplo. É o que é isto ou aquilo, o que é predicável.

O Uno não tem nome

• Caráter inefável do Uno: nada poderia ser dito dele, está além da linguagem.

• Pois, se ele é simples, não pode ser multiplicado sem que se traísse sua natureza. Ora, dizer alguma coisa de um ser é determiná-lo, é dividi-lo em seus atributos, distinguir nele um sujeito ("ele") e o predicado ("é isto ou aquilo"): há limites na linguagem.

O Uno é incognoscível

- O Uno existe por si e sem atributo, o intelecto procede dele e se distingue dele.

- Ora, é pelo intelecto que se compreende o pensamento que distingue o sujeito e o objeto (um sujeito que pensa e um objeto pensado).

- Unidade absoluta do Uno: para além do intelecto, ele é simples e não conhece essa distinção em si mesmo entre sujeito e objeto.

Como então identificá-lo e dizer algo dele?

- Não é por meio da **reflexão** que se acede ao Uno. Ele não é um objeto cognoscível.

- Mas se pode conhecê-lo pela **contemplação**, pelo olhar interior: a fusão da alma com o Uno (no qual ela retorna à sua unidade) é uma experiência compreensiva.

- Há a possibilidade de falar negativamente do Uno, mas não de lhe atribuir positivamente o que quer que seja sem desnaturalizá-lo.

- É pelo olhar interior, e não pela razão, que se contempla o Uno.

11
AGOSTINHO (SANTO)

354-430

*Crê, e compreende; a fé precede,
a inteligência segue.*
(Sermões)

Elementos biográficos

Uma juventude na errância do desejo

Agostinho nasceu em Tagaste (na atual Argélia), de um pai pagão e mãe cristã. Viveu, inicialmente, uma vida dissoluta, como ele descreveu, mais tarde, em suas *Confissões*. Sua vida foi marcada por uma busca, a busca de Deus, descobriu-o depois, após ter cedido aos apelos da carne e às ilusões de diversas crenças que ele rejeitou em seguida.

Embora sua mãe fosse profundamente ligada à religião católica, Agostinho acabou atraído para o maniqueísmo em um primeiro momento. Essa religião, fundada por Mani, distingue dois princípios que governam o mundo: o bem e o mal. Agostinho permaneceu no maniqueísmo durante nove anos.

Depois de se interessar pela Nova Academia cética, sua vida foi completamente transformada pelo neoplatonismo e as teses de Plotino. O itinerário de Agostinho foi o de um intelectual atormentado cuja angústia não se aquietou senão por meio de seu encontro com Deus.

A conversão ao cristianismo

Em 386, Agostinho se converteu ao cristianismo. Batizado, em seguida ordenado padre, foi escolhido pelos fiéis de Hipona

Agostinho (Santo) • 354-430

para substituir o bispo daquela diocese no ano de 395. Foi com devoção que ele cumpriu suas funções episcopais. Defendeu sem cessar o cristianismo contra as diversas formas de heresia constituídas pelo maniqueísmo, o donatismo, o pelagianismo e o arianismo.

Morreu em plena invasão bárbara, em uma Hipona assediada pelos vândalos, pouco antes da queda do Império Romano, que aconteceu no ano de 476.

Teses essenciais

Padre da Igreja, Santo Agostinho foi o primeiro filósofo cristão a elaborar uma síntese filosófica e teológica do pensamento antigo (principalmente do platonismo) e do pensamento cristão.

Seu pensamento dominou o pensamento ocidental, sobretudo religioso, tanto na Idade Média (até o século XIII, principalmente) quanto na Renascença, por meio dos reformadores como Lutero e Calvino.

O século XVII foi, por excelência, o do agostinismo: ele inspirou o jansenismo, mas também a autores tão diversos quanto Pascal, Bossuet, Malebranche ou, mesmo, Fénelon.

Perversão e conversão

Agostinho fez a experiência: o ser humano é fundamentalmente sujeito à falta, ao vazio que nada parece capaz de preencher. O desejo de bens sensíveis, sempre renovados e antagônicos, não pode ser satisfeito de forma absoluta: "eu ainda não amava, mas já gostava de amar, e buscava um objeto para meu amor", ele escreveu nas *Confissões*. Essa insatisfação, nos diz Agostinho, é causada pela ***perversio*** (perversão), que consiste em andar errante, de desejo em desejo, sem jamais alcançar o absoluto. Ela é **desencaminhamento**, extravio de si mesmo.

Diante dessa insatisfação errante deve-se compreender que o Bem Soberano, o fim último de toda a vida, em que consiste a felicidade, e que Agostinho designava com o termo ***tranquilitas*** (tranquilidade), era a união com Deus.

A ***conversio*** (conversão) era, portanto, um retorno a Deus, verdadeiro objeto do desejo, ao mesmo tempo em que era um retorno a si mesmo, a unidade reencontrada na participação da vida interior na estabilidade eterna do Ser Absoluto, Deus. As Confissões atestam este caminho espiritual representado pela conversão de Agostinho.

Antiguidade

É na interioridade da alma que se encontra a verdade

A interrogação a respeito da **consciência** e do conhecimento é central na obra de Agostinho. Para superar o ceticismo, ele seguiu um caminho comparável ao que seguirá Descartes no século XVII: é na certeza interior da consciência, em nossa intimidade mais profunda, que se encontra o fundamento do saber. Claro, o erro a respeito das coisas exteriores é possível, mas a consciência de si mesmo depende da certeza, "pois se me engano, eu existo". Consequentemente, a interioridade contém a verdade: "em vez de ir para o exterior, retorna a ti mesmo: é no coração humano que a verdade habita".

No ser humano se encontram verdades seguras que não são oriundas da experiência sensível (por exemplo, o princípio de não contradição, os fundamentos da matemática...). Mas, se estas ideias não provêm da experiência, de onde elas vêm? A esta questão Agostinho respondeu com sua teoria da **iluminação**: elas emanam da irradiação de Deus. O Verbo divino, nosso **mestre interior**, é um guia que nos ilumina e que existe no mais íntimo de nosso ser.

Retomando a imagem neoplatônica da irradiação do Uno, Agostinho comparou Deus ao sol, os objetos de conhecimento às coisas iluminadas, e o espírito aos olhos. Assim, devemos nos tornar aptos a ver.

A busca da verdade equivale ao conhecimento de si mesmo e à ascensão para o âmago da interioridade em que está Deus, fundamento da verdade. "Pois Tu estavas dentro de mim, enquanto eu mesmo estava fora de mim!", escreveu Agostinho ao final de sua ascensão, nas *Confissões*.

A relação entre razão e fé

A razão, sozinha, não é capaz de conduzir à fé. A fé deve vir primeiro, a inteligência em segundo. A fé é entendida como adesão às Escrituras e autoridades transcendentes. No entanto, ela não exige a negação da razão.

Muito pelo contrário, o recurso à razão permite compreender e esclarecer a mensagem divina. "Compreende para crer, crê para compreenderes", tal é a fórmula que resume o pensamento agostiniano: a razão deve provisoriamente se inclinar diante da fé que, por sua vez, ilumina a inteligência.

Portanto, não se trata nem de aderir cegamente a uma crença exterior, nem – o que seria impossível – alcançar Deus unicamente pelo uso da razão: Agostinho foi o primeiro pensador a conceber tal complementaridade entre fé e razão.

O problema do tempo

Se, como afirma o monoteísmo, Deus é eterno e, assim, transcendente ao tempo, como se poderá conceber um contato entre essa transcendência e o homem, submetido ao tempo e marcado pela finitude?

Diante das contradições descobertas pela mente ao analisar o tempo, Agostinho pensou a duração como produto da subjetividade.

O tempo é **experiência subjetiva**. Objetivamente, o passado não existe mais, o futuro não existe ainda, e o presente não só existe porque tende a não existir mais. A consciência do tempo que nos faz experimentá-lo como mais ou menos longo não é outra coisa senão uma **distensão da alma** que a memória (consciência do passado), a atenção (consciência do presente) e a antecipação (consciência do futuro), tornam possível.

Em Platão, o tempo designava a imagem pervertida e móvel da eternidade, lugar da queda, da imperfeição, radicalmente oposta à perfeição da eternidade. Ao contrário, Agostinho via no tempo o lugar da redenção, o espaço de criação. O homem participa da eternidade voltando-se para Deus. Ele retira o homem da finitude e do nada.

A questão da existência do mal

Mas se o homem é criatura de Deus, e se este é bondade e poder sem limites, como explicar a existência do mal? Diferentemente dos maniqueístas, Agostinho rejeitou a ideia de uma potência por natureza má que fizesse frente à bondade de Deus. Não se poderia admitir que o poder de Deus seja limitado.

O pecado original explica a tendência humana de praticar o mal. Livre, sua vontade nem sempre sabe escolher os bons objetos do amor. O homem não sabe distinguir entre **usar** e **desfrutar**: enquanto o pervertido vaga no uso dos bens materiais sem nunca encontrar satisfação, o convertido encontrou o verdadeiro objeto do amor e tem seu gozo em Deus.

O homem só pode livrar-se do mal mediante o favor da **graça**, dom de Deus, e não, como afirma Pelágio, por mérito de suas próprias forças e sua liberdade.

Antiguidade

A história e a *Cidade de Deus*

Na *Cidade de Deus*, Agostinho distinguiu duas "cidades" ou "reinos", constitutivos do mundo. A **cidade terrestre**, que caracteriza o "amor de si mesmo que menospreza Deus", procede da perversão. Inversamente, a **cidade celeste** se funda no "amor de Deus e o menosprezo de si mesmo". Ela remete à unidade das nações que respeitam a Deus, ela é o vínculo entre os homens, que transcende as fronteiras.

A **história** deve ser compreendida como a luta entre esses dois reinos. Santo Agostinho pôs as bases de uma filosofia da história como **totalidade orientada**. A história não é um ciclo, mas é da ordem do devir e comporta um sentido, um progresso. Ela conduz a humanidade rumo à realização da cidade celeste como reconciliação dos povos no Reino de Deus.

Uma obra-chave: As *Confissões*

Contexto

As *Confissões*, obra literária e filosófica com tônica biográfica, narram o itinerário espiritual de Agostinho. Pagão dado à sensualidade de uma vida desenfreada, em busca de um objeto que aplacasse suas angústias e insatisfações, ele percorreu um itinerário rumo ao verdadeiro objeto do amor, Deus. As *Confissões* descrevem esta sua conversão ao cristianismo, com suas dificuldades e realizações.

Extrato

O que é, portanto, o tempo? Se ninguém me perguntar eu sei o que é; mas no momento em que me perguntam e que eu tento explicar, já não sei mais. Contudo, eu ouso declarar o seguinte: que se nada acontecesse, não existiria tempo passado; se nenhum evento surgisse, não haveria tempo futuro; e se nada existisse, não haveria tempo presente.

Como, então, esses dois tempos, o passado e o futuro existem, sendo que o passado não é mais e o futuro ainda não é? Quanto ao presente, se ele fosse sempre presente, se não se movesse na direção do passado, não seria tempo, e sim eternidade. Portanto, se o presente, para ser presente, deve unir-se ao passado, como podemos declarar que ele existe, ele que não pode ser senão deixando de ser? Desse modo, o que nos autoriza a afirmar que o tempo existe, é que ele tende a deixar de existir [...] (Agostinho, 1964).

CHAVES TEXTUAIS

O problema do conhecimento do tempo

• O tempo: uma noção familiar de que falamos frequentemente e que compreendemos por nós mesmos.

• Mas quando tentamos defini-lo, as dificuldades aparecem. Por simples que pareça ser esta noção, ela escapa, por sua vez, à análise e se revela complexa quando nos detemos sobre ela.

• **Primeiro paradoxo:** assim, o tempo é uma noção familiar e misteriosa.

O problema da existência do tempo

• A mudança, o fato de as coisas passarem, parece garantir a existência objetiva (fora de nós) do tempo que vemos como algo irreversível e orientado.

• O tempo se compõe do passado, do futuro e do presente. Ora, a análise desses tempos nos leva a ver sua existência fora da consciência que temos deles. O passado não é mais, o futuro ainda não é. Quanto ao presente, é a mudança, sempre transformado em passado, e que nisso se distingue da eternidade.

• **Segundo paradoxo:** o tempo é (a mudança ocorre, nós a experimentamos), mas, ao mesmo tempo, ele não é (o que o constitui é da ordem do não ser).

• Agostinho concluiu que o tempo existe apenas "em nosso espírito".

IDADE MÉDIA E RENASCENÇA

COORDENADAS

A Idade Média corresponde ao período de mil anos que se estendeu desde a queda do Império Romano do Ocidente, em 476, até a tomada de Constantinopla, em 1453. Marcada pela dominação da religião monoteísta, principalmente cristã, no Ocidente, a filosofia medieval se esforçou por reconciliar fé e razão. A Renascença, período compreendido entre a metade do século XV e o final do século XVI, viu o desenvolvimento de uma filosofia que se emancipou pouco a pouco da religiosidade para centrar-se no próprio homem.

A Idade Média

A acusação de obscurantismo

Durante muito tempo descrita como um período de trevas no saber, a Idade Média desenvolveu, no entanto, um pensamento propício ao surgimento da razão e à afirmação de uma reflexão em que o ser humano está no centro.

Foi, principalmente, a partir do século X que a filosofia se desenvolveu em razão da perda da cultura grega ocasionada pelas invasões bárbaras. A Alta Idade Média (entre o século V ao X) rejeitou a hegemonia da razão. No entanto, isso não significa que tal período tenha sido marcado pelo obscurantismo. Ele marcou o fortalecimento do cristianismo que deu origem a inúmeras ideias prolíficas.

A contribuição do cristianismo

Quanto ao pensamento sobre o universo e sobre o ser humano, o cristianismo renovou a visão do mundo, contribuindo para a eclosão de novos conceitos que marcaram a história do pensamento. A ideia de um Deus único, perfeito, transcendente e todo-poderoso, bem como as noções de salvação e infinito,

Idade Média e Renascença

foram fontes de reflexão que substituíram a visão grega do universo fundada na razão e na natureza.

O ser humano medieval se pensava como criatura de Deus: positivamente, ele era o reflexo de Deus; negativamente, era o pecador portador de vícios. Essas duas visões antagônicas tiveram o mérito de prodigalizar ao ser humano um estatuto universal: com a religião, foi permitido pensar o homem, uma vez que a mensagem evangélica se dirigia a todos os homens, sem exceção. Essas são as premissas do humanismo que se desenvolveu na Renascença.

A filosofia a serviço da teologia

A Idade Média foi, por excelência, uma época que valorizou a Verdade Revelada e a intuição pela qual todas as coisas são sinais de Deus. A fé contra a razão foi, por exemplo, o credo professado por alguém como **Pedro Damião** (1007-1072), que rejeitava a dialética (arte do raciocínio) em prol da fé, defendendo que o estudo se restringisse aos textos sagrados. A razão era apenas a arma perigosa e ímpia dos profanos.

Mas o século XII anunciou uma nova era. Então, **Santo Anselmo** (1033-1109), considerando a filosofia como serva da teologia, mostrou que a razão poderia por si mesma deduzir da ideia de Deus sua existência. **Abelardo** (1079-1142), em seguida, interrogou a unidade das três grandes religiões monoteístas, promovendo tolerância e racionalidade. Tomando partido na **querela dos universais**, ele defendeu o nominalismo contra o realismo: os universais (as ideias gerais) não eram realidades existentes separadamente das coisas, mas simples palavras, sendo todas as coisas apenas individuais.

Paralelamente, viu-se despontar o **humanismo**: era ao ser humano, criatura divina, que a criação se destinava. Cada vez mais dessacralizada, embora ela permanecesse durante muito tempo sendo considerada lugar de manifestações misteriosas, a natureza era concebida como criação de Deus, obedecendo a leis universais. Foi isto que tornou possível, na Renascença, a emergência da ciência racional.

O desenvolvimento da autonomia da razão

Com o desenvolvimento do comércio entre Oriente e Ocidente a partir do século XII, a filosofia se renovou: os escritos de Aristóteles e de seus comentadores árabes (Avicena e Averróis) e judeus

Coordenadas

(Maimônides) chegaram ao Ocidente, traduzidos em latim. As universidades que floresceram no século XIII permitiram, igualmente, o desenvolvimento e a circulação sem precedentes do saber.

Convém mencionar a importância da filosofia árabe e a influência que ela exerceu no pensamento ocidental que se desenvolveu a partir do século XII. **Averróis** (1126-1198), leitor de Aristóteles, tentou fundar racionalmente um método de leitura crítica do Alcorão. Ele propagou assim uma leitura esclarecida que se opunha a qualquer interpretação integrista.

Alberto Magno, que foi mestre de Tomás de Aquino, contribuiu para a difusão das obras de Averróis e de Aristóteles no Ocidente.

Mas a figura que se impôs entre as mais marcantes do século XIII foi a de **Tomás de Aquino**, esse "doutor angélico" cuja doutrina se tornou a oficial da Igreja. O tomismo, fiel à Escolástica[1], de que ele se tornou, em seguida, um dos maiores representantes, empenhou-se por **conciliar fé e razão**, ensinamento bíblico e filosofia aristotélica. Distinguindo verdades da razão e verdades da fé, proclamou a **autonomia da filosofia e da investigação racional**. Nesse sentido, ele foi um dos primeiros pensadores modernos.

O século XIV ficou marcado pela emancipação da teologia. **Guilherme de Ockham**, nominalista, rejeitava os universais e valorizava a noção de indivíduo.

A Renascença

Os fatos marcantes

A Renascença começou na Itália, para onde migraram os sábios gregos, quando Maomé se apoderou de Constantinopla. Um período de transição caracterizado por uma renovação intelectual e moral, ela assentou seus princípios nos escritos da Antiguidade. Principalmente, ocorreu uma redescoberta do platonismo e dos escritos de Plotino. A Reforma Protestante, iniciada por **Lutero** (1483-1546), minou a au-

---

1. A Escolástica designa a doutrina ensinada nas escolas monásticas, que procurava conciliar fé e razão, desenvolvendo um método fundado no comentário do texto e na discussão.

toridade da Igreja. Ao afirmar que a salvação viria exclusivamente pela graça, ela colocou o ser humano em uma relação pessoal e direta com Deus, liberando-o da submissão às autoridades espirituais.

O desenvolvimento da imprensa possibilitou a difusão do saber e o desenvolvimento do espírito crítico.

O humanismo

O pensador renascentista queria ser liberado de toda autoridade a fim de poder examinar de maneira crítica os sistemas teológicos e filosóficos.

Novos valores nasceram: o sujeito estava no centro das reflexões. Desobrigado da transcendência divina, ele se descobriu autônomo e responsável. **Montaigne** (1533-1592) recolocou o centro do questionamento filosófico sobre a base do conhecimento de si mesmo.

A ideia de **dignidade da pessoa humana** apareceu e, com ela, a da possibilidade da felicidade terrestre. Deus deixava de ser o único caminho para a felicidade, e a razão era outro.

Maquiavel (1469-1527) apresentou a questão dos fundamentos da política, das condições da manutenção do poder. Sua política realista promoveu a ideia de uma secularização do político.

O desenvolvimento das ciências

O ser humano queria compreender a realidade: o conhecimento científico experimentou uma renovação com **Copérnico** (1473-1543), que recolocou em causa o geocentrismo em favor do heliocentrismo.

Giordano Bruno (1548-1600) sacudiu a teologia trazendo novamente à discussão a noção de criação (o universo era infinito, existia uma pluralidade de mundos) em favor da concepção de um Deus imanente, como força presente na natureza, a própria Natureza.

A morte de Giordano Bruno na fogueira, que testemunhou a resistência às ideias inovadoras da Renascença, marcou o fim desta época, bem como a aparição da tolerância religiosa que, em 1598, reconheceu a liberdade de culto aos protestantes com o Edito de Nantes. Da Idade Média ao fim da Renascença, o mundo cultural sofreu inúmeras mutações que trouxeram uma progressiva emancipação do sujeito humano.

Quadro cronológico

TOMÁS DE AQUINO (SANTO)

12

1225-1274

*Se resolvermos os problemas da fé unicamente
pela via da autoridade, teremos, certamente,
a verdade, porém em uma cabeça vazia.*

(Quodlibet)

Elementos biográficos

Uma vocação controversa

Tomás de Aquino foi educado pelos beneditinos do Monte Cassino antes de ingressar na Universidade de Nápoles. Aos 19 anos integrou a Ordem dos Frades Pregadores (os dominicanos), decidindo consagrar sua vida à oração, à pregação e ao estudo.

Sua família, desejando vê-lo abraçar uma carreira de maior prestígio, opôs-se intensamente a essa vocação a uma ordem mendicante (ordem que supõe um voto de pobreza e depende da caridade para viver), a ponto de mantê-lo preso por um ano inteiro.

Uma vida de universitário

Libertado por sua família que, enfim, aceitou sua opção, ele estudou em Paris sob a direção de Alberto Magno, no colégio universitário dos dominicanos. Alberto Magno, teólogo e professor famoso, foi iniciador da difusão dos textos de Aristóteles no Ocidente, comentando-os e ensinando-os.

Idade Média e Renascença

Tomás deveu a ele seus conhecimentos das filosofias grega e árabe e, sobretudo, seu interesse pela filosofia aristotélica que, em seus *Comentários sobre Aristóteles*, ele tentou conciliar com o cristianismo.

Em 1256, Tomás, que seguiu sua carreira de professor, foi recebido como mestre de teologia na Universidade de Paris.

A época de Tomás foi a do nascimento e do despontar das universidades, centros de ensino para o desenvolvimento do saber. Foi nas universidades de Paris, Colônia, Roma e Nápoles que ele partilhou seu saber durante toda a vida.

O "doutor angélico"

Dominicano, santo e doutor da Igreja, Tomás de Aquino sucumbiu a uma doença após uma viagem que devia levá-lo ao Concílio de Lion, aonde fora convocado como especialista em teologia oriental, com a finalidade de reconciliar a Igreja romana e a Igreja oriental.

Teses essenciais

Canonizado em 1323, Tomás de Aquino elaborou um vasto sistema teológico que teve grande influência sobre o pensamento cristão. Aquele que foi denominado "Doutor angélico" ofereceu, segundo o Papa Leão XIII, um pensamento digno de ser considerado como doutrina oficial da Igreja: o tomismo.

O século XIII descobriu as obras de Aristóteles, e estas o levaram a se interrogar sobre o problema da compatibilidade da razão e da fé. Filosofia e teologia seriam absolutamente incompatíveis? A inteligência deveria abster-se e aceitar seus limites diante do incompreensível?

A originalidade e a força de Tomás consistiam justamente nesse esforço por conciliar duas visões antagonistas que balançaram o mundo medieval, a saber, a visão grega, herdada de Aristóteles, e o pensamento cristão.

A razão e a fé em um mesmo projeto

A **fé** designava uma adesão firme e incondicional à Palavra de Deus. No entanto, ela não deveria excluir a **razão**, luz natural que nos vem de Deus.

A filosofia, lugar da razão, deveria sustentar e reforçar a teologia iluminando sua autoridade. A teologia era certamente a ciência suprema, mas ela não poderia abrir mão da filosofia; assim, ambas não eram exclusivas, mas complementares.

Resta dizer que cada uma tinha seu domínio próprio e que **razão e fé deveriam ter papéis e competências bem distintas**. A fé dizia respeito a toda verdade conhecida por revelação, toda verdade que a razão não pudesse demonstrar. Os papéis respectivos da filosofia e da teologia eram nitidamente distintos em Tomás de Aquino (bem mais do que na filosofia agostiniana, que concebia a razão como serva da fé), de tal modo que a filosofia se via dotada de uma autonomia não desconsiderável. Tomás de Aquino foi, neste sentido, o primeiro dos filósofos modernos: seu pensamento contribuiu para fazer da filosofia uma disciplina à parte, inteira e legítima.

Qual é o verdadeiro poder da razão

Devemos reconhecer à razão uma autonomia no que diz respeito ao conhecimento da natureza. A filosofia tinha seu valor próprio, não por quanto ela se dobrava às exigências do dogma, mas por respeitar as exigências da razão. A razão operava legitimamente no domínio do experimentável e do demonstrável.

A razão também podia demonstrar certas verdades religiosas, no entanto, ela conhecia limites. Com efeito, aquilo sobre o que não se podia fazer experiência ultrapassava o intelecto e não poderia ser captado por ele. Todo raciocínio deveria partir daquilo que é acessível aos sentidos. Ora, Deus não era objeto da experiência sensível.

Sua essência só pode ser conhecida por **analogia**, e não em si mesma: partindo da ideia de que o ser humano é criado à imagem de Deus, pode-se, em virtude dessa semelhança, atribuir a Deus determinadas qualidades. Mas tais qualidades, tomadas emprestadas do campo humano, não podem designar Deus senão analogamente (a "bondade" humana é diferente da "bondade" divina).

Assim, "parece totalmente evidente que uma parte das verdades inteligíveis divinas excede absolutamente a capacidade da razão humana" (*Suma contra os gentios*). A razão poderia, contudo, refutar as heresias, as interpretações errôneas, e mostrar que essas verdades reveladas são coerentes, que elas "não são opostas à razão natural, para defendê-las contra o ataque dos infiéis" (*Suma contra os gentios*). A fé não deveria ser cega.

As provas da existência de Deus

Mesmo não podendo compreender a substância divina, a fé poderia elaborar, a partir da experiência, provas de sua existência.

Todas as coisas se movem no mundo. Ora, todo movimento tem uma causa que lhe é externa. E toda causa é, por sua vez, o efeito de uma causa antecedente. Não se pode ir ao infinito na cadeia das causas, e deve haver, portanto, uma causa primeira, um **primeiro motor**: Deus, causa originária de todas as coisas.

Além disso, a essência de todo ser (o que ele é) se distingue de sua existência (o fato de ele estar aí). Consequentemente, os seres não são deles mesmos (sua existência não está compreendida em sua essência) e não podem, portanto, dar a existência a si mesmos. Disso se segue que é de um outro que esses seres recebem sua existência. Aí também é preciso pensar uma causa primeira em que essência e existência são uma só coisa, um ser por si, cuja essência implica a existência: Deus.

O problema da imortalidade pessoal

Em seu projeto de integrar o aristotelismo à religião cristã, Tomás de Aquino se colocou em oposição com um outro grande comentador de Aristóteles, Averróis (1126-1198), que tentou conciliar a visão aristotélica e a religião muçulmana.

O debate chegou, claramente, ao problema da **imortalidade da alma pessoal**: Averróis via na concepção aristotélica a ideia de que existia, no homem, um intelecto separado de sua alma pessoal, o mesmo para todos os homens, que sobrevivia após a morte. Contudo, a alma individual de cada um não seria, segundo ele, de modo algum imortal.

Tomás mostrou, contrariamente, que nada sobrevive ao corpo. Claro que a alma e o corpo formam uma unidade: a alma era a forma que faria o corpo viver, e sem ela ele não passaria de matéria inerte. Mas como justamente é a alma que confere ao corpo sua substancialidade, ela permaneceria substância após a morte do corpo.

Como conciliar criação e liberdade

Mas se Deus é criador do mundo, como compreender que Ele tenha permitido a existência do mal e a liberdade por meio da qual o ser humano pode cometê-lo?

Se Deus é bom e todo-poderoso, Ele quis a felicidade do homem e fez a natureza humana dotada dos meios para alcançá-la. Tomás resolveu a dificuldade da existência do mal mostrando que o homem é livre para recusar esta felicidade. Deus lhe deu a liberdade e, portanto, a possibilidade de escolher entre o mal e o bem, porque a própria possibilidade de escolher é um bem: o ser humano pode estar na origem de sua própria salvação.

O mal é a privação do bem; aquele que comete o mal procura seu próprio bem, mas de maneira errada. Assim, não foi Deus que originou o mal, mas a própria criatura que erra por maus caminhos: o mal não seria mais do que o bem mutilado, um não ser cujo criador não pode ser o Ser.

Moral e política: a sabedoria da prudência

A **liberdade** do homem se manifesta em sua capacidade de escolher racionalmente (cf. extrato a seguir). Diferentemente das coisas e dos animais, o homem, por sua razão, pode representar para si mesmo diversas modalidades de ação e agir de maneiras diversas. É, portanto, apto à **contingência** e, inclusive, pode afastar-se do melhor caminho.

A razão deve, contudo, ser fonte de sabedoria, de "prudência". A prudência é uma inteligência prática iluminada pela fé. Ela se manifesta pela moderação, princípio que deve ser adotado em matéria de moral e política.

Esse princípio levou Tomás a afirmar que, quando uma lei não é justa, ela perde sua coação e não obriga em consciência. Ela pode, desde que isto não crie desordem maior, ser infringida.

A propriedade privada

Dando um exemplo, o que justifica a propriedade privada não é a lei, mas sua necessidade para o bem comum. Ela poderia ser desapropriada desde que fosse para salvar os necessitados.

O roubo não existiria, para falar francamente, no estado de necessidade: "servir-se de um bem alheio, tomado secretamente em um caso de extrema necessidade, não constitui um roubo, na verdade, porque, devido à necessidade, o que tomamos para conservar nossa vida se torna nosso" (Tomás de Aquino, 1964).

Idade Média e Renascença

Uma obra-chave: *Suma teológica*

Contexto

Esta síntese da doutrina sagrada à qual Tomás de Aquino dedicou o fim de sua vida visou reunir todo o saber teológico de sua época. Ela foi redigida com vistas à formação dos iniciantes.

Extrato

O homem é livre; sem isso os conselhos, exortações, preceitos, proibições, recompensas e castigos seriam vãos.

Para evidenciar esta liberdade deve-se observar que alguns seres agem sem juízo, por exemplo, a pedra que cai; é assim com todos os seres privados do poder de conhecer.

Outros agem após uma apreciação, mas que não é livre, por exemplo, os animais: vendo o lobo, a ovelha percebe por um discernimento natural, mas não livre, que é preciso fugir; com efeito, tal discernimento é expressão de um instinto natural, e não de uma operação sintética. É assim para todo discernimento entre os animais.

O homem, no entanto, age por julgamento, pois é por meio do poder de conhecer que ele avalia entre fugir ou perseguir alguma coisa. E como tal julgamento não é efeito de um instinto natural, mas um ato de síntese que procede da razão, o homem age por uma decisão livre que o torna capaz de diversificar sua ação. Com efeito, em relação ao que é contingente, a razão pode fazer escolhas opostas, como o demonstram os argumentos dos dialéticos e os raciocínios dos retóricos. Ora, as ações particulares são, em um sentido, contingentes; ademais, o julgamento racional pode avaliá-las de maneiras diferentes e não é determinado por um ponto de vista único. Consequentemente, é necessário que o homem seja dotado do livre-arbítrio pelo próprio fato de ser dotado de razão (Tomás de Aquino, 1964).

Chaves textuais

As diferentes modalidades do comportamento

• As **coisas**, os seres minerais e vegetais "agem sem julgamento" e são sujeitos às leis da natureza, ao **determinismo** (princípio segundo o qual os fenômenos se encadeiam seguindo relações de causalidade necessárias). Eles não têm liberdade nenhuma.

• Os **animais**, diferentemente das coisas, comportam-se instintivamente e podem reagir em função do que lhes convém. Mas o **instinto** é um comportamento pré-programado necessário, que não deixa espaço a nenhuma **contingência**. Os animais não fazem escolhas, portanto, não têm liberdade.

• O **homem**, contrariamente, que realiza uma escolha por sua **razão**, pode agir de maneiras diversificadas; é um ser livre.

A afirmação do livre-arbítrio

• A razão atesta a liberdade e o caráter indeterminado dos atos: ela permite avaliar, tomar um distanciamento, escolher entre diversas ações.

• Seria **contingente** aquilo que teria podido não ser, ou que teria podido ser de outra maneira. Contingente se opõe a **necessário**.

• A contingência é a condição da liberdade: se tudo fosse necessário, o homem não teria poder algum, e não faria mais do que ser conduzido pelo curso dos acontecimentos.

Justificação da necessidade das regras morais

• A liberdade do homem justifica a responsabilidade de cada um e a possibilidade da **moral** e, portanto, a utilidade dos conselhos, das exortações, dos preceitos...

• Punir um homem que agiu contra sua vontade não teria nenhum sentido. A moral supõe a **responsabilidade** que supõe, por sua vez, a **liberdade** como domínio de si e de seus atos, por meio da qual um ato é voluntariamente decidido e cometido.

13
MAQUIAVEL

1469-1527

Que o príncipe cuide apenas de conservar sua vida e seu Estado: se conseguir isso, todos os meios que tiver empregado serão considerados honoráveis e louvados por todos.

(O Príncipe)

Elementos biográficos

A carreira política de Maquiavel

Escritor e filósofo italiano, Nicolau Maquiavel nasceu em Florença no dia 3 de maio de 1469; em 1494, depois que os Médicis foram cassados, Florença tornou-se uma república regida por uma constituição ao mesmo tempo democrática e teocrática.

Terminados seus estudos jurídicos, Maquiavel tornou-se secretário da Segunda Chancelaria da República de Florença, encarregado dos negócios estrangeiros e do interior. Alto funcionário, foi incumbido de missões diplomáticas. Sua carreira de secretário de Estado terminou em 1512, quando os Médicis, de volta a Florença, retomaram o poder. Ele foi condenado a um ano de residência supervisionada fora de Florença. Suspeito injustamente de conspiração contra os Médicis, foi torturado, temporariamente preso e entrou em desgraça.

A desgraça e o exílio

Por ocasião de sua saída das atividades públicas, ele escreveu sua obra mestra, *O príncipe*, e outras obras filosóficas, militares (*A arte da guerra*) e históricas, bem como peças teatrais.

A desconfiança dos Médicis em relação a Maquiavel diminuiu e ele fez um breve retorno à política. Mas os Médicis foram novamente cassados de Florença. Maquiavel, posto à parte de qualquer função política, morreu em 21 de junho de 1527.

Teses essenciais

Para compreender a concepção política de Maquiavel é preciso, antes de tudo, situá-la novamente em seu contexto histórico. Se, na Renascença, a Itália conheceu um formidável crescimento cultural e econômico, por outro lado ela se fragilizou do ponto de vista político e militar.

A Itália foi palco de querelas intestinas e não conseguiu unificar-se em um Estado soberano. Diante de uma Itália despedaçada, Maquiavel pretendia pensar a **possibilidade da fundação de um Estado único e forte**. Toda a sua filosofia girou em torno deste projeto político.

Uma nova concepção política

A visão medieval da política, herdada da filosofia agostiniana, foi atacada por Maquiavel. Enquanto Agostinho concebeu o poder político como garantia da moralidade e da espiritualidade religiosa, em sua visão da história como caminho rumo à realização da cidade celeste, Maquiavel secularizou e dessacralizou a política.

A ideia nova era que o **Estado** aparecia na pena de Maquiavel como o poder soberano que encarnava o príncipe, garantindo a unidade e a perenidade das instituições.

A **autoridade política não devia ser fundamentada na religião**, ela adquiriu sua autonomia. A religião, mesmo a serviço da política, não era mais uma finalidade em si mesma, que a política deveria realizar.

A virtude, o "gênio" do político

O interesse de Maquiavel estava sobretudo nos meios que permitiram conservar o poder e unificar de maneira estável o Estado. Ele não se perguntava sobre a finalidade do Estado, que são os bons governos, mas como conquistar e manter o poder.

Idade Média e Renascença

Esta questão dos **mecanismos do poder** o levou a colocar em evidência o caráter técnico da política. Contudo, não se tratava de "receitas" para serem aplicadas pelo homem político que Maquiavel apresentou, mas sim de conselhos ancorados nas experiências anteriores. Com efeito, as circunstâncias variam e o político deve saber adaptar-se à conjuntura, desapegar-se de regras estritas que poderiam, em certas circunstâncias, revelar-se ineficazes ou perigosas.

A *virtú* (que se traduz por "virtude", mas que não tem conotação moral) era o valor do homem político, sua capacidade de impor sua vontade à **fortuna**[2], e reduzir a parte imprevisível. O político valoroso era aquele que sabia agir corretamente no momento certo, aquele que demonstrava audácia, coragem, determinação e prudência.

Uma política amoral

A política estava nitidamente separada da moral. O príncipe não deveria preocupar-se senão com uma coisa: estabelecer e conservar a ordem no seio do Estado, estabilizar seu poder. Toda norma moral suscetível de entravar ou fragilizar seu poder deveria ser abolida. O príncipe deveria saber usar da violência e da **força** (agir como o **leão**), mas, também, das **ardilezas** (como a raposa) para conquistar e estabilizar o Estado (cf. texto adiante).

No entanto, Maquiavel não era "maquiavélico". O que ele propôs não foi o imoralismo. Ele considerava que o príncipe deveria mentir, oprimir, espalhar o mal pelo mal...

Somente que, quando uma decisão fosse tomada, não era a moral que deveria prevalecer, mas o interesse do Estado. **Moral e política estariam ligadas a dois domínios estritamente distintos**. A política deveria ser moralmente neutra, **amoral**. O que conta em uma boa política, isto é, em uma política eficaz, não é, necessariamente, uma política boa, no sentido moral.

---

2. A fortuna não designa em Maquiavel o destino, a providência, ou o determinismo histórico, mas o curso aleatório dos acontecimentos, imprevisível, material primário com o qual o príncipe deve se preparar.

Maquiavel • 1469-1527

O fim justifica os meios

O fim: a estabilidade e a unidade do Estado. Os meios: todos aqueles que forem necessários, mesmo que sejam contrários à moral. O que importa é o Estado, e deve-se estar disposto a sacrificar tudo por ele.

Maquiavel não rejeitou a moral por si mesma, mas somente a recolocou em seu lugar, separando-a de qualquer consideração política. Se o príncipe se vir obrigado a agir de maneira imoral, isto se justificaria, somente, se for para salvaguardar o bem comum, e jamais o seu interesse privado.

Foi, portanto, em nome de um valor que transcende a moral, em nome do Estado e da política, que Maquiavel afirmou a necessidade da artimanha, da violência e da mentira que manipula as aparências.

O príncipe deve pressupor a maldade do homem

Se a política não pode fundar-se sobre a moral, se é necessário empregar a força e as artimanhas, é porque o homem pode ser imoral e mau, falso e mentiroso, pode ter a tendência a privilegiar seu interesse particular. A prova está no fato de que as leis não bastam para governar os homens.

Uma política que confiasse na natureza humana seria, consequentemente, um fracasso: "Quem quiser fundar um Estado e lhe dar leis deve pressupor a maldade dos homens" (*Discurso*).

O problema da liberdade e do direito

Muitas vezes, pareceu ser o pensamento de Maquiavel um elogio aos tiranos. Ora, muito pelo contrário, ele considerava a liberdade como o ideal da política: esta deveria permitir garantir a integridade da República e evitar toda ingerência estrangeira.

Mas Maquiavel também era realista: de fato, na sociedade, o que há não são indivíduos, sujeitos de direito, mas grupos com interesses opostos: o direito não pode estar nos fundamentos do poder político, pois é a força que conquista o poder e introduz, em seguida, o direito.

Ver nessa concepção do direito um escândalo que negue a liberdade humana seria esquecer que a obra de Maquiavel se insere em seu tempo e se refere a uma Itália prestes a ser destruída. Não foi o funcionamento de um Estado normal em tempos de paz que Maquiavel analisou, mas a possibilidade de fundar e de garantir um Estado forte e perene.

Idade Média e Renascença

Certamente, aos olhos de Maquiavel, o Estado e as leis garantiriam a liberdade. Mas, em um mundo arruinado, a liberdade nunca é mais de quanto resulta da elaboração do direito por parte daquele que sabe se impor e congregar: não se pode governar ao mesmo tempo para os grandes e para o povo, no máximo se poderá manter a paz na heterogeneidade.

Uma obra-chave: *O príncipe*

Contexto

Quando Maquiavel escreveu esta obra, ele estava excluído da vida política pelos Médicis. Isto não o impediu de dedicá-la a Laurent de Médicis, chamado "O Magnífico", sob a forma de conselhos políticos que lhe permitiram, ademais, desvelar ao público os bastidores do poder. Assim, foi igualmente ao povo e ao príncipe que Maquiavel se dirigiu.

Como unificar e estabilizar o Estado? Quais são os mecanismos que permitem se manter no poder? Maquiavel elaborou nesta obra uma nova concepção da política, independente da moral e da religião, e relacionando-a mais à arte do que à ciência.

Extrato

Cada um compreende quanto seja louvável para um príncipe o ser fiel à sua palavra e agir sempre com franqueza e sem artifícios. Em nossos dias, contudo, vimos coisas grandes executadas por príncipes que faziam pouco caso desta fidelidade e que sabiam impor-se aos homens por meio da astúcia. Vimos tais príncipes levarem vantagens sobre todos aqueles que consideravam a lealdade como base de toda sua conduta.

Pode-se combater de duas maneiras: ou com as leis, ou com a força. A primeira é própria do homem, a segunda é dos animais; mas como muitas vezes aquela não basta de modo algum, é-se obrigado a recorrer à outra: é preciso, portanto, que um príncipe saiba agir de acordo, como animal e como homem. [...]

O príncipe, tendo que agir como animal, terá que ser ao mesmo tempo raposa e leão: porque, se for apenas leão, não perceberá as armadilhas; se for apenas raposa, não poderá se defender dos lobos; e ele precisa, igualmente, ser raposa para conhecer as armadilhas e leão para espantar os lobos. Aqueles que se preocupam simplesmente em ser leões são muito inábeis (*O príncipe*).

Maquiavel • 1469-1527

CHAVES TEXTUAIS

A história como exemplo

- Maquiavel afirmou o valor da moral: a sinceridade era "louvável". Mas isso não significava que o político deveria ser moral.

- Com efeito, com o exemplo do êxito político do imoral, Maquiavel demonstrou realismo e afirmou a independência da política em relação à moral.

- A mentira e a desenvoltura manipuladora das aparências seriam necessárias na política.

- Valorização do exemplo histórico em detrimento de preceitos universais: a política como arte e não como ciência.

- Referência aos antigos. Influência da Antiguidade no pensamento de Maquiavel.

O homem e o animal

- A política como combate contra as paixões e os conflitos.

- Insuficiência da razão e da lei nesse combate: impossibilidade de governar humanamente por causa da maldade e animalidade humanas.

- Porém, o príncipe deveria parecer justo e humano a fim de poder manipular os homens.

- Necessidade, para o príncipe, de agir "de acordo": referências à *virtú*, capacidade de adaptação do príncipe às circunstâncias.

A raposa e o leão

- Agir como leão: agir usando a força. A força como meio de dominação e de conquista do poder. Necessidade da guerra e do uso da violência diante das invasões.

- Agir como raposa: usar da astúcia, fazer com que as aparências joguem a seu favor para manter seu poder. Necessidade da dissimulação e da estratégia na política.

- Insuficiência da força bruta que apenas gera violência e pode ser fragilizada. Complementaridade da força e da astúcia que a orienta.

14
MONTAIGNE

1533-1592

*Nossa grande e gloriosa obra-mestra
é viver apropriadamente.*
(Montaigne, 1973)

Elementos biográficos

Uma educação humanista

Michel Eyquem de Montaigne recebeu de seu pai uma educação moderna e humanista. Desde cedo apaixonado pelos livros, leu os grandes autores da tradição clássica.

A amizade com Étienne de La Boétie

Herdou de seu pai o exercício da magistratura na *Cour des Aides* de Périgueux. Quando esta foi suprimida, tornou-se conselheiro no Parlamento de Bordeaux.

Lá conheceu aquele que foi seu melhor amigo e teve um papel determinante em sua decisão de redigir os *Ensaios*, Étienne de La Boétie (1530-1563). Quando a morte levou seu amigo, Montaigne confrontou-se com a dor e a solidão.

A reclusão e a redação dos *Ensaios*

Em 1570, Montaigne abandonou sua função de magistrado para se retirar em uma torre do castelo familiar (sua "biblioteca"). Ele começou a compor os *Ensaios*. Os dois primeiros livros foram publicados em 1580.

Enfermo, ele empreendeu uma longa viagem para se recompor nas estações termais mais famosas da Europa. Retirado da vida pública, dedicou o fim de sua existência à correção e ao aperfeiçoamento de sua obra.

Montaigne • 1533-1592

Teses essenciais

De Sexto Empírico e do pirronismo, Montaigne preservou a ideia de uma fraqueza da razão e de uma limitação da linguagem. Os *Ensaios* analisam as opiniões dos filósofos a fim de renunciar o orgulho da razão que pretende deter a verdade. Sua máxima "O que sei?" (*Que sais-je?*) atesta essa **recusa de todo dogmatismo**.

O ceticismo de Montaigne

Não é possível termos certeza de ter alcançado a verdade. Esse ceticismo parece levar a um **relativismo** que pode parecer exasperador a quem não compreende o propósito de Montaigne: mostrando igualdade de valor de teses contraditórias, os *Ensaios* nos deixam na incerteza de um eu que se busca e confessa não poder extrair-se de sua subjetividade. Montaigne não elaborou um sistema doutrinal, mas um pensamento ativo que não para de se reinterrogar, como o atestam os múltiplos acréscimos e correções no manuscrito original. O próprio título, *Ensaios*, sugere um pensamento que se testa, se julga e se retifica continuamente.

Com sua crítica ao dogmatismo e ao fanatismo, Montaigne visava a um **uso razoável da razão** que se harmonizasse com a vida real do homem médio. Longe de qualquer pretensão descabida, a razão desembaraçaria das ilusões e favoreceria uma vida feliz e simples ao convidar à tolerância e à indulgência.

A subjetividade e o eu

Os *Ensaios* advertem o leitor: "sou eu que eu descrevo". Contudo, a obra não é uma autobiografia; aborda também problemas independentes da personalidade de Montaigne. Mas, com certeza, trata-se de subjetividade. Recusando-se a afirmar uma doutrina, Montaigne ensinou que não existe objetividade, e todo saber é o saber de um sujeito.

Montaigne partilhava da experiência socrática: conhecer-se a si mesmo. O exercício constante da inteligência, que se observa e se interroga, era a própria vida do pensamento e se constituía nesta busca de si mesmo sempre a renovar-se: o eu, distinguindo-se no vir a ser temporal, subtrai-se constantemente, de modo que "se encontram tantas diferenças entre nós e nós mesmos quanto entre nós e os outros".

Se "cada homem carrega a forma inteira da condição humana", isto só pode ser subjetivamente: apenas o indivíduo existe com todas as suas particularidades. **Nominalista**, Montaigne rejeitava a ideia de uma natureza humana universal e única e destacava a diversidade e a riqueza do universo humano: o homem se apresenta como entidade polimórfica. Não existe o homem, mas homens.

É preciso saber viver apropriadamente

Como se deve viver para viver bem? Sendo os homens diferentes uns dos outros e mudando ao longo da vida, não é possível impor-lhes nenhuma moral doutrinal. No entanto, Montaigne não rejeitava toda avaliação moral: existem o bem e o mal; a amizade, a fidelidade e a honra são valores importantes. A morte atrapalha a felicidade devido à angústia que ela gera: deve-se aprender a viver com seu pensamento. Mas, nem por isso, existe um modo único que se imporia a todos. Apenas é preciso viver feliz e fazer aquilo que convém, às vezes, abandonando-se ao prazer presente, outras vezes meditando sobre a finitude. A diversidade humana requer uma arte de viver que se confunde com a arte de apreciar a vida e lidar com os acontecimentos.

Uma obra-chave: *Ensaios*

Contexto

Obra surpreendente, os *Ensaios* revelam a modernidade de Montaigne, que edificou uma razão ao mesmo tempo tolerante e crítica a partir de uma busca do eu que somente se descobre na análise da diversidade das experiências humanas.

Extrato

Pois eu acho, para voltar ao meu propósito, que não há nada de bárbaro e de selvagem nesta nação[3], de acordo com o que me contaram, senão pelo fato de que cada um chama de bárbaro aquilo com que não está familiarizado. Pois, de fato, parece que não dispomos de outro critério para a verdade e a razão além do exemplo e das ideias de opiniões e costumes do país em que estamos. Ali sempre existe a melhor religião, o melhor governo e o uso mais perfeito e pleno de todas as coisas.

---

3. Montaigne se refere aqui ao Brasil, descoberto em 1500.

Montaigne • 1533-1592

Eles são selvagens da mesma forma que nós chamamos de selvagens os frutos que a natureza, por si e por seu progresso ordinário, produziu: quando, na verdade, é antes àqueles que nós alteramos por meio de nosso artifício e desviamos da ordem comum que deveríamos chamar de selvagens [...] (Montaigne, 1973).

CHAVES TEXTUAIS

O relativismo

• Tudo é questão de perspectiva, de ponto de vista: o que parece selvagem para um não o parece a outro, que está habituado com aquilo.

• Relativismo cético: os critérios da verdade variam de um povo a outro.

• Tendência humana a julgar a cultura dos outros a partir da sua: é chamado "bárbaro" ou "selvagem" aquilo que é desconhecido ou não familiar.

• Inversão: todo povo qualificado de "bárbaro" por um outro poderia qualificá-lo da mesma forma.

A exigência da tolerância

• Acentuação da diversidade dos costumes que visa negar o etnocentrismo pelo qual se estabelece uma hierarquia dentre os povos.

• Este pensamento irá, na época de Montaigne, ao encontro do pensamento comum que se crê no dever de "humanizar" os indígenas.

• Valorização da natureza em que alteramos os frutos com nossa técnica, nossos "artifícios": um Montaigne antiprometeico.

SÉCULO XVII

COORDENADAS

O século XVII foi, sem dúvida, o período da razão triunfante, sobretudo no campo científico, que conheceu uma verdadeira revolução. Da mesma forma, o homem se descobriu como ser sensível: o empirismo veio a se opor ao racionalismo inspirado nos escritos de Descartes e se prolongou até o século XVIII. A partir da crise econômica e política de fundo, o que emergiu foi a noção de indivíduo, bem como a análise da política como ciência racional.

Ciência e técnica

Uma revolução científica

Embora a atuação científica da Renascença já tivesse empreendido a dessacralização da natureza e o afastamento da visão aristotélica de um universo fechado e hierarquizado obedecendo ao princípio da finalidade e comportando espaços qualitativamente heterogêneos, foi no século XVII que a ciência rompeu definitivamente com essa concepção do *cosmos*.

Galileu (1564-1642) foi um dos primeiros investigadores de uma nova concepção do universo que revolucionou a ciência. **A natureza foi escrita em linguagem matemática**: ela obedece a leis matematizáveis. Longe de poder ser explicada pelo princípio da finalidade, ela obedece a uma ordem **mecânica**. Pai da física matemática, Galileu renovou a concepção tradicional do mundo. Na linha de Copérnico, Galileu defendeu o heliocentrismo: a terra, longe de ser o centro do universo, gira em torno do sol. Mas as resistências permaneceram diante dessa concepção contrária aos ensinamentos da religião. Acusado de heresia, ele teve que se retratar contra sua vontade. No entanto, já se encontrava colocado em questão o estatuto do homem como criatura privilegiada de Deus.

A ciência a serviço da técnica

Se a natureza era objeto de conhecimento, esta era a experiência que se apresentava, para **Francis Bacon** (1561-1626), como o meio privilegiado de investigação. Medida e observação orientavam o olhar do cientista moderno.

Descartes (1596-1650), admirador de Galileu, fundamentou metafisicamente essa visão da natureza. A matéria se compreendia como extensão. O universo é mecânico, massa de matéria sujeita a leis de que o espírito é obrigado a desvencilhar-se. A ciência se tornou, então, a pesquisa das relações entre os fenômenos e abandonou sua busca pelas causas primeiras.

Então era possível o **projeto da conquista da natureza**, de que Bacon já havia, em sua época, expressado a intenção: se a natureza não era nem divina nem sagrada, o homem poderia pretender tornar-se seu "senhor e proprietário". A ciência se dotou de objetivos práticos e se aliou à técnica. O saber se tornou meio de poder. O homem se descobriu conquistador.

Uma nova organização do saber

Os cientistas trabalhavam cada vez mais em colaboração, criando instituições científicas com a função de centralizar e desenvolver o saber. A *Royal Society*, na Inglaterra, a Academia das Ciências, na França, a Sociedade Científica, na Alemanha, são algumas dessas fundações que concorreram para os avanços científicos desse século.

Newton (1642-1727) levou a cabo este movimento no final do século XVII expondo, nos *Princípios matemáticos da filosofia natural* (1687), um conjunto de leis físicas que se impuseram durante cerca de duzentos anos. Com Newton, a ideia de infinito, longamente debatida durante aquele século, acabou se impondo. A ciência se interessou pelo infinitamente pequeno tanto quanto pelo infinitamente grande, pois o infinito não era mais atributo exclusivo de Deus.

Desde então, diante dessa mutação do pensamento, a filosofia encontrou novos caminhos e novas tarefas.

O problema do fundamento do conhecimento

O racionalismo

O século XVII foi o da razão **triunfante**: se a natureza era escrita em linguagem matemática, então a razão, **luz natural** fundada na veracidade divina, poderia compreendê-la. Afirmando a universalidade da razão, Descartes antecipou a revolução que as Luzes constituíram. Mas ainda era preciso saber fazer uso dessa faculdade pela qual Deus se deu em nós: o **método** (caminho do pensar correto) se impôs como necessário. Assim nasceu uma razão rigorosa e fonte de verdade.

Descartes, Espinosa (1632-1677), Malebranche (1638-1715) e Leibniz (1646-1716), que estão entre os racionalistas mais marcantes de seu século, desvalorizavam a experiência, as informações dos sentidos, em prol da razão. Os sentidos nos enganam. Eles apenas nos permitem estabelecer verdades sobre acontecimentos. Por outro lado, a razão descobriu as verdades universais. No entanto, apareceram divergências quanto à natureza do método que a razão deveria adotar em sua busca pela verdade.

O empirismo

Em face desta confiança total na razão, surgiram outras correntes, especialmente o **empirismo inglês**, com Hobbes (1588-1679) e Locke (1632-1704), que afirmaram a **primazia da experiência** como fonte, garantia e limite de nossos conhecimentos.

Com o nascimento desse empirismo, Newton contribuiu em seu desabrochar no século XVIII, afirmando que a ciência deveria desfazer-se das hipóteses gratuitas em benefício de um método indutivo que, partindo da observação dos fatos, induziria as leis gerais que os organizam.

Moral e política

O homem diante do questionamento moral

Os novos dados da ciência obrigavam o homem a renovar o pensamento sobre o seu estatuto. Em uma natureza mecanizada, deslocada do centro do universo, ele se encontrava diante do infinito incompreensível e incomensurável. **Pascal** (1623-1662) elaborou um pensamento pessimista consciente dos limites da razão e se opôs, enquanto jansenista, tanto ao racionalismo triunfante quanto à atitude crítica dos

Século XVII

libertinos que anunciavam o ateísmo de inúmeros pensadores do século seguinte. Às verdades da razão eles acrescentaram as verdades do coração, induzindo a viver autenticamente sua fé.

Mas a moral pascaliana estava longe de ser a única moral desse século. Embora ela ainda se apoiasse fortemente na religião, não deixava de ser verdade que o homem se descobria como **sujeito** cuja unidade e sentido se revelavam problemáticas.

As paixões, universais, não eram mais estigmatizadas, mas objetos de exame. A natureza, mecanizada, não podia mais ser o modelo do sentido e da moralidade: a questão moral se tornou propriamente humana, e por esse lado o empirismo e o racionalismo se confrontaram, o primeiro fazendo do sentimento a origem da moral e o segundo procurando relacioná-la à razão. Abriu-se, assim, **o questionamento sobre o fundamento dos valores morais**.

Os fundamentos do pensamento político moderno

A crise política e religiosa que assolou a Inglaterra deu lugar a uma guerra civil de violência extrema. **Hobbes**, que tomou o partido de Charles I contra o Parlamento, elaborou uma teoria política moderna fundamentada na antropologia. O **absolutismo** permitiu garantir aos cidadãos paz e segurança. Desvencilhada de toda submissão à religião, a política assumiu sua autonomia. O culto era assunto privado: pensador moderno, Hobbes promoveu a **laicidade**.

Espinosa foi no mesmo sentido em *Tratado Teológico-Político*. Ele encorajou a tolerância e defendeu a democracia, concebida como regime da razão. Igualmente, **Locke**, defensor das liberdades, apregoou a tolerância positiva. Sua teoria política assentou as bases do **liberalismo**.

O século XVII renovou a concepção do universo e do homem.

A razão fundamentada em Deus se impôs como faculdade de conhecimento. Mas, com o empirismo, foi uma razão ligada à experiência que emergiu, isto é, uma razão crítica. O espírito do exame livre podia, então, difundir-se, lutando contra todas as formas de obscurantismo e abrindo as portas ao Iluminismo.

Quadro cronológico

15
BACON

<u>1561-1626</u>

Só se pode dominar a natureza obedecendo a ela.
(Bacon, 1986)

Elementos biográficos

Uma bela carreira política...

Francis Bacon, filósofo inglês, foi iniciado na política por seu pai. Jurista por formação, foi eleito para a Câmara dos Comuns, tornou--se guarda dos selos reais, depois *Lord High Chancellor* do reino.

...marcada pela corrupção

Mas suas intrigas e complôs prevaleceram sobre sua carreira política e sua ascensão: acusado de corrupção, foi privado de seu cargo de chanceler e excluído do Parlamento e da corte do rei.

Então, em conformidade com o método experimental que recomendou no *Novum Organum* (1620), ele começou a recolher uma grande quantidade de informações da história natural.

A história pretende que ele tenha sido vítima das experiências: desejando demonstrar as propriedades conservadoras do frio, ele teria morrido tentando expor na neve a carne de uma ave.

Teses essenciais

Bacon, pioneiro da ciência moderna, projetou uma imensa **transformação no edifício científico** com o objetivo de aumentar o saber e o poder que ele proporcionava:

> O fim de nosso estabelecimento é a descoberta das causas e o conhecimento da natureza íntima das forças primordiais e dos princípios das coisas, em vista de ampliar os limites do império do homem sobre a natureza inteira e executar tudo o que lhe for possível (*A Nova Atlântida*).

Século XVII

A ciência a serviço do homem

Reformar as ciências permitiu o progresso do saber e serviu para o bem-estar humano. A **verdade** se relacionava com a ideia de **eficácia** e deveria levar à descoberta de novas técnicas. Esta nova concepção da ciência concreta, ativa, voltada para a utilidade, fez-se acompanhar de uma renovação da ideia de **natureza**, que não era mais compreendida como um objeto inacessível da especulação, mas como uma entidade mensurável e lugar de experiências.

A classificação das ciências

Bacon colocou em correspondência as ciências e as faculdades humanas, e estabeleceu uma classificação das ciências.

A história correspondia ao trabalho da memória; a poesia remetia à imaginação; a filosofia (que englobava a matemática e as ciências naturais) era a ciência da razão.

A teoria dos ídolos

Antes de qualquer investigação, o entendimento deveria libertar-se da influência dos **ídolos** (ou ainda **fantasmas**). Verdadeiros obstáculos à ciência, causas de seus erros, os ídolos eram preconceitos, ilusões que nos levavam a interpretar de maneira equivocada os fatos, e eram obstáculos ainda mais perigosos para o conhecimento pelo fato de serem inerentes ao espírito.

Existiriam quatro gêneros de ídolos:

- **Os ídolos da raça** (ou da tribo): estariam relacionados com nosso antropocentrismo, pelo qual teríamos a tendência de apreender a realidade apenas de acordo com a medida humana.

- **Os ídolos da caverna:** designariam os preconceitos e paixões individuais oriundos de nossa educação, de nossos hábitos...

- **Os ídolos da praça pública**: os erros veiculados pela linguagem.

- **Os ídolos do teatro**: os erros que nasceriam de teorias por demais sistemáticas de escolas filosóficas fascinantes, especialmente as aristotélicas e escolásticas.

A ciência fazia generalizações com demasiada pressa e, algumas vezes, fundava-se em princípios frágeis. Ela precisava dar-se o tempo para avançar gradual e prudentemente rumo à verdade. A interpretação metódica que se dedicava a colocar por escrito suas experiências e classificá-las rigorosamente se revelava mais benéfica do que a antecipação apressada.

O método indutivo

O método que permitiria o progresso do conhecimento seria o indutivo, mas ele dependeria de uma nova forma de indução, distinta da que foi herdada de Aristóteles, e que Bacon qualificava de "método infantil".

O método aristotélico consistia, em uma ordem indutiva, na enumeração dos casos particulares para extrair deles o geral. Ora, tal método parecia precário: o primeiro exemplo contraditório que aparecesse bastaria para colocar em questão as conclusões alcançadas.

O cientista deveria partir do real e da experiência, sem proceder por generalizações casuais e enumerações. O novo método experimental que Bacon defendia supunha um trabalho rigoroso, ordenado, pelo qual as experimentações, **visadas**, dariam lugar a observações que seriam reunidas pelo pesquisador.

Essas observações minuciosamente recolhidas seriam então comparadas com vistas a descobrir a forma do fenômeno. O cientista procederia, em seguida, pela eliminação das propriedades, de modo que "reste no fundo do cadinho a forma afirmativa verdadeira, sólida e bem-delimitada".

Assim, o saber seria resultado de uma **experimentação instruída** (e não caótica ou cega). A razão e a experiência deveriam aliar-se na descoberta da verdade.

Os princípios da experiência crucial

As experiências permitiriam testar uma teoria. Elas seriam denominadas cruciais quando permitissem testar simultaneamente duas hipóteses contrárias. Uma sendo desmentida, a outra se encontraria verificada. No entanto, nada garante que não existiria uma terceira possibilidade: o estatuto da verdade descoberta dessa maneira continuaria problemático.

A descoberta da verdade supõe a paciência do cientista. Ela é "filha do tempo". Com Bacon nasceu uma concepção nova da ciência e, especialmente, da física, isto é, nasceu uma ciência experimental, tateante, gradual e paciente, cujo trabalho, na verdade, nunca se acaba.

A Atlântida: a utopia moderna

No momento em que foi demitido de suas funções políticas, Francis Bacon imaginou, na *Nova Atlântida*, uma sociedade consagrada à ciência e à técnica, uma verdadeira "ilha da pesquisa", governada por um Estado que valoriza a segurança e a previdência. Pode-se ver aí o desejo do ex-chanceler de reformar a Inglaterra e preveni-la contra todo risco gerado por uma técnica descontrolada.

Uma obra-chave: *Novum Organum*

Contexto

O *Novum Organum* ("novo instrumento", em oposição à lógica aristotélica) é um tratado de metodologia científica que renovou a concepção do trabalho do pesquisador e colocou as bases da ciência moderna.

Extrato

Os filósofos que se meteram a tratar das ciências se dividiam em duas classes, os empíricos e os dogmáticos. Os empíricos, semelhantes às formigas, contentam-se em ajuntar e em seguida consumir as provisões. Os dogmáticos, como aranhas, tecem teias cuja matéria provém de sua própria substância.

A abelha está entre uma e outra; ela tira a matéria-prima das flores do campo e dos jardins; depois, por meio de uma arte que lhe é própria, a elabora e digere. A verdadeira filosofia faz algo semelhante: ela não repousa unicamente, nem mesmo principalmente, nas forças naturais do espírito humano, e esta matéria que ela tira da história natural e das experiências mecânicas não a lança à memória da mesma forma que a encontrou nestas duas fontes, mas, depois de tê-la elaborado e digerido, ela a deposita no entendimento. Assim, nosso maior recurso, aquele de onde devemos tudo esperar, é a estreita aliança dessas duas faculdades: a experimental e a racional, união que ainda está longe de ser formada (Bacon, 1986).

CHAVES TEXTUAIS

A crítica do empirismo e do dogmatismo

- Erros dos filósofos: separar a razão da experiência. Crítica de duas atitudes contrárias e infrutíferas, o dogmatismo e o empirismo.

- O empirismo: aquele que coleciona sem método as observações, considerando a experiência a fonte única de todo conhecimento.

- Impossibilidade do progresso da ciência empírica: o conhecimento leva, simplesmente, ao reconhecimento, a submeter a nova experiência à antiga.

- O dogmático: considerando o espírito como única fonte de conhecimento, ele projeta do real os conceitos elaborados por seu espírito.

- A ciência dogmática, distante demais da experiência e do real, impede-se de conhecer as coisas, de fato.

O bom método: o da abelha

- A fonte da ciência verdadeira e a experiência instruída, iluminada pela razão. A razão e a experiência devem se aliar.

- Metáfora: a abelha digere o pólen para fabricar o mel. Assim também o sábio usa a razão para fecundar a experiência que, por sua vez, pode fecundar a teoria.

- Papel da razão: trabalhar e digerir a matéria da experiência, compreendê-la, não somente guardar a lembrança (empirismo) ou inventá-la (dogmatismo).

A finalidade tecnicista da ciência

- A aliança razão-experiência é fonte de esperança: o saber gera o poder, o método científico é avaliado por sua eficácia.

16
HOBBES

1588-1679

O homem é um lobo para o homem.
(Carta-dedicatória do De Cive)

Elementos biográficos

As viagens e os encontros

Thomas Hobbes, depois de estudar em Oxford, tornou-se preceptor e secretário de William Cavendish.

Em Paris, aliou-se ao Père Mersenne e a Gassendi, e foi apresentado aos escritos de Descartes, a quem enviou "objeções". Mas, especialmente, descobriu os *Elementos* de Euclides, que marcaram uma virada em sua vida intelectual. Em Florença encontrou Galileu, cujo rigor científico igualmente o impressionou. Estes modelos de racionalidade o inspiraram e o levaram a construir um verdadeiro sistema filosófico.

Ele foi secretário de Francis Bacon, que o fez descobrir os materialismos antigos, mas Hobbes deplorou sua falta de interesse pela matemática e pela via dedutiva.

Um contexto histórico determinante

Hobbes foi marcado pela crise política e religiosa que assolou a Inglaterra no século XVII. Colocando-se do lado do Rei Charles I, do qual defendeu a autoridade absoluta no conflito que o opôs ao Parlamento, acabou exilando-se na França em 1640.

Durante sua permanência na França, ele escreveu suas duas principais obras: *De Cive* (Do cidadão), publicada em Paris em 1642, e o *Leviatan*, que foi publicado em Londres em 1651. Acusado de ateísmo, ele entrou em inúmeras controvérsias com os pensadores de sua época; no entanto, ficou sem partidários.

Hobbes • 1588-1679

Teses essenciais

Contemporâneo da Revolução Inglesa do século XVII, Hobbes interessou-se principalmente pela **política**. Chocado com a violência da guerra civil, ele procurou assentar as bases de uma política forte que garantisse paz e segurança às pessoas. Como **materialista**, quis estabelecer as bases de uma ciência política racional, que pusesse em evidência seus **mecanismos**.

A antropologia no fundamento da filosofia política

Com Hobbes, não foram mais a cosmologia ou a teologia (como no aristotelismo e no tomismo) que fundaram a filosofia política, mas sim a **antropologia**. Teórico do **absolutismo**, no entanto, ele não pensava a política ligada à religião, e justificava o poder absoluto por princípios racionais. Rejeitando a herança aristotélica que via no homem um animal político, ele analisou as causas da instauração do Estado e os mecanismos que permitiam o controle do poder que levava à garantia da paz e da segurança dos homens.

Para compreender o funcionamento de um corpo complexo, seria preciso, antes de tudo, decompô-lo em seus elementos mais simples a fim de distinguir sua natureza. Este princípio, herdado da física galena, Hobbes o aplicou à política: sendo o Estado constituído de indivíduos, era a própria natureza humana que convinha isolar, com o intuito de discernir o funcionamento do corpo social que os indivíduos formam. Seria preciso, primeiramente, interrogar a natureza humana, elaborar uma antropologia.

O estado de natureza: a "guerra de todos contra todos"

Para analisar a natureza humana, Hobbes elaborou um modelo teórico, uma hipótese fictícia, mas racional, a do **estado de natureza**, que designava o estado em que vivem os homens antes da instauração de qualquer organização social; era um estado concebido racionalmente, e não um estado historicamente verificado. Tratava-se de compreender o que o homem era, independentemente da sociedade e das transformações que ela operava sobre ele. A teoria do estado de natureza permitiu, assim, **distinguir a natureza e a cultura no homem**.

O **estado** não é a realização da humanidade, mas um **artifício** pelo qual o homem se extraía da natureza. Uma criação, além do mais, apartada de qualquer outra referência e, portanto, de toda legitimação religiosa. Então, tratava-se de compreender as razões da passagem do estado de natureza ao estado civil.

O estado de natureza é um estado de "guerra de todos contra todos", onde reinam conflitos e violência. Dois princípios, com efeito, caracterizam o homem no estado de natureza. Primeiramente, sua incessante insatisfação, seu desejo sempre vivo, o impulso para o domínio dos outros. Como os homens são iguais, embora diferentes, e a manha pode substituir a força, nenhum deles se encontra em segurança. Portanto, no estado de natureza, "o homem é um lobo para o homem", como diz a célebre fórmula emprestada de Plauto. Ademais, e este é o segundo princípio, em tal estado, o homem teme a morte violenta e seu instinto de conservação o impele a proteger sua vida. A rivalidade se manifesta de modo tal que o estado de natureza se parece com um estado de insegurança permanente: "Enquanto os homens viverem sem um poder comum que os mantenha em respeito, eles ficarão nesta condição denominada guerra, e esta guerra é uma guerra de todos contra todos".

Direito natural e liberdade

No estado de natureza, o **direito natural**, proveniente da natureza, define-se como "a liberdade de cada um de usar como lhe aprouver seu próprio poder para preservar sua própria natureza" (Hobbes, 1983). A liberdade, nesse caso, define-se como ausência de obstáculos. No entanto, em virtude da igualdade natural e da inerência do desejo, as liberdades se entrechocam por não serem reguladas por um poder comum, e é como se, no fim das contas, ninguém tivesse direito a nada. Determinado homem quer se apropriar de uma maçã? Ele tem direito a isso, mas pode ser impedido por outro que a deseja também. Assim, constata-se a fragilidade de um direito dessa natureza, que não tem nenhuma garantia.

Por isso, a primeira **lei natural**, oriunda da razão consciente da insegurança presente em tal situação, prescreve-nos a busca da paz a fim de salvaguardarmos nossa vida. É assim que o homem é chamado a sair do estado de natureza: apenas um poder comum que regule as coexistências pode garantir a sobrevivência dos indivíduos.

A instituição do Estado

O Estado procederia de um **contrato**, por meio do qual cada um cederia seu direito natural a um terceiro, o soberano, encarregado de instaurar e fazer reinar a paz e a segurança. Nesse contrato cada indi-

Hobbes • 1588-1679

víduo cederia seus direitos de maneira absoluta, com a condição de que os outros fizessem o mesmo. Hobbes formulou, assim, os termos do contrato pelo qual cada cidadão estaria ligado aos outros: "Eu autorizo este homem ou esta assembleia e lhe entrego meu direito de me governar a mim mesmo, sob a condição de que você lhe entregue seu direito e autorize todas estas ações da mesma maneira".

Pelo contrato social os sujeitos se engajariam uns com os outros e se tornariam um **povo**. O soberano, em compensação, estaria acima do contrato, e não estaria submetido a ele. O soberano definiria o justo e o injusto e seus atos deveriam ser inquestionáveis e inquestionados. Cada um, com efeito, lhe entregaria sua liberdade. Para Hobbes, não haveria soberania que não fosse absoluta.

A força do poder: a obediência dos indivíduos

Se um poder político verdadeiro é necessariamente absoluto, isso acontece porque é esse princípio que permitirá ao soberano **garantir a paz e a segurança**. Dessa forma, o soberano tem uma obrigação, apenas esta, de garantir a segurança dos indivíduos, sem o que a revolta seria justificável. Se nós obedecemos ao soberano, não é em virtude de sua força, de sua capacidade de nos obrigar a isso, mas a fim de lhe darmos o poder necessário para que instaure e mantenha a paz.

Isto não transforma Hobbes, no entanto, em partidário da monarquia absoluta: o soberano pode ser, indiferentemente, um homem, um conselho, ou ainda uma assembleia; o essencial é que sua soberania seja incontestada.

Hobbes pode ter sido acusado de totalitarismo, mas, longe de estender o poder político ao domínio da esfera privada – o que caracteriza todo poder totalitário – ele, na verdade, o entende como espaço de liberdade para usufruto de cada indivíduo. O poder político tem um aspecto obrigante, mas a obrigação visa apenas permitir a liberdade individual no espaço privado, sem que ela ameace a paz e a segurança.

A metáfora: o Leviatan é como um corpo

Hobbes comparava o Estado, esse "grande Leviatan", a um **corpo artificial**. A soberania era sua alma, o dinheiro, seu sangue, a riqueza, sua força, as colônias, seus filhos. Os magistrados eram suas articulações, as recompensas e as punições, seus nervos. Os conselheiros constituíam sua memória, as leis, sua razão e sua vontade. A paz designava

Século XVII

a saúde desse corpo, ao passo que os problemas civis eram sinais de enfermidade, e a guerra civil, da morte.

Uma obra-chave: *Leviatan*

Contexto

Preocupado em determinar os mecanismos do poder político para assentar as bases de um Estado bem protegido contra os problemas civis, Hobbes analisou aqui a essência e a natureza do poder político. Da natureza humana se deduzem os princípios próprios que garantiriam, pelo viés da soberania absoluta do governante, a paz e a segurança de cada um.

Extrato

A natureza fez os homens com tamanha igualdade nas faculdades do corpo e do espírito que, embora se possa encontrar um homem claramente mais forte, fisicamente, ou mais ágil mentalmente do que outro, no entanto, analisando bem todos os aspectos, a diferença entre os homens não é tão considerável ao ponto de um deles poder reclamar para si uma superioridade que o outro não possa alegar ter tanto quanto ele. Com efeito, no que tange à força corporal, o homem mais fraco tem capacidade suficiente para matar o mais forte, seja por meio de uma maquinação secreta, ou se unindo a outros que se encontram sob o mesmo perigo que ele.

Quanto às faculdades do espírito [...], eu vejo entre os homens uma igualdade mais perfeita ainda do que a equivalência física. Porque a prudência não é outra coisa senão a experiência que, num mesmo período de tempo, é igualmente dispensada a todos os homens nas coisas a que eles se apliquem da mesma maneira.

[...] Desta igualdade de aptidões decorre uma igualdade na expectativa de atingir nossos fins. É por isso que, se dois homens desejam a mesma coisa, sendo que não é possível que ambos usufruam dela, eles se tornam inimigos; e, em sua busca por esse fim (que é, principalmente, sua própria conservação, mas às vezes sua satisfação), cada um se esforça para destruir ou dominar o outro (Hobbes, 1983).

CHAVES TEXTUAIS

Diferença e igualdade dos homens no estado de natureza

• Há diferenças entre os homens: alguns são mais fortes, outros são mais astutos...

• Mas existe, ao mesmo tempo, uma igualdade entre eles: a astúcia pode fazer frente à força, igualdade, equiparação das aptidões corporais. Cada um pode pretender obter aquilo que deseja.

• Mais do que isso, existe ainda a igualdade de aptidões do espírito, podendo estas serem desenvolvidas pela experiência. A reflexão prática provém da experiência, das vivências.

Meu semelhante é meu inimigo

• Mesmas capacidades e mesmos desejos levam a conflitos, ao desejo de dominação: o estado de natureza é um estado de guerra de todos contra todos.

17
DESCARTES

1596-1650

Penso, logo, existo.
(Discurso do método)

Elementos biográficos

Uma educação jesuíta

René Descartes estudou, inicialmente, junto aos jesuítas. Aluno vivaz e aplicado, mas de saúde frágil, ele recebeu do colégio um tratamento especial, chegando para as aulas apenas às dez horas da manhã para a reflexão matinal que ele apreciava.

No *Discurso do método* ele mencionou algo de sua infância e sobre a gênese de seu método, mostrando certa decepção com relação à filosofia escolástica que conheceu no colégio. Apaixonou-se sobretudo pelas ciências e, particularmente, pela matemática, "por causa da certeza e da evidência de suas razões".

Descartes, espectador do mundo

Convencido do caráter instrutivo das viagens, Descartes percorreu, uma depois da outra, a Itália, a Dinamarca, a Alemanha, a fim de se instruir "no grande livro do mundo". Engajado como soldado, ele se colocou como espectador dos costumes dos homens, mais do que ator.

Em 1619, apareceram a ele em sonhos as premissas de seu método, um meio de unificar os conhecimentos e fundar uma ciência universal (a *mathesis universalis*). Estas visões o tranquilizaram em sua decisão de consagrar sua vida à ciência.

Descartes • 1596-1650

A Holanda, refúgio do filósofo

Descartes se instalou finalmente na Holanda, onde escapou da censura religiosa e das preocupações mundanas, com o objetivo de se consagrar aos estudos. Quando Galileu foi condenado pela Inquisição, Descartes renunciou a publicar o *Tratado do mundo*, no qual defendia a teoria do movimento da terra.

As principais obras de Descartes são as *Regras para a direção do espírito* (1628), o *Discurso do método* (1637), as *Meditações metafísicas* (1641), os *Princípios da filosofia* (1644) e as *Paixões da alma* (1649).

Teses essenciais

Descartes foi, sem dúvida, o fundador do **racionalismo** moderno ao afirmar a superioridade da razão, fonte de todo conhecimento. Guiado por um **método rigoroso**, o sujeito poderia aceder por sua própria iluminação às ciências universais.

O projeto: reformar o conhecimento

Descartes teve muito cedo a intuição da possibilidade de fundar uma ciência universal. Com efeito, "o bom-senso" designava a **razão**, esta "luz natural", o poder de julgar corretamente e distinguir o verdadeiro do falso. Afirmando a universalidade da razão, sem deixar de constatar as divergências de opinião, ele nos mostrou quanto a razão, para alcançar a verdade, deve se desvencilhar dos preconceitos e opiniões que a ofuscam e munir-se de um método seguro com a finalidade de fundamentar seu conhecimento.

A efetivação da dúvida

Como as opiniões dos homens são tão diversas e estão mais ligadas ao provável do que ao verdadeiro, convém, antes de tudo, em qualquer busca da verdade, rejeitar toda afirmação duvidosa. Portanto, Descartes buscou o **indubitável**, aquilo de que não se pode, absolutamente, duvidar.

Por isso é preciso desconfiar daquilo que nos foi ensinado e dos costumes herdados e aceitar somente aquilo que se apresenta com a clareza da **evidência** indiscutível. A **dúvida metódica**[1] é o modo de chegar à verdade.

---

1. A dúvida metódica se distingue da dúvida cética por seu caráter provisório, ao passo que a dúvida cética consiste na suspensão definitiva do julgamento.

Século XVII

Eu não posso ter certeza a respeito daquilo que aprendi de meus mestres (isso é apenas conhecimento indireto), nem da existência dos corpos fora de mim (meus sentidos podem me enganar e poderia ser, ademais, que aquilo que eu acredito estar vendo ou tocando seja apenas um sonho). Mesmo as verdades matemáticas ($2 + 2 = 4$) parecem comprometidas pela hipótese da existência de um **gênio maligno**, um deus enganador que se satisfaz em manipular meus pensamentos.

O cogito cartesiano

Quando a dúvida parece ter alcançado seu paroxismo, uma só certeza lhe resiste: eu duvido, logo, eu penso e, se eu penso, eu existo. Nem mesmo a hipótese de um gênio maligno consegue abolir esta certeza, porque, mesmo que ele me engane, eu ainda existo.

Portanto, é na consciência de sua existência que o sujeito encontra o indubitável, na enunciação do cogito: "Eu penso, logo, existo"[2]. Eu sou[3] "uma coisa pensante", e me descubro como tal antes mesmo de me descobrir como um corpo.

O dualismo

O ser humano é, simultaneamente, alma, **substância pensante** imaterial, e corpo, **substância estendida** submetida ao mecanismo da natureza.

A alma é mais fácil de conhecer do que o corpo. O conhecimento perceptivo é secundário, pois é no espírito que se deve confiar para conhecer. Quando eu vejo um pedaço de cera se derreter, enquanto minha percepção me indica que esse pedaço de cera mudou de estado, meu espírito me faz saber que é sempre o mesmo pedaço de cera que tenho diante de mim. É meu espírito, e não os sentidos, que percebe a permanência.

A veracidade divina

O problema que se coloca é o da conformidade entre meus pensamentos e a realidade objetiva: há o risco do **solipsismo** (literalmente,

---

2. Em francês: "Je pense, donc je suis" ("*Eu* penso, logo, eu *sou*"), mas aqui a frase requer o sentido literal: "eu *sou*" [N.T.].

3. Trata-se novamente do "je suis", cf. nota anterior, que aqui só faz sentido traduzido como "eu sou" [N.T.].

Descartes • 1596-1650

estar só consigo mesmo). É, portanto, preciso provar a existência de Deus, o garante da correspondência entre o pensamento e o ser.

Eu tenho em mim uma ideia de Deus, de um ser infinito e perfeito, que não posso ter produzido em mim mesmo, sendo eu finito e imperfeito. Assim, a existência, em mim, dessa ideia conduz a uma segunda certeza que será o fundamento do conhecimento e de sua conformidade ao real, ou seja, a certeza da existência de Deus, causa de sua ideia em mim, e da veracidade divina, um ser perfeito e todo--poderoso que não pode querer enganar o sujeito (isto seria um sinal de fraqueza).

Eu não posso, portanto, duvidar da razão por que, primeiramente, aquilo que eu tomei há pouco tempo como regra – a saber, que as coisas que concebemos muito clara e distintamente são todas verdadeiras – não se garante senão pelo fato de que Deus é ou existe, e de que é um ser perfeito, e que tudo que existe em nós vem dele.

As **ideias claras e distintas**, evidências primeiras, são inatas e verdadeiras. É a partir de tais ideias que se deve elaborar o saber.

O método cartesiano

O homem é, contudo, sujeito ao erro. Com efeito, "não basta ter bom espírito, mas o principal é aplicá-lo corretamente", coisa que nem sempre fazemos. Precisamos, portanto, de um **método**, um "caminho" que conduza o espírito de uma verdade a outra.

Quatro regras embasam o método: 1) a **evidência**: admitir somente aquilo que é indubitável, evitar precipitação e prevenção; 2) a **análise·** dividir as dificuldades em quantas partes forem necessárias para resolvê-las; 3) a **síntese**: seguir uma ordem, ir do mais simples ao mais complexo de maneira rigorosa; 4) a **enumeração**, ou recapitulação: recensear todas as intuições que se sucedem na dedução de maneira a não omitir nenhum anel da corrente.

Conhecemos, na verdade, por **intuição** (visão indubitável pela qual se apresenta a evidência das ideias claras e distintas) e **dedução** (concatenação lógica a partir das evidências). Esse método, que se inspira na matemática, é o meio pelo qual o filósofo chega a conhecimentos certos e evidentes.

Século XVII

Uma ciência mecanicista

Se o homem é dual, corpo e espírito, o animal, contrariamente, e os corpos em geral, são concebidos como **máquinas**, autômatos, de maneira tal que a natureza é dessacralizada e mecanizada, disponível à análise matemática do estudioso. O ser vivo redutível à matéria e a seu mecanismo: eis o que torna a medicina e o estudo da anatomia realmente científicos.

Essa concepção da natureza e da ciência que a estuda legitima a esperança que o homem deposita na técnica, que pode nos tornar "mestres e senhores da natureza". O desenvolvimento da técnica e da medicina é concebido, de maneira bem moderna, como meio de aperfeiçoar as condições de vida. Mas o que Descartes defende aqui não é uma onipotência cega, mas depende totalmente do "como" que confere ao homem a responsabilidade pelo domínio e a gestão da natureza.

A moral

Com a expectativa de encontrar as certezas necessárias ao estabelecimento de uma verdadeira moral fundada na razão, Descartes elaborou uma "moral provisória". Com efeito, o saber seria como uma árvore cujas raízes são a metafísica; o tronco, a física; os galhos, a mecânica, a medicina e a moral: portanto, é apenas de um saber já avançado que se deve deduzir uma moral verdadeira.

Em que consiste esta **moral provisória**? Em regras de prudência que permitem agir de maneira emergencial. Essas máximas, inspiradas no estoicismo, aconselham "julgar da melhor forma possível", mudar seus desejos em vez de querer mudar a ordem do mundo", obedecendo às leis e costumes de seu país e dedicar sua vida ao cultivo da razão.

As *Paixões da alma*, que Descartes redigiu ao final de sua vida, vai mais longe. Ali ele apontou para a necessidade do conhecimento das paixões, afeições da alma decorrentes do corpo. Empecilhos à busca da verdade, as paixões produzem representações confusas. Mesmo assim, elas não são de ordem patológica, e sim "de boa natureza" na medida em que favorecem a satisfação humana. A razão deve aprender a fazer bom uso delas, evitando o excesso e a desmedida.

A **generosidade** funda a moral e é sua virtude mais elevada. É dotado de generosidade aquele que sabe que a vontade é absolutamente livre e que está resolvido a usar bem dela, a conformar sua vontade ao que é razoável. Diferentemente dos estoicos, Descartes admitia que a

Descartes • 1596-1650

razão é, às vezes, impotente diante das paixões, mas saber disso permite ser indulgente em relação aos outros, bem como atuar no sentido de fazer bom uso de suas paixões.

Uma obra-chave: *Meditações metafísicas*

Contexto

Descartes convida o leitor a fazer com ele um percurso que conduz da destruição das opiniões recebidas à reconstrução do saber. Insatisfeito com sua educação, com a consciência de ter "recebido uma grande quantidade de falsas opiniões por verdadeiras", ele começou a desfazer-se delas por meio da dúvida, iniciando "tudo de novo, desde os fundamentos", a fim de "estabelecer alguma coisa de firme e constante nas ciências".

O texto a seguir, extraído do começo da segunda meditação, apresenta-nos o primeiro resultado dessa dúvida radical (hiperbólica), mas provisória.

Extrato

Eu parto da suposição, portanto, de que todas as coisas que vejo são falsas; persuado-me de que nada jamais existiu, de tudo que minha memória repleta de mentiras me representa; eu imagino não ter nenhum sentido; considero que o corpo, a figura, a extensão, o movimento e o lugar são apenas ficções de meu espírito. Então, o que é que poderá ser considerado verdadeiro? Talvez nada mais, senão que nada existe de certo no mundo.

Mas, que sei eu, então, se não existe coisa alguma diferente daquelas que eu acabo de considerar incertas, de que não se possa ter a mínima dúvida? Não haveria algum deus, ou alguma outra potência que coloca tais pensamentos em meu espírito? Isto não é necessário, pois talvez eu seja capaz de produzi-los por mim mesmo. E então, eu mesmo, ao menos, não sou alguma coisa? [...]

Mas eu me convenci de que não havia absolutamente nada no mundo, que não havia céu algum, terra alguma, nenhum espírito ou corpo; assim, não me convenci também de que eu tampouco existia? Certamente que não; eu existia, sem dúvida, se me persuadi ou, simplesmente, se pensei alguma coisa. Mas existe um não sei o quê enganador muito poderoso e bastante astuto que emprega todo seu engenho

Século XVII

em enganar-me constantemente. Não resta, portanto, dúvida alguma de que eu existo, se ele está me enganando. E por mais que ele me engane, nunca seria capaz de fazer com que eu não exista, conquanto eu pense ser alguma coisa. De modo que, depois de muito refletir nisso, e examinar seriamente todas as coisas, por fim, é preciso concluir e ter por constante que a proposição *Eu sou, eu existo* é necessariamente verdadeira todas as vezes que eu a pronuncio ou a concebo em meu espírito (Descartes, 1979).

CHAVES TEXTUAIS

A efetivação da dúvida

• Projeto de Descartes: encontrar o indubitável.

• Dúvida sobre a informação dos sentidos e a existência das coisas materiais: os sentidos são fontes de ilusões (um bastão reto mergulhado parcialmente na água parece quebrado, por exemplo) e os sonhos pouco se diferenciam do estado de vigília (como ter certeza de que não estamos sonhando?).

• Caráter hiperbólico, radical da dúvida, que parece rejeitar toda afirmação.

A primeira certeza: eu sou, eu existo

• Afirmação da existência do sujeito pensante: duvidar é pensar, portanto, é ser sujeito de seus pensamentos e, consequentemente, é ser uma criatura pensante.

• Impotência da hipótese de um gênio maligno, poderoso enganador, em questionar essa evidência: se ele me engana, eu continuo existindo, pois eu estou pensando que ele está me enganando.

• "Eu sou, eu existo": primeira evidência descoberta pelo espírito, fundamento da reconstrução do saber projetado por Descartes.

18
PASCAL

1623-1662

Dois excessos: excluir a razão, não admitir outra coisa além da razão.
(Pascal, 1988)

Elementos biográficos

Um gênio extraordinário

Blaise Pascal, dotado, segundo Chateaubriand, de um "gênio espantoso", manifestava, desde a infância, aptidões incríveis para as ciências: aos 12 anos, tendo sido privado dos livros de matemática por seu pai, que achava que ele estava deixando de lado o latim, Pascal reconstruiu sozinho a proposição 32 do livro I de Euclides. Aos 16 anos escreveu o *Ensaio sobre as cônicas* e, aos 18 anos, inventou a primeira máquina de calcular, a "Pascalina".

A importância da religião

Com 23 anos, juntamente com sua família, Pascal converteu-se ao jansenismo, doutrina segundo a qual o homem obtém a salvação por favor divino, e não por seus próprios esforços.

Conheceu um período mundano de 1652 a 1654 em Paris. Mas a experiência mística que viveu no dia 23 de novembro causou uma reviravolta em sua vida e decidiu sua vocação. A partir daquele momento, consagrou sua vida a Deus.

Quando os jansenistas foram atacados por heresia pelos jesuítas, Pascal os defendeu com panfletos carregados de ironia com o título *Les provinciales* (Cartas provinciais). Místico, apesar dos sofrimentos da enfermidade que o acompanhava desde a juventude, ele chegou a adotar o cilício como forma de mortificação corporal.

Confrontado durante seu período mundano com os libertinos, ele começou, em 1657, a redigir uma *Apologia da religião cristã* para convencer os descrentes. Mas a enfermidade o consumiu e, ao morrer, com 39 anos, o que ele nos deixou foi um conjunto de notas fragmentárias, publicadas em 1670 sob o título de *Pensées* (Pensamentos).

Teses essenciais

Pascal, como leitor de Montaigne, usou o ceticismo para fazer apologia da religião cristã. Nada, à exceção de Deus, era sério.

A relatividade da justiça

Pascal cultivava um certo **relativismo** em relação à justiça. Esta, para ele, derivava dos costumes: "Não se vê nada de justo ou de injusto que não mude de qualidade em virtude das mudanças do clima [...] Divertida, uma justiça determinada por um rio! Deste lado dos Pirineus, a verdade, do lado de lá, o erro".

Mas, na medida em que a justiça instaurava uma ordem social, mesmo sendo relativa, era necessária e deveria ser respeitada. A única justiça verdadeira era a divina. O homem, ser corrompido e passional, não poderia edificar leis justas em si mesmas.

O homem, esse caniço pensante

"Nem anjo, nem demônio", o homem é lugar de contrariedades, provadas pelas inconsequências de seu comportamento. Nele, razão e paixão se enfrentam. Pascal não cessou de denunciar **a miséria e a grandeza da condição humana**. O homem é miserável porque é privado de Deus, corrompido em decorrência do pecado original, mas é grande porque carrega em si parcelas da natureza de Adão antes do pecado. Para Pascal, o dogma religioso era o princípio explicativo para a condição humana.

O homem é um "caniço pensante": miserável enquanto **corpo**, frágil diante da infinitude da natureza, ele não é capaz, por sua razão apenas, de conhecer-se a si mesmo nem compreender os dois infinitos (o infinitamente grande e o infinitamente pequeno) que constituem o universo. Mas é um "caniço **pensante**", capaz de perceber sua finitude e a fragilidade trágica de sua condição. Nisso residiria sua dignidade: "A grandeza do homem consiste no fato de ele saber-se miserável. Uma árvore não se sabe miserável".

O divertimento

Reconhecer-se miserável, no entanto, implica confrontar-se com a angústia da morte, do vazio, do desgosto, e reconhecer a **vaidade** da existência. O homem escapa dessa angústia pelo **amor-próprio**, a tendência de centrar-se sobre si mesmo, e também por meio da **imaginação** que, ao atribuir aos seres qualidades inexistentes, preenche esse vazio insuportável. O **parecer** é mais importante para ele do que o ser na vida social. Esta é apenas ilusão: "A vida humana é apenas uma ilusão perpétua; estamos sempre nos enganando e nos adulando mutuamente". "A imaginação, essa hóspede louca, é mestra do erro e da falsidade", que nos engana e nos impede de chegar à verdade.

Enfim, para escapar do pensamento de sua condição miserável, o homem volta-se para o **divertimento**. É divertimento toda atividade (jogo, trabalho...) que desvia o homem de si mesmo, do pensamento de sua trágica condição e do nada. Mas esta é uma ocupação inconsistente e ilusória: "Toda a infelicidade humana provém de uma coisa apenas, que é não saber permanecer em repouso em um quarto".

O divertimento impede a apreensão do presente, pois, sempre voltado para o futuro, para os objetivos que nós nos fixamos, não sabemos nunca aproveitar realmente o que está diante de nós no momento presente. Procurando o repouso e a felicidade pelo divertimento, nós nos condenamos a nunca o encontrar.

Grandeza e fraqueza da razão

Não é a razão que nos permitiria vencer a angústia da qual pretendemos escapar por meio do divertimento. As duas grandes filosofias dignas desse nome aos olhos de Pascal, o estoicismo e o ceticismo, ambas se equivocaram. Epiteto supervalorizou os poderes da razão até ao orgulho, ao passo que Montaigne os subvalorizou ao ponto de justificar a lassidão. Ambos cometeram "dois excessos: excluir a razão, não admitir outra coisa além da razão".

Ora, "nós temos uma incapacidade de provar, invencível a todo dogmatismo. E temos uma ideia da verdade, invencível a todo pirronismo". A razão, marca de grandeza, é, no entanto, frágil, uma vez que ela não reconhece seus limites. Sujeita aos caprichos da imaginação e da memória, ela não é capaz de demonstrar tudo, como gostaria o dogmatismo. Ela deve reconhecer que "existe uma infinitude de coisas que a transcendem", e nisso está sua dignidade.

Verdades do coração e verdades da razão

A razão, faculdade do universal demonstrada pelo **espírito de geometria**, pode, com efeito, demonstrar metodicamente, por **dedução**, algumas verdades. No entanto, ela requer, para suas demonstrações, bases, princípios primeiros, que denominamos ordinariamente axiomas sem os quais as demonstrações regressariam ao infinito. O **coração**, faculdade do **espírito de fineza**, distingue seu objeto imediatamente por meio da **intuição** (contrariamente à razão) e oferece por uma visão as **noções comuns**, princípios não demonstráveis que a razão toma como base de suas demonstrações.

Assim, a razão é segunda, não podendo demonstrar tudo por si mesma, contrariamente do que pretendia o projeto de Descartes. Às verdades estabelecidas dedutivamente pela razão convém acrescentar as verdades do coração, apreendidas imediatamente: "Nós conhecemos a verdade, não somente pela razão, mas também pelo coração".

A fé, Deus sensível ao coração, não à razão

Pascal distinguiu três **ordens**, três planos de existência. A **carne**, ordem dos corpos, era o lugar dos prazeres sensíveis, das atividades mundanas ligadas aos interesses materiais. A **ordem dos espíritos** tinha relação com a atividade intelectual. Finalmente, a **ordem da caridade**, superior às duas primeiras, era a do amor desinteressado a outrem, inspirado no amor de Deus. Entre essas três ordens existia um abismo, uma distância infinita. Seria tirânico querer submeter uma dessas três ordens a um só juiz primordial.

Assim, pretender, como Descartes, reunir tudo sob a razão e tentar demonstrar a existência de Deus caracteriza um erro. Deus é sensível ao coração, não à razão; sua existência não é demonstrável. A fé, portanto, é uma revelação: "é o coração que sente Deus, e não a razão".

O Deus oculto de Pascal não se revela senão àqueles que o amam. A fé supõe uma submissão da razão e uma verdadeira conversão. Por isso, é preciso ultrapassar essa vida inconsistente feita de ilusão e divertimento a fim de se conhecer na fé: "não é pelas agitações grandiosas de nossa razão, mas pela simples submissão da razão que poderemos realmente nos conhecer". Jesus, Deus feito homem, é o modelo da dualidade unificada e reconciliada, é nele que o ser humano pode se conhecer.

A aposta

Como, porém, os libertinos não acreditavam em Deus, Pascal se propôs convencê-los por meio da razão, transportando a situação do pari (jogo que seus contemporâneos conheciam bem, já que passavam seu tempo jogando) ao plano metafísico: o homem deveria escolher entre a existência de Deus e sua não existência (não há outra escolha, ele está "no barco").

Se apostasse em Deus, o homem apostaria sua existência finita e miserável (uma existência feita de prazeres inconsistentes) para ganhar uma felicidade eterna, infinita. Deve-se, portanto, apostar na existência de Deus: "Se você ganhar, você ganha tudo; se perder, não perde nada. Aposte, então, na sua existência, sem hesitar".

Uma obra-chave: *Pensamentos*

Contexto

Conjunto de notas fragmentárias visando defender a religião cristã para convencer os incrédulos, os *Pensamentos* são, nas palavras de Paul Valéry, obra "de uma das mentes mais brilhantes que jamais existiram".

Extrato

347 – O homem não passa de um caniço, o mais frágil da natureza, mas é um caniço pensante. Não é preciso que o universo inteiro se arme para esmagá-lo; um vapor, uma gota d'água, pode matá-lo. Mas, mesmo que o universo o esmagasse, o homem seria ainda mais nobre do que aquilo que o esmaga, porque tem consciência de sua morte, ao passo que o universo nada sabe de sua vantagem sobre ele.

Toda a nossa dignidade consiste, assim, no pensamento. É nisso que devemos nos apegar, e não no espaço ou no tempo, os quais nem podemos preencher. Dediquemo-nos, portanto, a pensar corretamente: este é o princípio da moral. [...]

397 – A grandeza do homem consiste no fato de saber que é miserável. Uma árvore não sabe que é miserável. Portanto, é miserável reconhecer-se miserável; mas é grandioso reconhecer que se é miserável (Pascal, 1988).

Chaves textuais

A fraqueza do homem: seu corpo

• O homem comparado a um caniço: a ideia de fragilidade, de pequenez do homem enquanto corpo em relação ao universo infinito.

• Fraqueza do homem corporalmente desprovido de armas para se proteger diante de um universo que pode "esmagá-lo" e "matá-lo".

• Progresso da técnica é insuficiente: mesmo um micróbio infinitamente pequeno pode matar o homem.

A dignidade humana: seu pensamento

• Valorização do pensamento: a consciência de si mesmo como fonte de dignidade e superioridade em relação a um universo não consciente de si mesmo.

• Dignidade humana proveniente de sua capacidade de evitar o divertimento e a ilusão e tomar consciência de sua miséria. Paradoxo: a consciência dá dignidade ao ser humano, mas também o faz infeliz.

• Princípio da moral: empenhar-se pelo bom pensar, isto é, desenvolver essa consciência de si, respeitar seu pensamento.

• O valor de um homem não depende de suas propriedades ou de seus títulos de nobreza, mas da atividade de seu pensamento.

19
LOCKE

<hr>

1632-1704

*A experiência, este é o fundamento de
todos os nossos conhecimentos.*
(Ensaio sobre o entendimento humano)

Elementos biográficos

A amizade com Shaftesbury

Filósofo inglês, John Locke foi médico e conselheiro pessoal
do Lord Ashley, o Conde Shaftesbury, personagem influente na
corte de Charles II da Inglaterra. Quando Shaftesbury, já seu
amigo, opôs-se ao absolutismo do governo, Locke o apoiou em
seu *Ensaio sobre a tolerância*.

A ameaça política e o exílio

Quando Shaftesbury foi acusado de republicanismo e demitido de suas funções por Charles II, Locke se exilou na França
e depois na Holanda, por não se sentir mais em segurança em
seu país de origem.

O início da guerra civil permitiu a Guillaume d'Orange aceder ao trono. Locke pôde, então, em 1688, retornar à Inglaterra.
Ocupou sucessivamente várias funções oficiais, antes de se dedicar, nos últimos anos de sua vida, à publicação de suas obras,
das quais podemos citar a *Carta sobre a tolerância* (1689), o
Ensaio filosófico sobre o entendimento humano (1690) e os *Dois
tratados do governo civil* (1690).

Século XVII

Teses essenciais

Que podemos conhecer? Qual é a extensão e quais os limites do conhecimento humano? Essas são as questões que preocuparam John Locke, que se propôs, no *Ensaio sobre o entendimento humano*, a "examinar nossa própria capacidade e ver quais objetos estão ao nosso alcance ou acima de nossa compreensão". Para isto, convém analisar como se formam nossas ideias, quais as suas origens.

Uma filosofia empirista do conhecimento

Locke recolocou em questão o inatismo: nós não temos ideias inatas presentes naturalmente em nosso espírito. A prova está no fato de que, se tivéssemos ideias assim, elas deveriam ser percebidas por nós desde o começo. Com efeito, uma ideia se define como uma percepção consciente, de modo que nada pode existir na alma além daquilo que esta percebe efetivamente. Ora, as crianças, por exemplo, estão longe de compreender esses princípios que se qualificam como inatos nelas, no fundo, por hábito ou obediência à autoridade de certos sistemas filosóficos (cartesianos, neoplatônicos...). Na origem, portanto, a alma (sede do pensar) é virgem de toda ideia, ela se apresenta como uma "*tabula rasa*[4], vazia de qualquer impressão, sem ideia nenhuma".

É a **experiência**, "fundamento de todos os nossos conhecimentos", que constitui a origem das ideias. Locke inaugurou assim o empirismo, doutrina segundo a qual todo conhecimento e toda ideia provêm da experiência e apenas dela. A experiência atinge a alma e engendra as ideias por dois caminhos diferentes: a **sensação**, produzida pelos objetos exteriores, e a **reflexão** do espírito sobre suas próprias operações.

Essas duas fontes introduzem na alma o que Locke denominou **ideias simples**, isto é, ideias irredutíveis à análise, que resultam apenas de impressões produzidas pelo objeto e não combinadas pela mente. Em relação às ideias simples, o espírito é passivo, não sendo sua causa, mas elas impondo-se a ele. As ideias simples são a matéria-prima que o espírito compara, combina ou ainda separa para gerar **ideias complexas** (por exemplo, a noção de substância).

---

4. *Tabula rasa*: tábula de cera virgem. Símbolo do empirismo, esta expressão remete ao caráter vazio da mente antes de qualquer experiência.

Locke • 1632-1704

Entre ceticismo e dogmatismo

Dessa concepção empirista resulta que o alcance de nosso saber é limitado. Com efeito, como as conexões de ideias não excluem o erro, a essência real das coisas nos escapa, nossos conhecimentos são mais ou menos prováveis e conhecem graus variados de certeza (a ideia simples é muito menos frágil do que a ideia complexa, mas é menos instrutiva, porque não acrescenta nada ao seu objeto).

Contra o dogmatismo, Locke afirmava, portanto, que é o espírito humano que constrói suas próprias ideias seguindo dados fornecidos pela experiência. Mas ele combate o ceticismo, afirmando a adequação possível entre a realidade objetiva e as nossas ideias.

Uma concepção liberal da política

Como a de Hobbes, também a filosofia política de Locke se interrogava sobre a possibilidade do homem para viver em paz e ela se enraíza na hipótese do estado de natureza, estado a-histórico no qual se concebe a situação do homem anteriormente a toda organização social. Mas Locke, **defensor das liberdades**, opôs-se à filosofia política absolutista de Hobbes, tanto em sua concepção do estado de natureza quanto na análise do contrato social e de seus fins e meios.

No **estado de natureza** reinam liberdade (cada um é mestre de si mesmo) e igualdade. O **direito à propriedade privada** é natural: cada um, tendo um direito absoluto sobre si mesmo, estende tal direito aos frutos de seu trabalho. Assim, a terra que o indivíduo cultiva torna-se seu bem. O estado de natureza não é, como afirma Hobbes, um estado de conflitos permanentes, mas as paixões humanas impelem o homem a infringir a lei natural e o tornam imperfeito. O estado civil será o modo de corrigir essa imperfeição.

Dessa maneira, se o homem passa do estado de natureza ao estado civil, isso não acontece, como quer Hobbes, a fim de acabar com um estado natural de guerras, mas para proteger os direitos naturais, legalizando-os de maneira a assegurá-los. O cidadão, por meio do contrato social, oferece sua confiança ao governante e o encarrega de proteger seus direitos.

O contrato social não é, assim, um contrato de submissão, mas uma convenção, um ato de confiança pelo qual o cidadão visa a um benefício. Se ele aceita o pacto, pelo qual abre mão de seu direito natural de garantir a justiça por si mesmo, se consente com as leis do

135

Século XVII

Estado, é porque elas garantem sua **liberdade** e suas **propriedades**: "o fim principal e capital em vista do qual os homens se associam em repúblicas e se submetem a governantes é a conservação de sua propriedade". Vê-se aqui o estabelecimento dos fundamentos do liberalismo: o Estado tem por função garantir aos indivíduos a livre-posse do fruto de seu trabalho.

Por esse princípio é igualmente afirmado o **direito de resistência à opressão** (este é na verdade um dever): se o governo não cumprir sua missão – isto é, não garantir as propriedades dos indivíduos (em sentido amplo, as propriedades designam a vida, a liberdade e os bens) – então a resistência é legítima.

A tolerância religiosa

Fundando a ideia de **direitos humanos**, Locke afirmou a primazia do indivíduo: este não deve nada à sociedade, mas ela é que lhe deve tudo. Assim, não cabe ao governo reger a vida privada dos indivíduos, sobretudo no que tange questões de religião.

A **tolerância positiva** é necessária em matéria de culto. Cada um deve poder escolher livremente sua crença, ainda mais que a existência de ideias inatas depositadas no espírito humano por Deus é refutada. Locke abriu uma separação entre Igreja e Estado.

Essas ideias modernas e liberais tiveram uma grande influência sobre o regime constitucional inglês, sobre a Constituição americana, e inspiraram pensadores como Montesquieu ou, ainda, Rousseau.

Uma obra-chave: *Segundo tratado do governo civil*

Contexto

Contemporâneo de conflitos políticos e religiosos, Locke se interrogou sobre a possibilidade, para o homem, de viver em paz. Teórico do contrato social, ele refutou, no *Primeiro tratado do governo civil*, a ideia de uma herança do poder, opondo-se à monarquia absoluta de direito divino, e expôs, no *Segundo tratado do governo civil*, sua teoria política. Fundador do liberalismo, Locke viu no estado civil o meio de garantir os direitos que o homem teria no estado de natureza, a saber, sua liberdade e a propriedade privada.

Locke • 1632-1704

Extrato

Um homem que se nutre dos frutos que ele ajunta aos pés do carvalho ou das maçãs que ele colhe nas árvores, numa floresta, certamente, dessa forma se apropria de tais frutos. Ninguém ousaria contestar que aquilo de que ele se alimenta, nessa ocasião, não lhe pertença legitimamente. Portanto, eu pergunto: *Quando é que as coisas que ele come começam a lhe pertencer exatamente?* Quando ele as digere, ou quando ele as come, ou quando as cozinha, ou ainda quando ele as leva para sua casa, ou quando as colhe? É evidente que não existe nada aí que as torne suas, senão o cuidado e o trabalho empregado por ele em colhê-las e ajuntá-las. Seu trabalho distingue e separa, então, esses frutos dos outros bens que são comuns; ele adiciona alguma coisa a mais do que a natureza, a mãe comum de todos, não colocou; e, por esse meio, elas se tornam seu bem particular (Locke, 1992).

CHAVES TEXTUAIS

A natureza comum a todos

• Tudo o que existe, no estado de natureza, é dado por Deus a todos os homens em comum.

• Pergunta: a propriedade privada, então, é legítima? Qual é a sua origem? Análise da justificação e da origem da apropriação de um bem de origem comum.

O trabalho, origem da propriedade privada

• O direito absoluto do homem sobre si mesmo (sua liberdade) se estende ao fruto de seu trabalho.

• O trabalho, transformação da natureza bruta, cria a riqueza e legitima a apropriação dos bens que ele produz: a propriedade é um direito natural.

• A natureza, comum na origem, torna-se bem particular daquele que a transforma em virtude dessa mesma transformação: liberalismo econômico e político que legitima a propriedade privada.

20
ESPINOSA

1632-1677

O homem livre, no que menos pensa é na morte, e sua sabedoria é uma meditação, não da morte, mas da vida.

(Ética)

Elementos biográficos

Um herético excomungado

Filósofo holandês de origem judaica e portuguesa, Baruch Espinosa, que frequentou os cristãos liberais e os livres-pensadores, foi violentamente excomungado e caçado de Amsterdã pela Sinagoga por propósito e atitudes contrárias à ortodoxia judaica. Durante muito tempo foi tachado de ateu, acusação da qual ele se defendia.

Livre-pensador, livre de todo apego religioso, ele não foi compreendido por seus contemporâneos. Chegaram tanto a insultá-lo (como um ministro eclesial anônimo, que escreveu: "aqui jaz Espinosa; cuspam em sua tumba") quanto a incensá-lo (como fez Renan que, inaugurando, dois séculos mais tarde, sua estátua, concluiu seu discurso observando que "é aqui, provavelmente, que Deus foi visto mais de perto").

Uma obra que incomoda

Ele ganhou sua vida como polidor de vidros óticos, mas publicou anonimamente em 1670 o *Tratado teológico-político*, em que defendeu a liberdade de pensamento, refutou a existência de milagres e expôs um método crítico para a leitura das Sagradas

Escrituras. Esta obra causou grande escândalo e ele renunciou, então, a qualquer outra publicação.

Mas continuou a escrever e a meditar sobre a política, a sabedoria e a liberdade humana. Embora tenha vivido recluso, seus amigos desmentiram sua reputação de solitário e, com sua morte, publicaram suas obras.

O público veio a conhecer, então, a *Ética*, o *Tratado político*, e o *Tratado da reforma do entendimento*. Consideradas "profanas, ateias e blasfematórias", essas obras foram proibidas sob a pressão das autoridades religiosas.

Teses essenciais

Espinosa quis mostrar que a filosofia, conhecimento de si mesmo, do mundo e de Deus, conduz à **beatitude**, esse estado de felicidade perfeita proporcionado pelo conhecimento racional ao libertar o homem das superstições e das paixões que o afetam negativamente. A vida segundo a razão é o Soberano Bem, ela salva o homem do distúrbio das paixões.

Um projeto ético

Esse projeto eminentemente moral repousava sobre um **percurso racional** que tomava como modelo o **método geométrico**. Partindo de princípios metafísicos, Espinosa fez a dedução dos princípios morais e políticos e mostrou que o homem deve se desfazer das ilusões que o alienam e submetem. A primeira dessas ilusões consiste na concepção da natureza herdada da tradição religiosa.

"Deus, ou seja, a Natureza"

Espinosa refutou, com esta fórmula de influência estoica, a ideia de uma divindade pessoal e transcendente. Deus não é o Ser do além, benfeitor, que cria a natureza para o homem, como afirmam os textos sagrados, dos quais ele apontava o antropocentrismo.

Deus é a totalidade da natureza. Tudo o que existe, existe em Deus e dele procede. Ele é a única **substância** que existe, substância significando aquilo que existe em si e é concebido por si (o que não depende de nada além de si mesmo) e tem uma infinidade de atributos.

Um **atributo** designa aquilo que o entendimento percebe da substância como constituinte de sua essência. Se há uma infinidade de atributos, os que nós conhecemos, no entanto, em razão de nosso entendimento, são dois: a extensão e o pensamento.

Todas as coisas singulares (uma pedra, uma árvore, ou ainda um homem) são apenas **modos** de Deus, as maneiras particulares como o atributo da substância é determinado (uma pedra, por exemplo, é um modo do atributo "extensão").

O homem não é "um império dentro de um império"

Essa concepção refuta o finalismo, segundo o qual Deus é dotado de intenções e não faz nada em vão, sempre em vista de um projeto livremente decretado. Se todas as coisas derivam de Deus, não é devido a um livre-decreto de sua vontade, mas à **necessidade**: o determinismo reina na natureza, as causas e os efeitos se encadeiam de maneira necessária.

Consequentemente, o homem não é um ser privilegiado na Natureza, nem é um "império dentro de um império", mas é uma parte da Natureza submetida ao determinismo que a caracteriza. O homem se crê livre, não sujeito à necessidade, porque tem consciência de suas volições, mas o livre-arbítrio (capacidade de ser causa primeira de seus atos sem inclinação alguma) é uma ilusão devida à ignorância das causas que agem sobre ele. Isto, no entanto, não torna Espinosa um adversário da ideia de liberdade: é dita "livre" [...] uma coisa que é e age unicamente pela necessidade de sua natureza. Sua autonomia o homem a conquista tomando consciência de seu lugar na Natureza, das leis que atuam sobre ele, aprendendo a ter apenas paixões alegres, e a não ser afetado pelas paixões tristes. A **liberdade** não é, portanto, uma independência em relação a toda necessidade, mas antes é um conhecimento adequado de si mesmo e de suas afeições.

A filosofia, combatendo as ilusões do finalismo e da liberdade, e revelando os mecanismos das paixões, revela-se libertadora e fonte de plenitude. Se o homem é infeliz, isto se deve ao fato de ele separar o real e o racional, conforme o finalismo que o impele a buscar sempre mais poder. Ora, aquele que sabe que a razão é o real não busca aumentar seu poder: ele já se encontra na satisfação que advém do amor intelectual de Deus.

O homem, um ser de desejos

O homem é, essencialmente, o desejo de "perseverar em seu ser", *conatus* (esforço). Todo desejo é apenas expressão consciente desse

Espinosa • 1632-1677

desejo fundamental pelo qual o espírito e o corpo buscam aumentar seu poder.

Contrariamente ao pensamento tradicional, Espinosa não desvalorizava o desejo e tampouco o relacionava irremediavelmente ao corpo. O espírito deseja tanto quanto o corpo e ambos têm a mesma dignidade. O desejo exprime o poder de afirmação do homem, e constitui sua essência. Consequentemente, não é o pensamento ou mesmo a razão que define o homem, mas o desejo.

Paixões tristes e paixões alegres

Contudo, o homem pode ser afetado de diversas maneiras. Espinosa distinguia os afetos que eram da ordem das paixões, determinados por uma causa exterior, em relação aos quais o indivíduo é passivo, dos afetos ativos dos quais nós somos a causa. Esses últimos permitem a verdadeira afirmação de si, ao passo que os primeiros são fonte de servidão.

As afeições podem ser tristes (por exemplo, o ódio, a inveja, a vergonha...) quando elas provocam um sentimento passivo de tristeza diminuindo nosso poder de ação. Essas afeições negativas, fontes de servidão e ligadas a uma falsa moral que exalta a piedade e a renúncia, devem dar lugar às afeições alegres que aumentam nossa capacidade de agir e de existir, e nos libertam e provocam um sentimento ativo de alegria. A virtude verdadeira consiste no conhecimento racional de si mesmo, que liberta das paixões tristes devidas ao desconhecimento de si mesmo e da necessidade e permite ao sábio aceder à beatitude. O sábio é aquele que medita a respeito da vida, não da morte, e sabe saborear os prazeres que aumentam seu poder de agir. A sabedoria se situa na autorrealização e na alegria advinda da razão.

Política e tolerância

A reflexão política de Espinosa repousava no princípio do caráter passional dos homens: não razoáveis, eles encontram no Estado a possibilidade de viver em paz e em liberdade. O Estado deve ser forte, fundado na razão e, sobretudo, tem a incumbência de garantir a liberdade e a segurança de todos: "O fim do Estado não é transformar os homens, seres razoáveis, em animais ou em autômatos, mas, ao contrário, fazer com que [...] eles mesmos usem sua livre-razão. [...] O fim do Estado, na realidade, é a liberdade".

Partidário da **democracia** e da **tolerância**, Espinosa defendeu a liberdade de pensamento e de expressão das opiniões. Estas, mesmo que contrárias às linhas de conduta do Estado, não podem abalá-lo se seu poder é legítimo, e previnem dos abusos de poder. Mais do que isso, as opiniões são inclusive necessárias ao bom funcionamento da sociedade: "A liberdade de filosofar [...] não pode ser suprimida sem suprimir ao mesmo tempo a paz do Estado". Um Estado que suprimisse toda liberdade de pensar e expressar-se sucumbiria rapidamente ao ódio popular.

Uma obra-chave: *Tratado teológico-político*

Contexto

A publicação desta obra provocou muitas críticas a Espinosa. Nela ele defendeu a laicidade e a tolerância em matéria de pensamento e da expressão de opinião e denunciou a dominação política e religiosa que, fundando-se em superstições, priva o homem de sua liberdade. O Estado seria tanto mais forte quanto mais reconhecesse a pluralidade de opiniões e permitisse a liberdade de expressão.

Extrato

Como o livre-juízo dos homens é totalmente variado e como cada um acredita que só ele sabe tudo, e como é impossível que todos pensem igualmente a mesma coisa, e falem a uma só voz, eles não poderiam viver em paz se cada um não tivesse renunciado ao direito de agir segundo o decreto de seu próprio pensamento. É, portanto, apenas ao direito de agir de acordo com seu próprio pensamento que o indivíduo renunciou, e não ao direito de raciocinar e de opinar; consequentemente, ninguém pode, sem ameaçar o direito do poder soberano, agir contra o decreto deste, mas pode absolutamente pensar e opinar e, consequentemente, também exprimir-se, desde que ele se contente em falar e ensinar, e defender sua opinião apenas com a razão, sem introduzir por meio da astúcia, da cólera e do ódio, alguma medida contrária ao Estado que só dependa da autoridade de seu próprio querer (Espinosa, 1999).

Espinosa • 1632-1677

CHAVES TEXTUAIS

Limitações da liberdade de agir

- O homem, não razoável, tende a agir por conta própria, muitas vezes seguindo apenas seus próprios interesses egoístas.

- Necessidade de uma regulação das ações, que devem se conformar às leis comuns decretadas pelo soberano, a fim de viver em paz.

- Transgredir a lei é fragilizar a paz que ela garante.

Afirmação da liberdade de expressão

- No entanto, o homem deve conservar a liberdade de pensar e de exprimir-se, de apresentar oralmente ou por escrito suas ideias: recusa da censura.

- Defesa da laicidade que supõe uma autonomia da política em relação à religião e a independência da filosofia em relação à teologia e à política.

O que é a verdadeira liberdade de expressão

- Mas o direito de expressão só é garantido com a condição de que ele não desestabilize intencionalmente o poder e a paz que o poder assegura.

- Pois o pensamento não é livre se não estiver em conformidade com as exigências da razão. Ele não deve emanar de paixões tristes e alienantes, como a falsidade, a cólera ou o ódio, que não têm relação com um pensamento originado na razão.

21
MALEBRANCHE

1638-1715

O homem não é, absolutamente, sua própria luz.
(Diálogos sobre a metafísica e a religião)

Elementos biográficos

A vocação religiosa

Nicolas Malebranche, filho de um tesoureiro do rei, estudou filosofia e teologia. Em 1660, escolheu tornar-se padre e entrou no *Oratório*, congregação religiosa do bairro Saint-Honoré, em Paris.

Uma vida dedicada à busca da verdade

Em 1664, foi ordenado padre e descobriu com entusiasmo o *Tratado do homem* de Descartes, que o levou a decidir consagrar sua vida aos estudos científicos e à filosofia. Entre as obras de Malebranche, podemos mencionar: *A busca da verdade* (1674), *Conversações cristãs* (1677) e *Diálogos sobre a metafísica e a religião* (1688).

Teses essenciais

A filosofia foi, para Malebranche, o modo de justificar o cristianismo. Em sua obra maior, *De la recherche de la verité* (A busca da verdade), ele "demonstra, de diversas maneiras, que nossos sentidos, nossa imaginação e nossas paixões nos são inteiramente inúteis para descobrir a verdade e para nosso bem". O espírito humano se abaixa e se apega ao corpo, mas se eleva quando iluminado pela luz de Deus, entendido como **razão universal**.

A visão em Deus

Como Descartes, Malebranche afirmava que não era possível chegar ao conhecimento senão por meio de **ideias claras e distintas**. Nossos erros provêm do fato de pensarmos que podemos conhecer através dos sentidos e da imaginação. Ora, os sentidos não permitem conhecer, mas apenas saber o que nos é útil ou prejudicial. Quanto à imaginação, verdadeira "louca da casa", é sedutora e perigosa.

Porém, Malebranche se distanciou da doutrina cartesiana ao considerar que não é por si mesmo que o homem pode chegar ao conhecimento, mas em Deus. As ideias claras se encontram em Deus e é nele que o homem as enxerga diretamente.

De Agostinho, Malebranche manteve a concepção da **razão** como luz natural de origem divina: marca de Deus no homem, universal, imutável e infinita, ela nos une a Deus e torna possível essa **visão em Deus** da verdade. Assim, "quando o espírito conhece a verdade, ele está unido a Deus" (*A busca da verdade*).

O conhecimento do mundo e das leis que o regem provém, portanto, da visão em Deus das **ideias**. Por "ideias" Malebranche designava, inspirando-se no platonismo, os arquétipos, os modelos das coisas sensíveis, realidades espirituais independentes do homem.

Deus, portanto, é o lugar de todos os conhecimentos: a filosofia verdadeira depende da religião.

O ocasionalismo

A natureza é regida por uma ordem racional. As ciências naturais desvelam, legitimamente, as causas naturais dos fenômenos, mas é preciso compreender que elas são causas segundas: apenas causas **ocasionais**. Deus, criador das leis universais que ordenam a natureza, é a única causa verdadeira, a única causa eficiente de todas as coisas. Qualquer outra causa existente é apenas ocasião do exercício da vontade divina.

Por exemplo, quando uma bola de bilhar atinge uma outra, ela é a **ocasião** de seu movimento, e não sua verdadeira causa, que é Deus, causa de todas as coisas criadas e das leis que regem suas interações. O próprio espírito não é a verdadeira causa das ideias, pois elas provêm de Deus.

O ocasionalismo permitiu que Malebranche propusesse uma solução original ao problema cartesiano da união da alma e do corpo: não era a alma que movia, efetivamente, o corpo, mas Deus.

Século XVII

A alma e o corpo, portanto, não estariam unidos por laços de causalidade, e um não poderia influenciar o outro; e inversamente, o corpo não teria poder algum sobre a alma. Os estados da alma e os do corpo estão, muito pelo contrário, em **correspondência**, sendo Deus a garantia desse vínculo.

A simplicidade das coisas

A perfeição da criação pode ser apreciada a partir da perfeição das vias escolhidas por Deus para realizá-la, perfeição que reside na **simplicidade** dessas vias: Deus não cria arbitrária e nem cegamente, movido por vontades particulares, mas seguindo uma **ordem racional**, estabelecida pelas leis gerais.

Embora possa acontecer de Ele agir por vontade particular (de onde nascem os milagres), isso jamais ocorre senão por revelar-se necessário para a manutenção da ordem.

Considerando a natureza o lugar de uma concatenação mecânica cujas leis são imutáveis, Malebranche abriu caminho ao racionalismo do século XVIII e à física moderna.

O problema da existência do mal

Mas se a ordem reina neste mundo perfeito, como explicar a existência do mal? A obra de Malebranche se limitou a justificar o cristianismo e a mostrar que o mal não pode ser imputado a Deus propriamente.

Deus não é causa do mal, mas o "permite" porque deseja a perfeição das vias, que se opõem às vontades arbitrárias e particulares. Por exemplo, se Deus nos dá o poder de falar, Ele não pode, em virtude da ordem geral, suprimir-nos o poder de insultar os outros.

Uma obra-chave: *A busca da verdade*

Contexto

Malebranche se propôs, nesta obra, a mostrar como convém usar nossas faculdades a fim de evitar o erro e, por meio da visão em Deus, encontrar a verdade.

Extrato

Não há ninguém que discorde que todos os homens são capazes de conhecer a verdade; e os filósofos, mesmo os menos lúcidos, estão de acordo que o homem participa de uma certa *razão* que eles não determinam. [...] Eu vejo, por exemplo, que 2 x 2 são 4, e que devemos

Malebranche • 1638-1715

preferir nosso amigo ao nosso cão. E eu tenho certeza de que não existe absolutamente ninguém no mundo que não seja capaz de ver isso tão bem quanto eu. Ora, eu não sou capaz de ver essas verdades no espírito dos outros, como os outros não são capazes de vê-las no meu. Portanto, é necessário que exista uma Razão universal que me ilumine e a todas as inteligências existentes. Porque, se a razão que eu consulto não fosse a mesma que responde aos chineses, é evidente que eu não poderia estar tão certo quanto estou de que os chineses veem as mesmas verdades que eu vejo. Assim, a Razão que consultamos quando nos voltamos para dentro de nós mesmos é uma Razão universal. Eu digo quando nos voltamos para dentro de nós mesmos, porque não estou falando aqui da razão que segue um homem passional. Quando um homem prefere a vida do seu cavalo à vida do seu cocheiro ele tem lá suas razões, mas essas são razões particulares que um homem razoável abomina. São razões que, no fundo, não são razoáveis, porque não estão de acordo com a Razão soberana, ou a Razão universal que todos os homens consultam (Malebranche, 1976).

Chaves textuais

Uma certeza: nós podemos alcançar a verdade universal

• Uma constatação: os homens estão de acordo a respeito das verdades científicas e morais, mesmo que eles sejam bem diferentes entre si (exemplo dos "chineses" que aqui simbolizam os estrangeiros).

• Origem desse acordo: a razão presente em todos, a mesma capacidade presente em todo ser humano, para ver a verdade, capacidade de que não se pode, razoavelmente, duvidar.

A Razão universal, fonte da visão da verdade

• A certeza do acordo sobre a verdade não provém da visão da verdade no espírito dos outros: é necessário colocar a origem da verdade em Deus.

• Deus: a Razão universal, fonte do conhecimento comum de que todo homem participa por seu espírito.

• Razão universal: o que ilumina o homem em si mesmo, em sua interioridade, em oposição às razões particulares não razoáveis (não conformes à Razão universal) do passional apegado ao corpo, e não voltado para Deus.

22
LEIBNIZ

1646-1716

Nada pode vir de Deus que não esteja perfeitamente conforme à bondade, à justiça e à santidade.

(Ensaios de teodiceia)

Elementos biográficos

Uma das maiores mentes do seu século

Gottfried Wilhelm Leibniz, filósofo e matemático alemão, de uma rara precocidade intelectual, consagrou sua vida ao estudo de domínios tão variados quanto a filosofia, o direito, a matemática, a física, a química ou ainda a história.

Culto, curioso de tudo, ele aperfeiçoava seus conhecimentos continuamente. Uniu-se aos maiores sábios de seu tempo e manteve inúmeras correspondências.

Diversas viagens de grande proveito

Conselheiro do príncipe de Mayence encarregado de missões diplomáticas, ele percorreu a Europa e se encontrou, sobretudo, com Malebranche, Arnauld e Espinosa. Também travou conhecimento com as obras de Descartes, de Pascal, de Newton e de Locke.

Por ocasião de uma viagem diplomática a Paris, ele descobriu, independentemente de Newton, o cálculo infinitesimal. A paternidade dessa descoberta foi objeto de conflito entre Leibniz e os newtonianos.

Nomeado bibliotecário e conselheiro na corte de Hannover, dedicou-se à elaboração de seu sistema filosófico e se ocupou da publicação de suas obras filosóficas, como os *Novos ensaios sobre o entendimento humano* (1703), os *Ensaios de teodiceia* (1710) e *A monadologia* (1714).

Teses essenciais

Leibniz elaborou uma visão sistemática e harmoniosa do mundo, uma **monadologia**: tudo o que existe é **mônada**, substância individual proveniente de Deus. Ele rejeitou o mecanicismo cartesiano e o empirismo de Locke e afirmou a individualidade e a exploração do inconsciente: a filosofia leibnizeana abriu novos caminhos ao pensamento moderno.

A crítica do empirismo

Na linha de Descartes, Leibniz minimizou o papel da experiência na busca da verdade. Os *Novos ensaios sobre o entendimento humano* analisaram de maneira crítica o empirismo de Locke: nossas ideias não provêm da experiência. A ideia segundo a qual nossa mente seria apenas uma *tabula rasa*, conforme as palavras de Locke, era apenas ficção.

Certamente que "a experiência é necessária": ela oferece matéria para a constituição de nossos conhecimentos. Mas "nada há na alma que não tenha antes existido nos sentidos, exceto a própria alma". Nós raciocinamos antes mesmo de refletir sobre a razão, de modo que a razão não tem, imediatamente, consciência dos princípios que ela contém. É a experiência que lhe fornece o ocasião de descobrir tais princípios, assim como a primazia do espírito. Com efeito, o real se faz compreender pelos princípios lógicos da razão.

A supremacia da razão

Racionalista, Leibniz considerava que era na razão e em seus princípios que se deveria confiar para explicar o mundo. Não são a evidência e a clareza, critérios cartesianos pouco confiáveis, que garantem o caminho rumo à apreensão da verdade, mas a **lógica**. "Pois, geralmente, os homens, julgando facilmente, consideram claro e distinto aquilo que é obscuro e confuso".

Assim, "não se deve admitir nada como certo se não tiver sido provado por uma experiência exata ou uma demonstração sólida. Ora, uma demonstração é sólida quando respeita a fórmula prescrita pela lógica" (*Meditações sobre o conhecimento, a verdade e as ideias*). A supremacia da razão sobre os sentidos se afirma sem contestação.

Verdades de fato e verdades da razão

É preciso distinguir verdades de fato, contingentes, e verdades da razão, absolutamente necessárias.

As **verdades da razão**, de ordem matemática, deduzem-se do **princípio de contradição** segundo o qual é necessário aquilo cujo contrário é impossível. Tais verdades são demonstradas e deduzidas pela análise.

As **verdades de fato** são contingentes: seu oposto é possível, ele não implica contradição. Mas isso não significa que elas sejam sem razão: se o princípio de contradição torna claras as verdades da razão, é o **princípio da razão suficiente** que esclarece as verdades de fato. "Nada se faz sem razão suficiente, significa dizer que nada acontece sem que seja possível àquele que conheça bem as coisas apresentar uma razão que baste para determinar por que é assim e não de outra maneira".

Fazendo eco ao **finalismo** aristotélico, esse princípio maior funda a filosofia leibnizeana. Ele afirma que se as coisas são assim e não de outra maneira, isto não é por acaso, mas pode ser justificado, mesmo que a razão nos escape, sendo limitada a nossa visão do mundo.

Individualidade e diversidade no mundo

Não é porque o mundo pareça à primeira vista caótico e desordenado que ele seja de fato assim: a razão visa encontrar a ordem, a unidade dessa variedade cuja organização nos escapa à primeira vista. Cabe a ela pensar a diversidade e dar-lhe sentido.

Existe uma infinidade de detalhes, pois tudo é individualidade. O princípio da razão suficiente implica o dos **indiscerníveis**: não existem na natureza dois seres idênticos, sem o que não se compreenderia por que este se encontra aqui em vez de lá onde se encontra o outro que lhe é idêntico.

A variedade presente na natureza implica o princípio de **continuidade**: todos os graus de perfeição se encontram na hierarquia das criaturas porque "a natureza não dá saltos".

A harmonia preestabelecida das mônadas

A realidade se constitui de unidades indivisíveis: "o que não é verdadeiramente *um* ser tampouco é um *ser*". A **mônada** é unidade do ser, a substância simples de ordem espiritual, **força** ativa que manifesta suas potencialidades e não poderia confundir-se com a extensão (con-

Leibniz • 1646-1716

trariamente ao que afirma Descartes ao distinguir substância extensa e substância pensante) porque toda matéria é divisível ao infinito.

Verdadeiro **microcosmo**, toda mônada, criada por Deus, é individual, única, indivisível. A mônada é o sujeito, é aquilo a que se pode aplicar um atributo, mas que não pode ser atributo. Por exemplo, pode-se dizer de César, que é imperador, mas de ninguém mais além de César que ele é César.

A mônada contém todos os seus atributos, tanto passados quanto futuros, e nisto reside seu **princípio de individuação**. Ela não tem "nem portas nem janelas", ela não pode ser transformada a partir de fora, ela contém em si mesma tudo o que ela é e será, mas também todo o universo: ela é um **espelho do mundo** que exprime certo ponto de vista, como no teatro, em que cada espectador percebe de um ponto de vista diferente o mesmo espetáculo.

Embora as mônadas não ajam umas sobre as outras, elas se comunicam entre si e se harmonizam segundo uma ordem definida por Deus, a **harmonia preestabelecida**. O universo é prefeito porque Deus cria a harmonia mais perfeita possível entre seus elementos.

O melhor dos mundos possíveis

A *Teodiceia* (literalmente, "justificação de Deus") se propõe a mostrar que não se pode imputar a Deus a existência do mal, nem deduzir do mal a não existência de Deus. Pois Deus não faz nada sem razão: nosso mundo é o melhor dos mundos possíveis, pois ele contém ao mesmo tempo o máximo de ordem e o máximo de variedade.

No entanto, Leibniz não negou a existência do mal, como Voltaire o criticou de fazer em seu famoso *Candide*: este mundo é o mais preferível, o mais perfeito possível, mas isso não significa que seja um mundo absolutamente perfeito.

Deus cria o mundo calculando: ele concebe todos os mundos possíveis (todos os **compossíveis**: o que é possível ao mesmo tempo) e escolhe entre esses possíveis o melhor, aquele que comporta o máximo de perfeição, ou seja, de variedade ordenada. Entre todas as combinações possíveis, "a que existe é aquela por meio da qual a maior quantidade de essência ou de possibilidades é trazida à existência". A vontade de Deus se conforma a sua inteligência para criar o melhor de todos os mundos *possíveis*, e não o melhor dos mundos *desejáveis*.

Deus quer o **melhor**. Nossa visão por demais restritiva do mundo nos impede de ver a perfeição na qual o mal, finalmente, é apenas uma necessidade para o bem do conjunto. A *Teodiceia* revela o otimismo matemático de Leibniz. Tudo existe para o melhor no melhor dos mundos possíveis.

O problema da liberdade

A mônada contém implicitamente em si todas as suas qualidades e seu vir a ser. Mas como fica então a liberdade?

Leibniz distinguiu duas espécies de necessidade. A **necessidade geométrica** (ou lógica), fundada no princípio de não contradição, é absoluta e concerne às **verdades da razão**.

Por outro lado, as **verdades de fato**, contingentes, dependem de uma **necessidade hipotética**: seu oposto não implica contradição, outros mundos eram possíveis, de modo que as existências são contingentes. A necessidade hipotética toma a forma do "se... então, necessariamente aquilo": se Deus quis o melhor dos mundos possíveis, então era necessário *neste mundo*, mas não absolutamente, que César passasse o Rubicão.

A liberdade exclui apenas a necessidade absoluta, que não diz respeito aos atos das mônadas. Ela consiste não na ação imprevisível de Deus, na possibilidade de fazer qualquer coisa, mas na realização de cada mônada.

As pequenas percepções

Precursor do inconsciente, Leibniz se opôs à identificação cartesiana do pensamento e da consciência. Ele colocou em evidência a existência na alma de uma infinidade de **pequenas percepções** de que ela não tem consciência. Reunidas umas às outras, elas formam a **apercepção** (percepção consciente), mesmo que elas sejam em si indiscerníveis (cf. texto adiante). Assim, nós pensamos ininterruptamente, mas não temos consciência de todos os nossos pensamentos. A consciência é o resultado de um processo que lhe escapa.

Leibniz • 1646-1716

Uma obra-chave: *Novos ensaios sobre o entendimento humano*

Contexto

Leibniz empreendeu, nesta obra, uma resposta ao *Ensaio sobre o entendimento humano* de John Locke, sob a forma de um diálogo entre Filaleto, o empirista, e Teófilo, o racionalista. A experiência não seria o fundamento do conhecimento, mas antes a ocasião para o espírito pensar a ideia que ele já tinha.

Extrato

Existem mil marcas que nos levam a crer que haja, em todo momento, uma infinidade de percepções em nós, mas sem apercepção e sem reflexão, ou seja, mudanças na própria alma, de que não nos apercebemos, porque as impressões são, ou pequenas demais e em quantidade muito grande, ou muito unidas, de modo que não há como se distinguir suas partes, mas reunidas às outras elas produzem seu efeito e se fazem sentir, ao menos confusamente, no conjunto. É assim que a familiaridade faz com que nós não prestemos atenção ao barulho de um moinho ou a uma queda d'água quando moramos bem perto deles há certo tempo. [...]

E para avaliar melhor ainda as pequenas apercepções que não conseguiríamos distinguir na multidão, eu costumo servir-me do exemplo do bramido ou do barulho do mar, que ouvimos bem quando estamos na praia. Para ouvir este barulho, como fazemos, é preciso que ouçamos as partes que compõem o todo, isto é, o barulho produzido por cada onda, mesmo que cada um desses pequenos sons não possa ser conhecido fora desse conjunto confuso de todas as ondas juntas, ou seja, nesse mesmo bramido, e não notaríamos se determinada onda, que o produz, estivesse só. Pois é necessário ser um pouco afetado pelo movimento dessa onda, e ter alguma percepção de cada um destes barulhos, por pequenos que sejam; senão, também não perceberíamos o barulho de 100 mil ondas, pois 100 mil nadas não conseguiriam fazer alguma coisa (Leibniz, 1966).

Chaves textuais

Existem percepções inconscientes

- Há na alma percepções não conscientes, uma infinidade de pequenas percepções de que não temos consciência.

- Distinguir a apercepção (percepção consciente) e as percepções insensíveis, inconscientes, que constituem os elementos da apercepção.

- Caráter secundário da apercepção que procede de uma infinidade de percepções inconscientes.

A prova pelo exemplo

- Razão primeira das percepções inconscientes: o hábito pelo qual deixamos de prestar atenção ao que nos rodeia cotidianamente, como o barulho de uma queda de água situada perto de onde moramos.

- Razão segunda: o caráter indiscernível, ínfimo, obscuro desses pequenos barulhos que constituem juntos o barulho percebido conscientemente.

- Exemplo: o barulho do mar é constituído de uma infinidade de barulhos ínfimos (o de cada gota de água) que não conseguimos perceber em si mesmos conscientemente, mas que percebemos necessariamente sem nos darmos conta. Caso contrário, não perceberíamos barulho algum: do nada somado ao nada não resulta senão o próprio nada.

SÉCULO XVIII

COORDENADAS

O século XVIII iniciou-se sobre uma crise cultural europeia propícia à emergência do movimento intelectual, social e político que denominamos Iluminismo.

A autoridade, a hierarquia, a tradição, deram lugar à liberdade, à autonomia e ao livre-uso da razão.

A razão se tornou crítica e partiu para o ataque das opiniões formadas, dos privilégios, das incoerências que se manifestavam nesse mundo. O racionalismo cartesiano perdeu sua influência em vista do empirismo. Os séculos precedentes haviam preparado o afastamento da religião. As Luzes consumaram esse divórcio apoiando-se na ideia de natureza.

O Iluminismo

O século da razão crítica

Como uma **luz natural** iluminando cada indivíduo e guiando-o rumo à maioridade, a razão permitiu ao homem conquistar sua autonomia. Pensar por si mesmo, fazer uso de sua razão, sair da minoridade, da tutela da autoridade religiosa e política, essa era a tarefa do homem das Luzes.

A razão não era mais luz vinda do alto descobrindo as verdades inatas, as ideias claras e distintas, como entendia Descartes. Ela não era mais razão metafísica, mas luz natural em cada um, faculdade crítica apoiada na experiência.

Desde 1784, **Kant** (1724-1804) definira de maneira eloquente o Iluminismo: "O que é o Iluminismo? A saída do homem de sua minoridade, cuja responsabilidade é dele mesmo. [...] *Sapere aude!*[1] Tenha a coragem de se servir de seu próprio entendimento. Eis aí a divisa do Iluminismo" (*Resposta à pergunta: O que é o "Iluminismo"?*).

---

1. Ouse pensar!

Século XVIII

Um homem perfectível que é necessário instruir

Embora todo homem tivesse a razão, a muitos faltava a educação. O Iluminismo visava difundir o saber, a levar a educação a todos.

Com **Rousseau** (1712-1778) se desenvolveu a ideia de **perfectibilidade** humana: sendo que o homem podia progredir, era preciso instruí-lo. A alfabetização avançou, os leitores eram cada vez mais numerosos e as ideias se propagavam, assim, mais amplamente. Os salões literários se desenvolviam e eram locais de intercâmbio cultural em que se encontravam lado a lado pensadores, artistas e nobreza esclarecida.

Diderot (1713-1784) e **d'Alembert** (1717-1783) elaboraram a *Enciclopédia*, obra coletiva monumental de que participam Buffon, Rousseau, Montesquieu e Voltaire. Esse *Dicionário Razoado das Ciências, das Artes e dos Ofícios* visava reunir o conjunto do saber adquirido a fim de difundi-lo.

Uma razão militante

A experiência contra a metafísica

Doravante a razão queria ser crítica, **fonte de liberdade e de autonomia**. Tomava-se distância em relação à autoridade dos antigos: era preciso ousar pensar por si mesmo. Desejava-se a libertação de todas as tutelas e de todas as leis alheias à razão.

O filósofo adotou uma atitude crítica para com a metafísica. Distante da experiência, por vezes considerada obra da imaginação, a ciência do ser enquanto ser foi deixada de lado, às vezes até desacreditada, por uma razão que se apoiava na experiência.

Foi a **Newton** (1642-1727) que se ligaram os pensadores do Século das Luzes quando, opondo-se ao caminho cartesiano, consideravam que a razão, longe de encontrar por si mesma e em si mesma as verdades absolutas, deveria elaborar o conhecimento a partir da observação.

O empirismo

O empirismo herdado das obras de **Locke** (1632-1704) se desenvolveu. **Berkeley** e **Hume** foram seus principais representantes. Se Berkeley (1685-1753) chegou a elaborar um idealismo que rejeitou a existência da matéria fundamentando-se em Deus, **Hume** (1711-1776), mais crítico em relação aos objetos metafísicos, examinou os limites da razão. Ele denunciou a crença na razão todo-poderosa e

Coordenadas

afirmou a primazia da experiência. **Kant** propôs, depois de Hume, a questão do uso legítimo da razão e limitou igualmente o conhecimento à esfera dos fenômenos. Todavia, ele reabilitou a metafísica reorientando-a ao âmbito prático.

A crítica da religião

A razão questionou a religião e criticou as superstições e improbabilidades veiculadas pela Igreja. Em busca de emancipação, ela rejeitou o cristianismo, que pretendia subjugá-la. Assim Diderot se proclamou materialista. Concluindo a *Enciclopédia*, ele afirmou, com d'Alembert, seu desígnio de **promover a razão à frente da fé**: "Nós somos homens antes de sermos cristãos". Quanto a Voltaire, ele fustigou o clero e combateu as injustiças e a intolerância demonstradas pela Igreja: "Esmaguemos o infame!" O Infame era a intolerância religiosa.

Em toda parte os conflitos religiosos eram considerados inadmissíveis e se exigia a **tolerância** em matéria de culto. Os filósofos do Iluminismo, com Voltaire à frente, não cessaram de combater o fanatismo religioso.

No entanto, os filósofos não rejeitavam *toda* religião. Se os materialistas proclamavam seu ateísmo, a rejeição da religião estava longe de alcançar unanimidade. Quando os filósofos reivindicavam uma religião, era uma **religião natural** que eles tinham em mente. A religião natural se opôs à religião revelada: foi a relação imediata do homem com Deus que foi acentuada, e não o respeito aos rituais instituídos. Voltaire via no **deísmo** a religião propriamente filosófica. A ordem testemunhada pela natureza revelava a existência de um "grande relojoeiro" ordenador das leis que a regiam. Assim, a religião natural se fundava na razão.

A ideia de progresso

Os progressos científicos e técnicos

O homem é perfectível, diz-nos Rousseau: não era necessário nada mais do que isso para que o homem se pusesse a crer no progresso e a pensar a **história** como manifestação desse progresso.

Se o século XVII havia testemunhado o nascimento da física moderna com Galileu e Newton, o século XVIII foi de inúmeras descobertas, principalmente o nascimento da química moderna com **Lavoisier** (1743-1794). Paralelamente, as técnicas agrícolas se desenvolveram.

Século XVIII

A invenção da máquina a vapor permitiu o desenvolvimento industrial e favoreceu o surgimento da economia. O liberalismo econômico se afirmou. Era o começo da civilização industrial.

Os avanços da navegação abriram novas portas e encorajaram a aparição do mito do "bom selvagem", antítese do homem europeu subjugado sob o peso das leis e das religiões, que Rousseau popularizou com o segundo *Discurso*. Mesmo que o selvagem fosse também alguém que se precisasse educar e civilizar, ele era para muitos o exemplo do homem não pervertido pela civilização. A natureza, mecanizada por Descartes e desnudada de toda afeição, reencontrou valor e se tornou norma. Com sua crítica da civilização moderna e a reabilitação da sensibilidade, Rousseau abriu caminho ao romantismo que se desenvolveu no século seguinte.

A emergência de uma nova configuração política

A natureza foi reabilitada enquanto norma da religião, mas também como norma do direito. Ao direito positivo imposto pelos poderes vigentes se opôs a ideia de **direito natural**, baseado na natureza humana: um direito universal e inalienável que cada um podia exigir. Contestou-se o direito divino do monarca para ser substituído pelo poder do povo e do ser humano.

Defendeu-se o "despotismo esclarecido", a soberania de um príncipe autoritário mas benévolo, que procurava proporcionar felicidade aos seus súditos. Entretanto, Rousseau se opôs a tal concepção e popularizou a ideia de **soberania do povo** e a exigência de uma repartição democrática do poder. Os acontecimentos maiores do século XVIII, as revoluções americana e francesa manifestaram esse elã rumo à liberdade e a recusa da alienação diante de um poder considerado ilegítimo. Os homens deveriam se governar a si mesmos, graças à razão.

Assim, o Século das Luzes foi um século de ruptura e de mutações, um século de emancipação, de liberação de todas as tutelas. Descobrindo sua capacidade de atingir a felicidade por si mesmo, o ser humano assumiu seu futuro em suas mãos.

Quadro cronológico

23
BERKELEY

1685-1753

Existir é ser percebido.
(Notas filosóficas)

Elementos biográficos

Clérigo e filósofo pouco comum

George Berkeley estudou no Trinity College de Dublin e travou conhecimento com as obras de Locke, Hobbes, Malebranche, Descartes, Bayle e Newton.

Desde 1707 começaram a aparecer as premissas de seu imaterialismo em suas *Notas filosóficas*. Pessoalmente empenhado com a defesa da religião frente ao ceticismo, Berkeley desenvolveu uma filosofia fundada no senso comum revelando seus aspectos ainda não apercebidos e qualificados, em seu tempo, como extravagantes.

Ordenado diácono em 1709, ano da publicação de *Ensaio de uma nova teoria da visão*, ele viajou em seguida para a Inglaterra, Itália e França e redigiu os *Princípios do conhecimento humano* (1710), como também os *Três diálogos entre Hilas e Filonous* (1713), suas principais obras.

Um bispo evangelista

Em 1728, Berkeley embarcou para a América, projetando fundar um colégio nas Bermudas, com fins de educar as populações locais na religião cristã. Mas a falta de apoio financeiro o obrigou a renunciar a seu projeto.

De volta à Irlanda, foi nomeado bispo de Cloyne, em 1734. Consagrou-se então ao seu episcopado e contribuiu com a luta contra a miséria da população irlandesa, ocupando-se com a educação de suas crianças.

Século XVIII

Teses essenciais

Em seu combate contra o ceticismo e a incredulidade, Berkeley recolocou em questão o dualismo cartesiano e elaborou uma teoria imaterialista original que abriu caminho para o desenvolvimento do idealismo. Recusou a ideia segundo a qual existiria, fora de nosso espírito, uma realidade material independente de toda percepção.

Existir é ser percebido

Nada existe para além de nossas percepções. Para fundamentar seu propósito, Berkeley partiu do senso comum: nós pensamos, ordinariamente, que existe fora de nós uma realidade que percebemos por meio de nossos sentidos, porque podemos senti-la, vê-la, tocá-la. Assim, é porque percebemos as coisas que podemos dizer que elas existem.

Mas Berkeley foi mais longe que o senso comum, e desvelou seus princípios ocultos. Se, de fato, "existir é ser percebido", então **nada existe sem que esteja em nosso espírito**. As "coisas" não existem senão em nosso espírito, elas são apenas ideias, percepções. Apenas as ideias existem, não há objetos, em si, fora do espírito, que seja causa da percepção.

Por exemplo, esta cereja que eu vejo, que eu toco e saboreio, não é outra coisa do que o conjunto de sensações de "doçura, umidade, vermelhidão, acidez [...]. Ela não existe fora das sensações". Pois, se nós extraíssemos da cereja todas essas sensações que a constituem, nada restaria, e ela deixaria de existir.

A matéria: uma ficção

A matéria seria apenas uma ficção originária da linguagem, o que nos leva a crer na existência de ideias abstratas. Diferentemente de Locke, que afirmou a existência da matéria e distinguiu qualidades primeiras (que estavam realmente nas coisas, como a figura, a extensão) e qualidades segundas (que existiam apenas em nosso espírito, como o calor, a cor), Berkeley pôs em evidência o fato de não podermos abstrair uma ideia das sensações experimentadas (por exemplo, não se poderia conceber a extensão sem a figura). Assim, a matéria, entendida como substrato de todas essas qualidades, seria apenas uma palavra desnudada de referência real, vazia.

Ao contrário do que afirma Descartes, não haveria, portanto, de um lado o espírito e do outro a matéria: o **monismo** de Berkeley consistiu em considerar que tudo é de ordem espiritual.

Berkeley • 1685-1753

A realidade é de ordem espiritual

Se tudo o que existe é apenas ideia, percepção, estado de consciência, trata-se, então, de poder distinguir verdade e falsidade, a fim de refutar o ceticismo. Nossas percepções não são ficções provenientes de forma caótica de nosso espírito. Embora o mundo seja concebido como um conjunto de ideias, ele tem, no entanto, uma realidade. Podemos facilmente diferenciar a percepção do sonho ou da imaginação pelo simples fato de que as percepções, ordenadas, coerentes e estáveis, são estreitamente relacionadas entre si: o que eu vejo está ligado ao que eu toco. Esta cereja, que é formada pelas minhas sensações e, portanto, que não existe fora de meu espírito, pois toda sensação depende de um estado de consciência, "é, portanto, real", visto que "o nada não pode ser visto, tocado, saboreado". Contudo, ela não é material.

E o que eu não percebo pessoalmente, todavia, nem por isso inexiste. Os homens têm um mundo em comum, meu mundo não se restringe àquilo que eu percebo individualmente, e o que eu percebo outra pessoa pode perceber também. A mesa que está aqui eu a vejo, e meu vizinho que está ao meu lado a vê igualmente. Se ambos a vemos e se podemos igualmente considerar que ela existe mesmo quando efetivamente não a percebemos ambos, isto acontece porque ela é ideia de Deus.

Deus regula e coordena as percepções dos diferentes espíritos, de tal maneira que existe um mundo comum a todos os espíritos. Deus, espírito supremo, é a fonte das percepções, e essas não provêm de modo algum de uma realidade material independente.

Uma obra-chave: *Princípios do conhecimento humano*

Contexto

Quando escreveu este tratado, Berkeley tinha apenas 25 anos. Contudo, ele expôs aqui uma concepção original e já madura, um imaterialismo idealista segundo o qual tudo o que existe, existe apenas no espírito.

Contra o ceticismo, o materialismo e o ateísmo, ele afirmou a possibilidade de conhecer um mundo fundado em Deus, real e, no entanto, imaterial.

Extrato

Que nossos pensamentos, ou nossas paixões, ou as ideias formadas pela imaginação não existem fora do espírito, isso é algo sobre o que todo mundo estará de acordo. E parece igualmente evidente que as diversas sensações ou ideias registradas nos sentidos, de qualquer maneira que elas sejam misturadas e combinadas entre si (ou seja, quaisquer que sejam os objetos que elas componham) não podem existir de outra maneira senão no espírito que as percebe. Eu creio que um conhecimento intuitivo disto possa ser obtido por todo aquele que prestar atenção ao que se entende com a palavra existir quando aplicada às coisas sensíveis. A mesa sobre a qual eu escrevo, eu digo que ela existe: isto significa que eu a vejo, a sinto; e se eu estivesse fora de meu gabinete eu diria que ela existe, entendendo com isso que, se eu estivesse em meu gabinete, eu poderia percebê-la ou que qualquer outra inteligência, de fato, também a percebe. Ela tem um cheiro, ou seja, pode-se senti-la, e um som, que pode ser ouvido; uma cor ou uma figura, então, pode ser percebida pela vista ou pelo tato. É tudo o que eu posso compreender com essas expressões e outras semelhantes. Pois, quanto ao que se diz da existência absoluta de coisas não pensantes, sem nenhuma relação com o fato de elas serem percebidas, isso parece perfeitamente ininteligível. Seu *esse é percipi*[2] e não é possível que elas tenham alguma existência fora dos espíritos ou coisas pensantes que as percebam (Berkeley, 1991).

Chaves textuais

Nada existe fora do espírito

- Todas as ideias e todas as sensações estão no espírito daquele que pensa ou sente.
- Ora, aquilo que não pode ser sentido não tem existência alguma. Consequentemente, a realidade repousa sobre a percepção. A mesa existe porque eu posso tocá-la, vê-la, percebê-la.
- Tudo o que existe, existe apenas no espírito: não existe realidade material fora do espírito que seja causa das sensações e percepções.

Existir é ser percebido

- Existir é ser percebido: as coisas sensíveis existem porque são percebidas. Como toda percepção está no espírito, as "coisas" estão no espírito.
- Caráter ininteligível da existência independente de uma realidade material fora do espírito: não percebida, que existência ela teria? Sem as sensações, não resta mais do que um nada. Sem a percepção da mesa, não existe mais mesa.

---

2. Em latim no texto: "Seu *ser* consiste em *ser percebido*".

24
MONTESQUIEU

1689-1755

A liberdade é o direito de fazer
aquilo que as leis permitem.
(Montesquieu, 1979)

Elementos biográficos

Um personagem influente e admirado

Charles-Louis de Secondat, barão de La Brède e de Montesquieu, foi, primeiramente, advogado. Herdeiro de seu tio, tornou-se rapidamente um personagem incontornável.

Magistrado sem muita vocação, mais interessado pelas ciências e a literatura do que por sua ocupação, ele se preocupou, no entanto, com o valor da justiça que praticou e se interrogou sobre a possibilidade de esclarecer essa justiça por meio de princípios universais.

A carreira literária e filosófica

Célebre, admirado por sua carreira literária iniciada em 1721 com a publicação das *Cartas persas*, ele frequentou os salões parisienses. Espírito pertinente e vivaz, foi eleito para a Academia Francesa.

Fatigado de suas funções de magistrado, ele empreendeu um longo périplo pela Europa, ocasião para recolher informações relativas aos costumes e instituições estrangeiras.

De volta à França, dedicou-se à sua obra e publicou principalmente *O espírito das leis* (1748), obra política monumental que foi colocada no Índex, mas influenciou, mais tarde, a constituição dos Estados modernos.

Século XVIII

Teses essenciais

Pensador da política e do direito, Montesquieu nos ofereceu uma análise inovadora do fundamento das leis. Sua preocupação foi conciliar a liberdade do cidadão com a autoridade do poder político. Precursor da sociologia, mostrou ainda como as forças sociais e a economia influenciavam as instituições estatais.

A racionalidade da lei

A análise do direito que Montesquieu desenvolveu é profundamente racionalista. As **leis positivas**, instituídas, para serem justas devem se conformar às **leis naturais**, eternas, inscritas na **razão** humana. O direito natural, depurado de toda referência a qualquer direito divino, constitui o princípio fundador das leis positivas e a norma universal que permite avaliá-las. "A lei, em geral, é a razão humana, porquanto ela governa todos os povos da terra". Existe uma justiça ideal, anterior a toda justiça instituída, baseada na natureza humana.

Todavia, as leis positivas "devem ser de tal maneira adequadas ao povo para o qual foram feitas que será uma casualidade muito grande se as leis de uma nação puderem servir a outra". Montesquieu elaborou **uma concepção determinista das leis**: as leis positivas variam de um Estado a outro e Montesquieu procurou justificá-las, desvelar suas causas por meio da análise do clima, da natureza e do princípio de diversos regimes políticos, mas também pelo espírito dos povos (seus costumes, comportamentos...).

Os três tipos de governos

Montesquieu distinguiu três tipos de regime político: a república, a monarquia e o despotismo. Cada um deles tem uma natureza e um princípio diferente. A **natureza** de um regime designa sua estrutura: o número de seus dirigentes, o modo de exercer o poder. Seu **princípio** remete ao sentimento que permite ao governante se conservar, à paixão que o anima e constitui a motivação de seus atos.

A **república** é, por natureza, aristocrática (poder de uma parte do povo) ou democrática (poder do povo) e seu princípio é a virtude (amor da república). A **monarquia**, poder de um só segundo leis fixas e estabelecidas, repousa na honra. Os dois primeiros tipos de governo, moderados, garantem a segurança necessária à liberdade.

Por outro lado, o **despotismo**, governo excessivo de um só que, "sem lei e sem regras, controla tudo conforme sua vontade e seus caprichos", não se mantém senão por meio do medo (seu princípio) e reflete o mal político absoluto.

Obviamente, existem democracias sem virtude, mas nesse caso elas não são perfeitas: cada tipo de governo deve fazer reinar o princípio que mais lhe convém para se conservar.

O princípio da separação dos poderes

Para que o Estado seja livre "é necessário, pela disposição das coisas, que o poder detenha o poder". É preciso que sejam nitidamente separados e equilibrados o Poder Legislativo (poder de fazer as leis), o Poder Executivo, relacionado ao direito internacional (poder de fazer a paz ou a guerra), e o Poder Judiciário, encarregado de aplicar a lei. Apenas o poder pode impedir os abusos do poder: ele deve ser partilhado com o objetivo de que reine a liberdade.

Uma obra-chave: *O espírito das leis*

Contexto

Montesquieu nos apresentou nesta obra o fruto de cerca de 20 anos de trabalho. Partindo dos fatos, ele se propôs a revelar a lógica que está por trás da diversidade das leis positivas.

Extrato

É verdade que nas democracias o povo parece fazer o que deseja; mas a liberdade política não consiste, absolutamente, em fazer o que se quer. Em um Estado, ou seja, uma sociedade em que existem leis, a liberdade não pode consistir em outra coisa senão em fazer aquilo que se deve querer e não ser obrigado a fazer aquilo que não se deve querer.

É necessário absorver no espírito em que consiste a independência e o que é a liberdade. A liberdade é o direito de fazer tudo o que as leis permitem; e se um cidadão pudesse fazer o que elas proíbem, ele não teria mais liberdade, porque todos os outros teriam também esse mesmo direito.

A democracia e a aristocracia não são, de forma alguma, Estados livres por natureza. A liberdade política se encontra apenas nos governos

Século XVIII

moderados. Mas nem sempre ela está presente nos governos moderados. Ela só está presente quando não há abuso do poder [...].

Para que não se possa abusar do poder é preciso, pela disposição das coisas, que o poder detenha o poder (Montesquieu, 1979).

Chaves textuais

A definição da liberdade política

- A liberdade não é a permissão: ela não é o poder de fazer tudo o que se quer, mas o poder de não ser incomodado conquanto se aja de acordo com as leis.

- Liberdade política ligada ao dever, à virtude: deve-se querer o bem comum, deve-se querer fazer somente o que as leis permitem. A liberdade supõe agir em conformidade com a razão.

- Transgressão da lei como atentado à liberdade: se cada um faz o que lhe apraz, a liberdade não está mais garantida.

As condições da liberdade

- O caráter moderado da república (aristocracia e democracia): condição necessária, mas não suficiente da liberdade.

- Condição da liberdade: ausência de abuso do poder.

- Os poderes devem estar separados e equilibrados, a fim de que o poder freie e controle o poder, de modo que haja moderação.

25
HUME

_____1711-1776

*Todo conhecimento se degenera
em probabilidade.*
(Tratado da natureza humana)

Elementos biográficos

Uma carreira de começo difícil

Filósofo empirista escocês, David Hume abandonou a carreira jurídica, à qual o direcionou sua família, para se dedicar à filosofia. Indo para a França, ele redigiu, no Colégio La Fleche, os dois primeiros livros do *Tratado da natureza humana*.

Em 1739, a obra foi publicada, mas não obteve o sucesso presumido. Hume publicou então os *Ensaios morais e políticos* (1741), obra mais acessível que atraiu numerosos leitores, bem como os *Ensaios sobre o entendimento humano* (1748), que se tornaram, em 1758, a *Investigação sobre o entendimento humano*.

Depois de encontrar diversas vezes a oposição do partido favorável à sua candidatura a cadeiras universitárias, foi eleito zelador da biblioteca da ordem dos advogados de Edimburgo.

Um diplomata filósofo

Hume fez uma brilhante carreira diplomática: foi nomeado secretário da embaixada na França; em seguida, subsecretário de Estado em Londres.

Em Paris, encontrou-se com os enciclopedistas, que o acolheram calorosamente. Ele recebeu Rousseau na Inglaterra antes de se desentender com ele. Em 1769, Hume decidiu sair definitivamente de Londres para Edimburgo, sua cidade natal, onde reencontrou seus amigos, entre os quais Adam Smith. Os *Diálogos sobre a religião natural*, redigidos em 1751, foram publicados postumamente, em 1779.

Século XVIII

Teses essenciais

Principal representante do empirismo, "geógrafo do espírito humano", segundo as palavras de Kant, Hume se empenhou por desvelar os limites e os poderes da razão e em desenvolver um ceticismo moderado que exerceu um papel essencial no desenvolvimento ulterior da filosofia.

O empirismo

David Hume era empirista: apenas os fatos, a experiência, são fontes de conhecimento. O que nós temos em nosso espírito são apenas **percepções**. Hume denominou com isso todo fenômeno de nosso espírito (odiar, ver, sentir...).

As percepções podem tanto ser **impressões** quanto **ideias**. As impressões compreendem "todas as nossas sensações, paixões e emoções". Firmes e vivas, elas se impõem com força em nosso espírito, ao passo que as ideias, que são "as imagens fracas" das impressões, têm um grau mais baixo de vivacidade.

Nenhuma ideia inata pode constituir o fundamento do edifício da ciência. O espírito se limita a ligar e associar as ideias provenientes da experiência com a ajuda da **memória** (lembrança de uma impressão passada) e da **imaginação** (constituição da imagem de um objeto existente ou possível).

Se o espírito pode, aparentemente, elaborar ideias novas, isto se deve ao fato de a **imaginação**, essência do pensamento, associar ideias originadas da experiência. Por exemplo, nós podemos formar a ideia de uma montanha de ouro, embora nunca tenhamos visto uma antes: basta-nos, para isso, combinar duas ideias oriundas da experiência, a da montanha e a do ouro. Toda ideia provém, portanto, da experiência.

Quanto às ideias gerais, elas "são nada mais do que ideias particulares unidas a um determinado termo que lhes dá um significado mais amplo e que as faz evocar a ocorrência de outras ideias singulares semelhantes" (*Tratado da natureza humana*). Hume era **nominalista**: a ideia geral não existia enquanto tal, mas era fruto da linguagem, e só existia no nome. Assim, o termo "triângulo" designa um conjunto de ideias particulares (a de um triângulo isósceles, de um escaleno...), e não uma ideia geral ou abstrata.

Hume • 1711-1776

A crítica da causalidade

Hume ficou célebre por sua crítica da causalidade: é o **hábito** que nos faz crer em uma conexão necessária entre a causa e o efeito. Por exemplo, é porque diversas vezes nós constatamos que a chama produzia calor que passamos a inferir a relação causal necessária entre a chama (que denominamos causa) e o calor (que denominamos efeito). A causalidade é oriunda do hábito; ela não é inerente às coisas.

A experiência, com efeito, não nos faz ver senão **conjunções** (a chama; *depois* o calor), jamais **conexões** (a chama; *portanto*, o calor). É, portanto, apenas o hábito que nos leva a essa inferência, mas nada a justifica. A causalidade é uma crença.

Esta análise da causalidade despertará Kant de seu "sono dogmático" (cf. *O problema do conhecimento*, no capítulo sobre Kant): ele estabelecerá, contra Hume, o caráter a *priori*[3] da relação de causalidade.

Um ceticismo mitigado

De maneira geral, o conhecimento se funda sobre o princípio de causalidade: desvelando seu caráter ilusório, Hume afirmou seu ceticismo. Se a causalidade é uma crença, então a própria ciência não mostraria outra coisa além de crenças.

Para Hume, a razão não pode, contrariamente ao que afirmam os **dogmáticos**, pretender conhecer a verdade absoluta e justificar seus propósitos. Uma justificação totalmente objetiva, portanto, é impossível. Nossas crenças são mais ou menos prováveis, mas continuam sendo crenças. O verdadeiro, portanto, é um determinado grau do provável, ele depende de um assentimento comum.

No entanto, o ceticismo é **moderado** porquanto não considera, na verdade, vã toda investigação e supõe graus de probabilidade entre nossas crenças. O ceticismo de Hume não o impede de viver, de ter crenças, e se distingue assim de um ceticismo pirroneano radical que condenaria o homem a uma letargia mórbida.

A crítica da metafísica

O ceticismo de Hume atingiu a metafísica: é ilusório supor a ilimitação dos poderes da razão e pensar que os objetos da metafísica (Deus, a alma…) lhe são inacessíveis. Eles são apenas ficções provenientes da imaginação.

---

3. *A priori*: independente de qualquer experiência.

A alma, considerada um "eu" idêntico a ela que subsistiria durante o curso de vida do indivíduo, não passa de uma ficção, e nada nos autoriza a afirmar a existência de tal substrato. Hume criticou assim o *cogito* cartesiano que concebe a alma como uma substância simples e idêntica: não existe identidade pessoal. O "eu" não passa de uma sequência de percepções particulares e mutáveis, ou um conjunto de estados e qualidades variáveis: "para mim, quando eu penetro no mais íntimo daquilo que chamo de *mim mesmo*, é sempre para cair em uma ou outra percepção particular: uma percepção de calor ou de frio, de luz ou de escuridão, de pena ou de prazer" (*Tratado da natureza humana*).

A moral

Empirista, Hume continuou a sê-lo ao analisar a moral, que ele baseou na afetividade: não é a razão que guia o homem nas ações e o faz saber o que é certo e o que não é, mas o **sentimento**. Se aprovamos um ato virtuoso, é porque ele nos faz experimentar um sentimento desinteressado de prazer. Inversamente, a dor que sentimos diante do vício nos leva a considerá-lo algo ruim.

Dotado de **simpatia**, pela qual cada homem pode sentir o que o outro sente, a natureza humana dá mostras de um **senso moral** universal. Assim, contra as morais de interesse que consideram que o egoísmo é o fundamento de toda conduta moral, Hume mostrou que o **bem-querer**, que nos leva a cuidar dos nossos semelhantes, é uma virtude natural. A moral depende, portanto, do sentimento, mas isso não significa absolutamente que ela seja particular e relativa. O sentimento pode ter pretensão à universalidade; a simpatia é um senso comum em virtude da existência de uma natureza humana. O papel da razão é, porém, iluminar e aperfeiçoar o senso moral.

Uma obra-chave: *Investigação sobre o entendimento humano*

Contexto

Este ensaio buscou analisar três questões: de onde provêm nossas ideias? Como se formam nossos conhecimentos? Como podemos ter certeza de que são verdadeiros?

Hume mostrou que nossos conhecimentos repousam na experiência, e não na razão, de modo que eles são frágeis e estão mais relacionados a crenças do que a certezas objetivas. Por seu empirismo, Hume rejeitava o dogmatismo orgulhoso que pretendia saber sem jamais poder realmente justificar seus propósitos.

Extrato

À primeira vista, nada parece ser mais livre do que o pensamento humano, que não apenas escapa a toda autoridade e a todo poder humano, mas também que nem mesmo os limites da natureza e da realidade podem conter. Criar monstros e juntar formas e aparências discordantes, isto tudo não dá mais trabalho à imaginação do que conceber os objetos mais familiares. Enquanto o corpo é limitado a um só planeta, no qual ele se exercita com pena e dificuldade, o pensamento pode, em um instante, transportar-nos às regiões mais distantes do universo [...]. Aquilo que nunca vimos, ou de que nunca ouvimos falar, podemos, no entanto, imaginar; e não existe nada acima do poder do pensamento, salvo aquilo que implicar uma absoluta contradição.

Mas, embora nosso pensamento pareça ter essa liberdade ilimitada, descobriremos, examinando-o mais de perto, que ele está, na verdade, encerrado em limites bastante estreitos e que todo esse poder criador do espírito não vai além da faculdade de compor, de transpor, de aumentar ou diminuir os materiais que nos fornecem os sentidos e a experiência. Quando pensamos em uma montanha de ouro, nós apenas juntamos duas ideias compatíveis, ouro e montanha, que já conhecemos antes [...]. Em suma, todos os materiais do pensamento são transmitidos por nossos sentidos [...]: é apenas a mistura deles e sua composição que dependem do espírito e da vontade (Hume, 2006).

CHAVES TEXTUAIS

A ilusão do dogmatismo

- Liberdade aparente do espírito: apresentação da tese dogmática (para melhor criticá-la em seguida).
- Para os dogmáticos:
  - O pensamento escapa a toda autoridade: ninguém pode me obrigar a pensar algo que não quero pensar.

Século XVIII

- Liberdade do pensamento em relação ao tempo e ao espaço: posso imaginar-me em outro lugar e em outro tempo.

- Capacidade de afastar-se do real: posso imaginar formas não existentes (monstros, por exemplo).

- Poder importante do pensamento para o qual existe apenas um limite: as regras da razão como o princípio de não contradição (eu não posso pensar ao mesmo tempo uma coisa e seu contrário). O pensamento não seria limitado senão por si mesmo.

Crítica da onipotência do pensamento

• Todas as ideias provêm da experiência: é ilusório crer na onipotência do pensamento.

• Demonstração pelo exemplo: a ideia da montanha de ouro é a conjunção de duas ideias provenientes da experiência (ideia da montanha e do ouro).

• Empirismo e determinação de limites ao pensamento: proveniente da experiência, o pensamento permanece ligado a ela e se limita a combinar ideias fornecidas por ela. Deduz-se daí uma necessária modéstia da razão.

26 ROUSSEAU

1712-1778

*O homem nasceu livre e,
em toda parte, é posto a ferros.*
(Du contrat social)

Elementos biográficos

Uma juventude instável

Filósofo e escritor genebrino, filho de relojoeiro, Jean-Jacques Rousseau nasceu em uma família protestante. Sua mãe morreu pouco depois de seu nascimento. Seu pai foi obrigado a exilar-se e ele foi colocado no pensionato de um pastor, depois acolhido na casa da formosa Madame de Warens, que o converteu ao catolicismo. Foi junto desta, a quem ele chama de "mamãe", que se refugiou em diversas ocasiões. Ele trabalhou em diversos empregos de criado e de secretário, mais tarde se interessou pela música. Instável, vagou e não conseguiu se fixar em lugar algum.

Dirigiu-se a Paris e frequentou a alta sociedade. Foi nomeado secretário do embaixador da França em Veneza. Eles entraram em conflito e ele retornou a Paris, onde participou da *Enciclopédia* com seu amigo Diderot.

Na mesma época ele se uniu a uma produtora de linho, Thérèse Le Vasseur. Eles tiveram cinco filhos, que abandonaram no orfanato.

A celebridade e o exílio

Rousseau se tornou conhecido em 1750 por seu *Discurso sobre as Ciências e as Artes*, dissertação redigida para a Academia de Dijon. Começou assim um período rico em publicações: o *Discurso sobre a origem e os fundamentos da desigualdade entre os homens* foi publicado em 1755, *Julia ou a nova Heloisa*, em 1761 e *O contrato social*, em 1762.

Mas o Parlamento condenou a *Profissão de fé do vigário saboiano*, que se encontra em *Emílio*, publicado em 1762, e Rousseau foi obrigado a exilar-se. Inúmeras querelas – com Diderot, Hume, Madame d'Épinay, Grimm... – marcaram a vida de Rousseau, que se acreditou marcado por perseguições.

Solitário, ele se retirou para escrever as *Confissões* e os *Devaneios do caminhante solitário*, que foram publicados postumamente, em 1782.

Teses essenciais

Pensador muitas vezes incompreendido, Rousseau se opôs à corrente do Iluminismo e sobretudo ao otimismo dos enciclopedistas ante o progresso. Ele amenizou essa visão positiva e mostrou a necessidade de reformar os costumes, a moral, a educação e as instituições políticas antes que o homem fosse totalmente pervertido e se perdesse a si mesmo.

Do estado de natureza ao estado social

No *Discurso sobre a origem e os fundamentos da desigualdade entre os homens*, Rousseau analisou a vida social e suas variantes. Para mostrar como a sociedade corrompeu o homem, ele apresentou uma ficção, a hipótese racional do **estado de natureza**, idade do ouro da humanidade inocente e livre.

Ali a vida do homem é solitária, e ele é livre, pois não está submetido a ninguém, ocioso, cercado por uma natureza abundante, em suma, feliz, sem indústria nem sociedade. A razão existe nele apenas potencialmente e ele age com base em dois princípios: o **amor de si**, pelo qual se ocupa e cuida de sua própria vida, e a **piedade**, sentimento de repugnância em relação ao sofrimento inútil de todo ser vivo.

Nada levaria o homem a sair de tal estado a-histórico se não fossem as catástrofes naturais excepcionais (que se podem apenas imaginar), em virtude das quais o homem se viu obrigado a buscar a associação

Rousseau • 1712-1778

com outros para sobreviver diante de uma natureza cujos frutos se tornaram mais raros. **Perfectível**, ou seja, capaz de mudar sua maneira de ser, tanto para o bem quanto para o mal, o homem sairia assim do estado de natureza.

Uma visão pessimista do progresso

A vida social transformou radicalmente o homem, a ponto de torná-lo irreconhecível. As primeiras comunidades levaram-no a se confrontar e, rapidamente, o amor de si se transformou em **amor-próprio**, esta tendência egoísta a querer dominar o outro, que valorizava a **aparência**, em detrimento do **ser**. Porém, foi sobretudo o surgimento da **propriedade privada** que instaurou as maiores desigualdades e gerou os males da sociedade.

Rousseau, longe de aderir à ideia comum de sua época, segundo a qual o progresso moral é consequência do progresso das ciências e das artes, constatou a evolução negativa da humanidade que, por suas técnicas, abriu para si mesma a possibilidade de aumentar o egoísmo e as relações de dependência.

O homem, embora naturalmente bom, mas depravado, desnaturado pelas paixões que o assaltam, encontra-se em um estado de conflitos permanente de tal ordem que necessita estabelecer um contrato social que garanta a liberdade civil.

O contrato social

"O homem nasceu livre e, em toda parte, é posto a ferros", escreveu Rousseau em *O contrato social*: como a sociedade faz o homem perder sua **liberdade natural**, e porque o homem está sujeito a outro homem, é preciso encontrar um remédio que instaure uma **liberdade civil**. Esse era o projeto de *O contrato social*. O Estado só é legítimo ao garantir a liberdade pelo **direito**, pois "renunciar à sua liberdade é renunciar à sua qualidade de homem". Desse modo, nem a autoridade paterna, nem Deus, nem a força (que é da ordem do fato, mais que do direito) são suscetíveis de legitimar a autoridade política e instaurar o direito. O "verdadeiro contrato" não poderia ser um pacto de submissão (contrariamente ao que pretendia Hobbes).

O contrato só é legítimo quando a **soberania pertence ao povo**. Cada um faz o contrato com todos, de maneira que aceita submeter-se à **vontade geral**, à vontade de todos em vista do bem comum.

Século XVIII

A liberdade civil é a ausência de submissão a outrem: o governo não provém da vontade de senhor algum, mas da lei, originada da vontade geral; e obedecer à lei é obedecer a si mesmo. Todos devem, portanto, estar submetidos à lei, a fim de não estarem submetidos a ninguém. "Portanto, não existe liberdade sem lei, nem quando alguém está acima das leis".

A educação

É da educação que nasce a salvação individual do homem. Em *Emílio*, Rousseau traçou o retrato de um aluno imaginário, educado segundo a natureza e protegido da corrupção gerada pela sociedade. Se o homem é naturalmente bom, a correta educação deve permitir que se cultive e, ao mesmo tempo, evite a depravação presente na sociedade atual. Preservar a bondade original da criança e, ao mesmo tempo, ensinar-lhe a controlar por meio da razão as pulsões anárquicas do instinto para formar um homem livre e feliz: esse é o projeto pedagógico de Rousseau. Isto porque a verdadeira **moral** se descobre em si, pelo despertar da **consciência**, esse "instinto divino", voz imortal e celeste [...]; juiz infalível do bem e do mal" que nos orienta.

Da mesma forma, os valores religiosos repousam sobre o sentimento. Adepto da **religião natural**, Rousseau atraiu a fúria dos religiosos ao afirmar que "o culto essencial é o do coração": é por meio do coração que Deus fala ao homem.

Uma obra-chave: *O contrato social*

Contexto

Esta obra de filosofia política analisou a legitimidade da autoridade política e pôs as bases de um Estado legítimo que garante a todos a liberdade civil.

Os princípios que Rousseau desenvolveu aqui inspiraram os redatores da *Declaração dos Direitos do Homem e do Cidadão* de 1789.

Extrato

O mais forte não é jamais forte o bastante para dominar sempre, se não transformar sua força em direito e a obediência em dever. Daí o direito do mais forte; direito tomado ironicamente na aparência, e realmente estabelecido em princípio: mas nunca nos explicarão essa

Rousseau • 1712-1778

palavra? A força é uma potência física; não vejo absolutamente que moralidade pode resultar de seus efeitos. Ceder à força é um ato de necessidade, não de vontade; é, no máximo, um ato de prudência. Em que sentido poderá ser um dever?

Imaginemos um instante esse suposto direito. Eu digo que disso não resulta senão um galimatias sem explicação; porque a partir do fato de que é a força que faz o direito, o efeito troca com a causa; toda força que sobrepuja a primeira sucede a seu direito. Desde que se possa desobedecer impunemente, pode-se fazê-lo legitimamente, e, uma vez que o mais forte sempre tem razão, a questão se resume a cuidar de ser o mais forte. Ora, que direito é esse que perece quando cessa a força? Se tivermos que obedecer pela força, não é necessário obedecer por dever, e se não formos mais forçados a obedecer, não temos mais obrigação nenhuma. Vê-se, portanto, que essa palavra direito nada acrescenta à força; ela não tem nenhum significado aqui (*Du contrat social*. Livro I. Paris: Flammarion, 2001 [Coll. "GF"]).

CHAVES TEXTUAIS

A oposição do fato e do direito

• O problema: o que é que legitima a autoridade política? É a força? Pode-se falar de um "direito do mais forte"?

• Não, pois a força não tem nada a ver com o direito.

• Argumentação baseada na oposição entre o domínio do fato (da ordem material, física) e o do direito (a ordem moral): força/direito; obediência/dever; potência física/moralidade; necessidade/vontade; impunemente/legitimamente.

Caráter contraditório da expressão

• Galimatias: discurso confuso, vazio de sentido.

• O caráter instável da força se opõe à estabilidade assegurada do direito.

• É ilusório falar de um "direito do mais forte", com vistas a proteger a autoridade que se adquiriu por meio da força: ela não tem legitimidade alguma, fica-se aqui numa relação de forças.

27
DIDEROT

___1713-1784___

*Se a razão é um dom do céu, e se pudermos
dizer o mesmo da fé, o céu nos deu dois
presentes incompatíveis e contraditórios.*
(Adição aos pensamentos filosóficos)

Elementos biográficos

Uma vida de boemia

Denis Diderot realizou estudos na carreira sacerdotal, em
seguida estudou Direito na Sorbonne. Interrompeu seus estudos
para levar uma vida de boêmio.

Uniu-se a Rousseau, que o colocou em contato com
Condillac. Em 1747, nasceu o projeto da *Enciclopédia*, cuja direção foi sua, juntamente com d'Alembert, até 1766.

A luta contra a censura

Ele escreveu inúmeras obras, filosóficas e literárias, entre as
quais os *Pensamentos sobre a interpretação da natureza* (1753),
O sonho de d'Alembert (1769) e *Jacques, o fatalista* (1771).

A Carta sobre os cegos, publicada em 1749, lhe valeu ser deti-
do e preso. Com efeito, inicialmente deísta[4], ele tendeu cada vez
mais para uma luta corajosa e tenaz contra a censura.

---

4. Deísmo: posição que afirma a existência de um Ser divino incognoscível e rejeita todo dogma revelado.

Diderot • 1713-1784

Teses essenciais

O materialismo ateu de Diderot se fundamentou na ideia de natureza compreendida como totalidade dinâmica viva e fecunda. Rejeitando
a ideia de uma inteligência divina ordenadora do mundo, o pensamento
de Diderot é representativo do espírito crítico das luzes que deposita
toda confiança no progresso.

A supremacia da experiência científica

Diderot, apaixonado pelas ciências, viu na experiência científica o
meio pelo qual deveria se constituir o conhecimento.

Ele negou o critério cartesiano da evidência. A filosofia deveria tomar por modelo as ciências para chegar a resultados positivos.

Um monismo materialista

A natureza, totalidade viva e dinâmica, é, segundo Diderot, constituída apenas de **matéria**. A matéria se move por si mesma, sem recorrer
a qualquer impulso divino. Diderot não distingue o que é inerte do
que é vivo: a matéria é constituída de moléculas heterogêneas que se
ajuntam ao acaso para formar organismos, tornando-se a sensibilidade
morta das moléculas uma sensibilidade viva.

Em *O sonho de d'Alembert*, sustentou o parentesco químico de todos os seres que constituem a natureza: "Todo animal é um, em certa
medida, homem; todo mineral é em certa medida planta; toda planta é,
em certa medida, animal". Anunciando o transformismo de Lamarck,
Diderot entendia que os organismos se geram uns aos outros e se tornam mais complexos sob influência do mundo exterior e por atividade
interna, sendo que os mais inaptos desaparecem.

Os monstros, formas malsucedidas da natureza, oferecem elementos que desmentem as teses deístas segundo as quais as "maravilhas da
natureza" dão provas da existência de seu criador: ou Deus não existe,
ou então Ele é bastante inábil, o que contradiz seu próprio conceito.

Uma moral naturalista

O critério fundador de toda moral se encontra na natureza. Seguindo a natureza e a razão, definindo nosso comportamento a partir de
nossas necessidades, nossa sensibilidade e o bem comum, nós podemos
distinguir o que é justo do que é injusto.

Claro, nós procuramos antes de tudo nosso prazer, mas a ação virtuosa é fonte de prazer. O que é naturalmente bom se torna, para a vida em sociedade, o bem. A sociedade subordina os interesses privados ao interesse geral e humaniza as tendências individuais.

A moral é relativa à nossa fisiologia: na *Carta sobre os cegos*, Diderot mostrou que o cego, mais susceptível a ser vítima de roubo, condena mais severamente esse delito do que o vidente.

A arte, desvelamento da natureza

A natureza exerce um papel importante na análise da arte. O gênio é aquele que sabe imitar a natureza. Mas esta imitação não se resume a uma simples cópia, mas é revelação da natureza profunda. Aquele que imita o artista, o comediante, sobretudo, é um modelo ideal que revela a natureza humana e retrata seus traços característicos.

Uma obra-chave: *Carta sobre os cegos para uso daqueles que veem*

Contexto

Esta carta, considerada escandalosa porque expunha um materialismo ateu, rendeu a Diderot três meses de prisão.

Ele se interrogou a respeito da constituição de nossos conhecimentos, analisando a percepção de um cego e comparando-a com a percepção dos que veem. Mostrou que nossas ideias estão ligadas à conformação de nosso corpo.

Extrato

Como eu nunca duvidei que o estado de nossos órgãos e de nossos sentidos exerça uma grande influência sobre nossa metafísica e nossa moral, e que nossas ideias mais puramente intelectuais, se podemos falar assim, dependem fortemente da conformação de nosso corpo, eu pus-me a questionar nosso cego a respeito dos vícios e das virtudes. Percebi, primeiramente, que ele tinha uma aversão enorme ao roubo; tal aversão nascia nele por duas razões: a facilidade com que se podia roubá-lo sem que ele percebesse; e talvez mais ainda por isso, a facilidade com que se podia perceber quando ele roubava. Não é que ele não soubesse muito bem se precaver contra o sentido que nós temos a mais do que ele, ou que ignorasse o modo de ocultar um roubo. Ele não dá muita importância ao pudor: sem as injúrias das intempéries, das quais as vestimentas o protegem, ele não teria como compreender o seu uso, e alega francamente que não entende por que se tenha que cobrir uma parte do corpo mais do que outra, e tampouco por qual bizarra razão, entre as partes do corpo, dá-se preferência àquelas cujo uso e as indisposições às quais estão sujeitas exigiriam antes que ficassem livres. [...]

Assim, nossas virtudes dependem de nossa maneira de sentir e do grau em que as coisas exteriores nos afetam! (Diderot, 1951).

CHAVES TEXTUAIS

A relatividade dos valores morais

- Origem de nossas ideias e de nossos valores morais: o estado de nossos órgãos e de nossos sentidos, a conformação de nosso corpo. A moral se origina da sensibilidade.

- A prova por meio do exemplo: o cego condena o roubo porque ele é mais facilmente vítima dele e não pode cometê-lo sem risco. O pudor, para ele, é algo inútil, a veste que esconde o corpo não desperta interesse para aquele que não vê.

- Relatividade: a moral varia em função de nossos sentidos e da maneira como as coisas nos afetam.

O critério da utilidade

- A moral está ligada à utilidade: o bem é aquilo que é prazeroso (o pudor é desvalorizado porque ele oculta o corpo e o indispõe); o mal é aquilo que nos prejudica (aquilo de que podemos ser vítimas, como o roubo é para o cego).

1724-1804

*Existe uma única coisa que se pode considerar
boa sem restrições: uma boa vontade.*
(Fundamentos da metafísica dos costumes)

Elementos biográficos

Uma vida sedentária consagrada ao estudo

Como escreve Heine em *Alemanha*, pode-se dizer que "a
história da vida de Emanuel Kant é difícil de escrever, pois ele
não teve nem vida nem história; viveu uma vida celibatária, mecanicamente regrada e quase abstrata..."

Kant viveu praticamente toda sua vida em Königsberg. Preceptor, depois docente privado (livre-docente diretamente re-
munerado por seus alunos) muito estimado, ele tornou-se, por
fim, professor-titular universitário.

Uma vida regrada para uma obra brilhante

De saúde frágil, Kant se impôs um modo de vida extremamente regular que se tornou lendário; viveu sem excessos nem
penúrias, de maneira imperturbável e quase monástica. Contudo, foi um pensador revolucionário que renovou a filosofia e se
constituiu uma referência obrigatória.

Sua obra, imensa, compreende, entre outras, a *Crítica da
razão pura* (1781 e 1787), os *Fundamentos da metafísica dos
costumes* (1785), a *Crítica da razão prática* (1788), a *Crítica
da faculdade de julgar* (1790) e *A religião nos limites da simples
razão* (1793).

Kant • 1724-1804

Teses essenciais

A filosofia se vincula, segundo Kant, a três questões:

1) O que posso saber?

2) O que devo fazer?

3) O que me é permitido esperar?

Estas questões determinam os três âmbitos de análise que ocuparam a obra de Kant: a metafísica, a moral e a religião. Todas se reportam a uma última questão relacionada à antropologia: o que é o homem?

O problema do conhecimento

Despertado de seu sono dogmático por Hume, Kant empreendeu a análise de nosso poder de conhecer: para determinar **os poderes** e **os limites da razão**, ele elaborou uma *Crítica da razão pura*. A ciência progride, ao passo que a metafísica, que analisa aquilo que não é objeto de experiência (a alma, o mundo, Deus e a liberdade), é um "campo de batalha" onde acontecem combates sem fim. Diante dessa constatação, é preciso questionar o estatuto da metafísica e a legitimidade de nossos conhecimentos.

Duas escolas de pensamento se enfrentam. O **racionalismo dogmático** afirma que a razão humana pode conhecer tudo verdadeiramente e que a verdade é a adequação entre nossas representações das coisas e o que as coisas são objetivamente. Contrariamente, o **empirismo cético** afirma que nossas representações são originárias da experiência, que nós não podemos abstrair-nos dela para apreender as coisas em si, e que é ilusório pretender deter uma determinada verdade.

A revolução copernicana

Alternativa para o racionalismo e para o empirismo, o **criticismo** kantiano operou uma **revolução copernicana** na teoria do conhecimento: Copérnico havia invertido as posições respectivamente do sol e da terra ao afirmar o heliocentrismo. Igualmente, para Kant, no conhecimento, não é o sujeito que gira em torno do objeto, mas o objeto que se define em vista do sujeito.

Com efeito, opondo-se ao **realismo**, que afirma que o objeto nos é dado e que nosso conhecimento deve se modelar sobre ele, Kant mostrou que o espírito é ativo na elaboração do conhecimento. O real é, para nós, uma construção: "nós somente conhecemos a priori as coisas que nós mesmos definimos". O objeto é percebido **por nós** segundo a estrutura de nossa mente e não **em si** (como uma coisa independente de nossa maneira de apreendê-la).

Matéria e forma do conhecimento

O conhecimento dos objetos depende do sujeito cognoscente, ao menos, tanto quanto do objeto conhecido. Ele supõe, obviamente, a experiência, como afirmam os empiristas, mas tal experiência não existiria sem uma síntese, uma configuração operada pelo sujeito: "Se todas as nossas experiências começam *com* a experiência, disso não se deduz que elas derivem todas *da* experiência" (*Crítica da razão pura*).

Conhecer é dar forma a uma determinada matéria. É preciso, portanto, distinguir a **matéria** do conhecimento, que é *a posteriori* (ele depende do objeto da experiência), e a **forma** do conhecimento, que é *a priori* (depende do sujeito e é anterior a toda experiência).

Sensibilidade e entendimento

Todo objeto conhecido ou cognoscível é apreendido no espaço e no tempo pela **sensibilidade**. Ora, o **espaço** e o **tempo** não são nem conceitos empíricos (que derivam da experiência: não são propriedades externas das coisas), nem conceitos do entendimento: são **formas *a priori* da sensibilidade**, molduras que condicionam a percepção dos objetos. Tempo e espaço são **intuições puras**, eles estruturam e condicionam toda percepção pelo fato de existirem *a priori* (não são derivados da experiência).

No conhecimento, os objetos se regulam igualmente sobre os conceitos *a priori* de nosso entendimento, as **categorias** que são as estruturas lógicas do pensamento (por exemplo, o conceito de causalidade).

O objeto é, portanto, por um lado, **dado à sensibilidade pela intuição** sensível, e, por outro, **pensado pelo entendimento** e seus conceitos.

Os limites do conhecimento

Nós não podemos conhecer senão os **fenômenos**, os objetos tais quais eles nos são apresentados por nossa faculdade de conhecer. Mas nem as coisas em si (as coisas tais como existem em si mesmas, independentemente do conhecimento humano), nem os **númenos** (as realidades inteligíveis, as ideias metafísicas como Deus, alma, ou ainda o mundo) são cognoscíveis.

O conhecimento é **subjetivo**, não relativo; ele só vale para o indivíduo, mas depende, no entanto, do sujeito cognoscente entendido como universal. A **objetividade** caracteriza uma representação universalmente válida, mas limitada à percepção dos fenômenos.

O **idealismo transcendental** kantiano define, assim, que todo objeto de conhecimento é determinado *a priori* pela própria natureza de nossa faculdade de conhecer, ao mesmo tempo que se distingue do idealismo de Berkeley, visto que este afirma a existência, fora da percepção, de uma realidade externa incognoscível como tal pelo espírito humano.

O estatuto da metafísica

Os objetos da **metafísica** (a alma, Deus, o mundo, a liberdade) não podem ser conhecidos: eles são puras **ideias** não experimentáveis. A razão, faculdade de desejar, erra ao ocultar seus limites e querer conferir existência àquilo que é apenas ideia. As **ilusões** nascem de um uso ilegítimo da razão.

A metafísica produz somente pensamentos, não conhecimentos: ela se extravia quando crê **conhecer** aquilo que ela apenas pode **pensar**. "O conhecimento supõe, com efeito, dois elementos: primeiramente o conceito, pelo qual, em geral, um objeto é pensado (a categoria), e, depois, a intuição pela qual ele se dá" (*Crítica da razão pura*).

Contudo, as ideias da metafísica são **reguladoras**: elas orientam nosso esforço de conhecimento para uma exigência de sistematização e de unidade.

Os postulados da razão prática

A metafísica exerce, portanto, um papel no domínio da prática. As ideias adquirem o estatuto de **postulados necessários da razão prática**: ideias que precisam ser admitidas, mesmo que não possam ser provadas, a fim de tornar possível ao **moral** e dar **sentido** à vida.

Não podemos provar a existência da **liberdade**: a análise dessa ideia conduz a uma **antinomia**. Duas teses contraditórias se contrapõem, sem que se possa defender uma mais do que a outra. Se, como mostra a ciência, o mundo parece determinado, e se a liberdade parece não ser mais do que ilusão, mesmo assim é necessário admitirmos a existência da liberdade, de uma causa primeira, para explicar os fenômenos. Como não se pode nem negar e nem provar a existência da liberdade, é preciso **postulá-la**, sem o que não se poderia conceber a possibilidade da autonomia da vontade.

Moralidade e igualdade

Ser moral não é procurar sua felicidade, mas ser **autônomo**, obedecer às leis que nós mesmos estabelecemos: não a uma lei qualquer, que resultasse da sensibilidade ou do afeto, mas às leis universais e incondicionadas da razão prática.

A ação moralmente boa é, primeiramente, a ação desinteressada, a ação realizada com **boa vontade**, por puro respeito pela lei moral, independentemente de qualquer impulso sensível. É preciso, assim, distinguir a **legalidade** da ação e a **moralidade** da ação: é **legal** a ação que está **conforme** o **dever**, mas ela pode ser imoral se for realizada em vista de interesses sensíveis (por exemplo, um comerciante honesto que, na verdade, só é honesto porque sabe que de outra maneira perderia seus clientes); é **moral** a ação que é realizada apenas **por dever**, pelo puro respeito à lei moral.

O imperativo categórico

Entre os **imperativos** (mandamentos que guiam nossas ações), alguns são **hipotéticos**. Eles remetem a fins particulares e tomam a seguinte forma: "se tu queres isso, então deves fazer aquilo". Condicionados, esses imperativos não têm a forma de imperativos morais.

O imperativo é **categórico**, pelo contrário, e puramente moral, quando assume a seguinte forma: "tu deves", não importam quais sejam as circunstâncias. Incondicionado, ele exprime a universalidade da lei moral.

O primeiro imperativo categórico é: "Age como se a máxima de tua ação devesse ser erigida por tua vontade em lei universal da natureza". A mentira, mesmo eficaz, para salvar alguém, por exemplo, é imoral: a máxima da ação, para ser moral, deve poder ser universalizada sem contradição. Ora, querer que todos os homens mintam seria contraditório.

A moral supõe conceber o ser humano como um ser razoável, **digno**, respeitável enquanto **pessoa**. Assim, a segunda formulação do imperativo categórico incide sobre o **respeito**: "Age de tal maneira que trates a humanidade tanto em tua pessoa quanto na pessoa de todos os outros, sempre ao mesmo tempo como um fim em si e nunca, simplesmente, como um meio".

Uma moral *a priori*

Na moral, o que conta é apenas a intenção, e não o resultado: é virtuoso aquele que se determina em função da **forma** da lei, em função de seu caráter universalizável.

Na verdade, não podemos ter certeza de que uma ação puramente moral já tenha sido realizada no mundo: por trás de toda intenção sincera podemos imaginar um interesse (mesmo que seja o orgulho de ter cumprido um ato virtuoso). Mas isso não coloca em questão a concepção do dever em si: ela não resulta da experiência, a moral não é causada pela imitação dos atos morais. Ela provém *a priori* da razão pura prática. Kant não buscava estabelecer uma moral empírica ou eficaz, mas destacar **as condições de possibilidade *a priori*** da moral.

O que é o homem

O homem não é apenas um ser moral, ele se caracteriza por sua **insociável sociabilidade**: por um lado, ele rejeita as obrigações, mostra repugnância em admitir restrições à sua liberdade para viver em sociedade. Cada um, para defender seus interesses, é movido a desenvolver suas disposições naturais. Esse antagonismo é o meio pelo qual a natureza faz com que o homem desenvolva a cultura, a sociedade e, finalmente, a moralidade.

A **história**, considerada como a realização de um "desígnio da natureza", é lugar de um progresso, ela visa à educação do homem em evolução.

A natureza, despindo o ser humano de todo instinto, astutamente o força a progredir. Ela visa a um fim: a **paz universal**, a instauração de uma "sociedade de nações", administrando universalmente o direito.

O que me é permitido esperar?

A **felicidade**, concebida como satisfação permanente e completa de todas as nossas inclinações, não é mais do que um **ideal da imaginação**, um objetivo ilusório daqui de baixo, que não constitui de maneira alguma o soberano bem, contrariamente ao que afirmam as morais da felicidade (os eudemonismos). Nós devemos, enquanto seres razoáveis, agir moralmente, mesmo que isso possa contradizer nossa busca da felicidade. Como nós somos seres **sensíveis**, determinados por toda parte (por nossa educação, nossa convivência, nossos afetos...), é necessário postular que, por nosso caráter **inteligível**, nós somos igualmente seres responsáveis e livres, capazes de autonomia, de obediência à lei moral. Podemos (e isto é, inclusive, exigido pela razão prática) postular a existência da **liberdade**.

A moralidade nos torna **dignos de felicidade**. O bem soberano consiste então na **união da virtude e da felicidade**. É-nos, portanto, permitido esperar essa reconciliação. A razão prática exige que postulemos a existência de Deus e a imortalidade da alma, condições de possibilidade de tal união.

O julgamento estético

Pela crítica da razão pura e a crítica da razão prática, Kant distinguiu dois mundos antagonistas: o mundo **natural**, lugar do determinismo (tudo se encadeia seguindo relações de causalidade necessárias), e o **mundo numenal da liberdade transcendental**, que responde à legislação da razão prática. *A Crítica da faculdade de julgar* erige um ponto entre esses dois mundos: "Na família das faculdades superiores de conhecer existe ainda um meio-termo entre o entendimento e a razão. Trata-se da faculdade de julgar". Kant, então, analisou o julgamento estético no qual se exerce a faculdade de julgar.

No julgamento do gosto, o prazer estético resulta de um **livre-jogo de nossas faculdades** (entendimento e imaginação), liberados das exigências do conhecimento, e manifesta a possibilidade da união dessas faculdades.

"O gosto é a faculdade de julgar um objeto ou um modo de representação pela satisfação ou o desprazer de uma maneira desinteressada. Chama-se belo o objeto dessa satisfação" (*Crítica da faculdade de julgar*). O prazer estético é **desinteressado**. Apenas a representação da **forma** do objeto é a causa do prazer estético, de modo que este não é determinado pela existência material do objeto.

O belo e o agradável

O **belo** se distingue do **agradável**. O **agradável** satisfaz por estar ligado a um interesse ou uma necessidade. O objeto que permite a satisfação de uma necessidade provoca um prazer, e esse prazer é determinado por sua existência material. Quando eu digo "o vinho das Canárias me agrada", esse julgamento somente vale para mim mesmo e eu admito que outra pessoa não tenha o mesmo julgamento: o princípio "gosto não se discute" é válido para aquilo que é agradável. O **belo**,

Kant • 1724-1804

pelo contrário, é objeto de um julgamento de gosto desinteressado que não resulta de meus gostos pessoais, de minhas preferências. Quando eu afirmo que uma obra é bela, eu pronuncio um julgamento de gosto que não vale apenas para mim. Eu requeiro a adesão de todos. "É belo aquilo que agrada universalmente, sem razões". Embora eu requeira a adesão de todos, é, no entanto, impossível justificar esse julgamento, provar por meio de conceitos a beleza da obra. Neste sentido, o sentimento estético é experimentado, não se argumenta.

Uma finalidade sem fim

E se esse julgamento é, por direito, universal, é porque o objeto que se julga belo é tudo aquilo que ele deve ser. Existe beleza quando a harmonia é tal que todas as partes formam um conjunto indivisível e, contudo, não visam nenhum fim específico. Todas as partes concorrem a uma harmonia interna, sem fim, no sentido utilitário. O belo é, para si mesmo, seu próprio fim. Assim, "a beleza é a forma da finalidade de um objeto ao ser percebida nesse objeto sem representação de um fim" (*Crítica da faculdade de julgar*).

O julgamento estético depende, portanto, de um julgamento **subjetivo** (ele exprime uma relação de harmonia das faculdades que resulta da relação do objeto com o sujeito) e, entretanto, universal (ele vai bem além do agradável). Para afirmar isto é necessário incluir a existência de um **senso comum** a todos os homens, que permita evitar todo relativismo.

Uma obra-chave: *Resposta à pergunta: O que é o Iluminismo?*

Contexto

Este opúsculo interroga o Iluminismo, essa corrente filosófica e enciclopédica característica do século XVIII que afirma que a razão, presente em todo ser humano, deve guiá-lo e libertá-lo de toda submissão não legítima.

Extrato

O que é o Iluminismo? A *saída do homem de sua minoridade, pela qual ele próprio é o responsável. Minoridade*, isto é, incapacidade de servir-se de seu entendimento sem a direção de outrem; minoridade da qual ele mesmo é o responsável, porque a causa reside, não em uma deficiência do entendimento, mas em uma falta de decisão e de coragem de fazer uso de seu entendimento sem ser dirigido por outrem. *Sapere aude*! Tenha a coragem de se servir de seu próprio entendimento! Esta é a divisa do Iluminismo.

A preguiça e a lassidão são as causas que explicam que um número tão grande de homens, depois que a natureza os libertou há tanto tempo de uma dominação estrangeira, prefiram, no entanto, continuar na minoridade a vida inteira, e que seja tão fácil para outros se colocarem como seus tutores. É tão cômodo permanecer infantil! Se eu tenho um livro que me serve de substituto ao meu entendimento, ou um diretor, que ocupa o lugar da minha consciência, um médico, que decide por mim sobre o meu regime etc., nesse caso, eu realmente não tenho necessidade de me dar esse fardo. Eu não preciso pensar, desde que eu possa pagar; outros farão por mim esse trabalho chato.

Que a grande maioria dos homens (incluindo o sexo frágil inteiro) considere também muito perigoso esse passo à frente rumo à sua maioridade, além de ser uma coisa cansativa, é o que mais desejam os tutores que, muito amavelmente, tomam para si a tarefa de exercer uma alta direção sobre a humanidade. Depois de deixar bem imbecilizado o seu gado, e de assegurar cuidadosamente que essas mansas criaturas não ousem dar um só passo fora do curral para onde foram recolhidas, eles lhes mostram o perigo que as ameaça, caso tentassem aventurar-se sozinhas do lado de fora.

Ora, tal perigo não é, realmente, tão grande; pois elas aprenderiam muito bem, depois de algumas quedas, a caminhar sozinhas (Kant, 1947).

CHAVES TEXTUAIS

Minoridade: a submissão a outrem

- Minoridade: estado daqueles que estão submetidos a uma direção alheia; heteronomia (obediência a leis exteriores).

- Ausência de liberdade do menor: ele não pensa por si mesmo, sua vida é regida por outros (um diretor, um livro, um médico...).

As razões da minoridade

- O menor é, ele próprio, responsável pelo estado em que se encontra: ele poderia sair desse estado (a razão é comum a todos), mas ele escolhe o caminho da facilidade.

Kant • 1724-1804

• Preguiça, falta de coragem do menor que teme responsabilizar-se por si mesmo: o pensamento requer esforços.

• Lassidão do menor: medo de dever assumir sua vida, de ser responsável e autônomo. A liberdade representa um risco.

• Os tutores (dirigentes), espertalhões, aplicam-se a manter os menores sob suas asas para conservar sua hegemonia.

A maioridade

• Condições da saída da minoridade: a coragem de pensar por si mesmo e a educação.

• Maioridade: estado daquele que não está submetido a outrem, que pensa por si mesmo, que é responsável, autônomo (obedece às leis da razão). Estado de liberdade verdadeira.

• O homem deve sair da submissão e compreender que é capaz, graças à razão, de julgar por si mesmo.

SÉCULO XIX

COORDENADAS

O que caracterizou o século XIX foi a sua complexidade. Feito de antagonismos e contradições, foi o século dos grandes sistemas totalizantes que pensavam a história e seu sentido, mas também foi o século do Romantismo, que exaltou o eu individual, ou, ainda, o século do desencantamento e da perda de valores e ideais, que se fechou sobre a "morte de Deus", que Nietzsche declamou e a suspeitou que inaugurava a filosofia a golpes de martelo.

Idealismo e Romantismo

O Romantismo

Contra o racionalismo do Iluminismo, o Romantismo, que nasceu no fim do século XVIII e se desenvolveu no século XIX, reabilitou a sensibilidade, a intuição e a imaginação. A fria razão era inapta para dar conta da identidade da natureza e do espírito – identidade absolutamente rejeitada pelo espírito das Luzes e afirmada por Schelling (1775-1854) – que se desvelou através do **sentimento místico** e por obra do gênio artístico. Longe das normas em vigor, a arte se liberava para tornar-se lugar de expressão da **singularidade do sujeito**.

Nostálgica, a alma romântica estava em busca da unidade do eu e do universo. Se o Romantismo exaltou o eu, a individualidade livre em oposição ao universalismo redutor da razão, ele estava também em busca do absoluto, e via no homem e na natureza a manifestação da grandeza divina: o Romantismo contribuiu para um retorno da fidelidade aos princípios da religião cristã. Em um

Século XIX

contexto histórico particular, quando na França se instalou o Terror, assistiu-se ao **surgimento do sentimento nacional** contra a reivindicação do cosmopolitismo das Luzes. Surgiu o entusiasmo, com Fichte (1762-1814), pelo **Estado-nação**, reivindicando tradição nacional e cultura própria ao espírito de um povo.

O idealismo alemão

O idealismo se desenvolveu na Alemanha na primeira metade do século XIX. Os sistemas criados pelos sucessores de Kant tinham por fim pensar o real superando a oposição kantiana da coisa e do espírito. A ideia de uma "coisa em si" incognoscível foi rejeitada. Tratava-se de **tornar inteligível o real e de desvelar sua unidade**.

Hegel (1770-1831) elaborou um sistema totalizante que pensava a história universal e identificava o Espírito e o real. Seu **idealismo absoluto** constituiu o pensamento maior do século XIX: todo filósofo que sucedeu a Hegel se dedicou a desenvolver ou combater o sistema hegeliano.

Entre otimismo e desencantamento

As ciências e técnicas que fundamentam o otimismo

A crença em um **progresso** ilimitado das ciências e das técnicas perdurou e se fortaleceu. O século do Iluminismo havia destacado a importância da **experimentação** e da observação na ciência. O século XIX confirmou essa tendência: **Claude Bernard** desenvolveu o método experimental e descobriu a função glicogênica do fígado; **Charles Darwin** (1809-1882) expôs sua teoria da evolução na *Origem das espécies* (1859); **Pasteur** (1822-1895) fez descobertas capitais que fizeram a medicina avançar.

Assistiu-se igualmente ao nascimento da sociologia e da psicologia experimental. A história, a linguística e a economia estavam em pleno voo. Interrogava-se sobre os fundamentos da matemática (Boole, Frege, Hilbert) e novas geometrias, não euclidianas, foram elaboradas por Lobatchevski e por Riemann.

Positivismo e cientificismo

Esse formidável progresso das ciências e das técnicas abriu caminho ao **Positivismo** do qual **Augusto Comte** (1798-1857) foi um dos principais representantes. A carreira científica era, então, considerada o único modelo a seguir a fim de desenvolver o conhecimento. Mas o Positivismo tendeu, a partir da segunda metade do século XIX, a se transformar em **cientificismo**: a fé na ciência era tal que, para alguns, somente ela era capaz de resolver os males da humanidade. A ciência se impôs como valor e método em todos os domínios da vida. Somente no fim do século é que essa supervalorização da ciência foi colocada em questão.

O desencantamento

Se o otimismo parecia dominar o século XIX, também alguns filósofos marginais desfizeram um pouco a nitidez desse quadro opondo-se tanto ao sistema hegeliano quanto ao Positivismo.

Schopenhauer (1788-1860) desenvolveu uma filosofia marcada de pessimismo, refutando a possibilidade da felicidade. Longe de compartilhar o entusiasmo de seus contemporâneos pelo progresso, ele lançou um olhar cínico sobre a existência e apelou ao ascetismo, à negação do querer-viver, que não passava de fonte de sofrimento.

Kierkegaard (1813-1855) opôs-se ao espírito sistêmico e valorizou a existência e a subjetividade, abrindo caminho ao existencialismo que perpassou o século XX.

Quanto a **Nietzsche** (1844-1900), ele inaugurou (com Marx) as filosofias da suspeita revelando as ilusões de que o homem era prisioneiro. Enquanto genealogista, Nietzsche fez pesar a suspeita sobre a filosofia e a religião e anunciou o surgimento do niilismo, a perda dos valores e dos ideais.

Contra a tendência a querer compreender e orientar racionalmente o mundo, todos esses pensadores exibiram a absurdidade do mundo ou, pelo menos, sua irredutibilidade ao conceito, e fizeram com que fossem novamente colocados em causa os valores tradicionalmente admitidos.

As mutações sociais: entre crescimento e decadência

Uma sociedade em mutação

Os avanços técnicos contribuíram para a emergência da revolução industrial. Com a invenção da máquina a vapor, os modos de produção se modificaram, desenvolvendo-se o trabalho assalariado. O liberalismo

Século XIX

econômico encorajou o livre-desenvolvimento da indústria e viu aí a possibilidade da prosperidade da sociedade.

No entanto, o enriquecimento do capitalista tinha uma outra face: fez-se acompanhar do empobrecimento crescente da classe operária. Esse crescimento veio acompanhado de miséria e as condições de trabalho eram cada vez mais inaceitáveis. Tal realidade pôs em primeiro plano as questões de ordem social.

A filosofia ante as novas interrogações

Se **Tocqueville** (1805-1859) se interrogou sobre a possibilidade de conciliar liberdade e igualdade social, **Marx** (1818-1883) e **Engels** (1820-1895), por sua vez, denunciaram a exploração do homem pelo homem e elaboraram um pensamento militante com vistas a transformar o mundo. O materialismo histórico tomou o contrapé do idealismo hegeliano e mostrou que o capitalismo não poderia ser mais do que provisório. Era rumo ao estabelecimento de uma sociedade sem classes, rumo à realização do comunismo, que a história caminhava.

Os pensamentos socialistas se desenvolveram ante o aumento das desigualdades e da miséria. A filosofia adquiriu um *status* prático, e se tornou combatente e atuante.

Da empreitada sistemática de Hegel à crítica nietzscheana da racionalidade filosófica, o século XIX viu se enfrentarem pensamentos antagonistas. Dessa forma, ele esboçou a diversidade dos caminhos que seguiram os pensadores do século XX.

Quadro cronológico

HEGEL

1770-1831

*Nada de grande foi realizado
no mundo sem paixão.*
(A razão na história)

Elementos biográficos

Os primeiros anos

Nascido em Stuttgart, Georg Wilhelm Friedrich Hegel estudou filosofia e teologia no seminário de Tübingen, onde estabeleceu amizade com Schelling e Hörderlin. Leu Rousseau, Lessing e Fichte. Com seus companheiros, ele se entusiasmou pela Revolução Francesa e suas ideias.

Sem vocação eclesiástica, ele renunciou à carreira de pastor e se voltou para a docência. Em 1807, publicou *Fenomenologia do espírito*, obra que procurou desvelar a racionalidade que estava em operação na história.

Com efeito, Hegel, que foi durante algum tempo redator de imprensa, era apaixonado pela história, que ele procurava perceber em sua unidade e atualidade.

Um professor renomado

Professor-titular da cadeira de filosofia da Universidade de Heidelberg, Hegel redigiu *A ciência da lógica* (1812-1816) e o *Resumo da Enciclopédia das Ciências Filosóficas* (1817), uma exposição dos pontos fundamentais de seu sistema.

Convidado para a cadeira de Berlim, aquele que foi chamado "professor dos professores" gozava de grande prestígio. A maioria

Século XIX

de seus cursos foi publicada postumamente a partir de seus manuscritos e das anotações feitas por seus estudantes: *Lições sobre a história da filosofia* (1833-1836), sobre a *Estética* (1832). *Lições sobre a filosofia da religião* (1832), e *Lições sobre a filosofia da história* (1837).

Durante o último ano de sua vida, Hegel exerceu as funções de reitor na Universidade de Berlim.

Teses essenciais

Fundador de um verdadeiro sistema filosófico, Hegel foi um dos pensadores mais influentes do século XIX. Insatisfeito com as consequências do sistema kantiano, ele elaborou uma nova visão do mundo e da história em sua relação com o espírito, que ele qualificava de idealismo absoluto. A maior parte dos grandes pensamentos elaborados depois dele (o de Marx, Sartre, Merleau-Ponty...) surgiram a partir de seu sistema e contra ele.

O espírito sistêmico

Hegel foi um pensador sistêmico e enciclopédico por excelência: ele elaborou um pensamento da totalidade que visava superar os dualismos kantianos (por exemplo, o númeno e o fenômeno, a fé e o saber, o espírito e a natureza...) e a **apreender a realidade em sua unidade e em sua racionalidade imanente**. O sistema que ele elaborou visava mostrar a racionalidade do real em seu próprio movimento. Era um pensamento totalizante da história que lhe evidenciava o sentido.

A filosofia não era, para Hegel, amor pela sabedoria, mas sabedoria propriamente que deveria poder dar uma explicação de tudo, pensar a totalidade em seu próprio vir a ser, como algo racional.

O real é racional

Se a apreensão do absoluto pode ser assumida como objeto da filosofia, é porque "tudo que é racional é real, tudo que é real é racional".

A filosofia hegeliana é um **idealismo absoluto**: ela afirma a reconciliação e a unidade da ideia e do real. O real não é irracional e a apreensão da verdade não se reduz, como entendia Kant, à apreensão dos fenômenos. A filosofia é apreensão da verdade em seu caráter absoluto. O verdadeiro, o absoluto (o que é em si e por si) não é inacessível. A **razão** não é apenas o modo de compreensão do mundo, como afirma Kant; ela é também, e principalmente, a essência da realidade em si, o princípio divino imanente às coisas. A ideia é aquilo que se manifesta e se realiza nos fatos, não aquilo que se opõe a eles ou se lhes sobrepõe, como implicado na visão dualista do mundo derivada da tradição platônica que distingue entre mundo sensível (mundo da aparência, dos fenômenos) e mundo inteligível (mundo das ideias).

A verdade do todo: o resultado de um desdobramento

A fim de apreender a unidade de tantos fatos contraditórios é preciso compreender, como escreveu Hegel em *Fenomenologia do espírito*, que "o verdadeiro é o todo. Mas o todo é apenas a essência que se realiza pelo desdobramento": **o verdadeiro, absoluto, não está presente à primeira vista, mas se desdobra, revela-se na temporalidade**, e apenas no fim do processo histórico é que ele será tudo aquilo que é, em sua forma estendida.

Hegel foi, assim, um dos primeiros pensadores a considerarem o absoluto como resultado, e não como aquilo que está aí desde toda a eternidade. A ideia, em Platão, era concebida como imutável e eterna. Em Hegel, ela era o resultado de um longo processo de desdobramento, existindo na origem apenas enquanto virtualidade não consciente de si mesma.

A história: a marcha progressiva do Espírito

A história não é o lugar de um caos incompreensível, mas sim da **realização do Espírito** que se exprime por meio do modelo cultural dominante em uma época. "A história universal é apenas a manifestação da razão". O Espírito se encarna nas obras da civilização: "a arte, a religião e a filosofia são igualmente lugares de seu desenvolvimento progressivo".

Existe, portanto, um **sentido** (um progresso) e também um **fim da história**. E se aparentemente a história nos parece caótica, isto se deve ao fato de nós não sermos capazes de captar o movimento dialético que anima a ideia que se realiza nela.

A dialética

A marcha do Espírito acontece por meio de um movimento dialético: cada etapa da história é, ao mesmo tempo, a **realização**, a **superação**, e a **negação** da etapa precedente.

Século XIX

Para se compreender o movimento dialético pode-se usar como representação uma planta: a flor é, ao mesmo tempo, a negação, a superação e a realização do botão, uma vez que ela marca o desaparecimento dele, mas o realiza, ao mesmo tempo, ao superá-lo. Igualmente, o fruto nega e realiza a flor.

A **contradição**, longe de ser irracional e paralisante, é o motor da história. É desse modo que Hegel concebia que os momentos de paz e de felicidade eram páginas brancas da história, páginas sem avanço, sem progressos: a guerra era o meio que os povos tinham de conquistar a liberdade e ultrapassar a época e a situação presentes.

A cada etapa, o Espírito se encarna em uma cultura, em um povo particular de maneira mais expressiva do que outros em determinada época. Assim, Hegel distingue três momentos decisivos da história: no **mundo oriental**, despótico, um só homem é livre. Aqui, o Espírito está presente somente **em si**, e a consciência da liberdade, que é também consciência de si do Espírito realizado só existe em germe. O **mundo greco-romano** afirma a liberdade de alguns, dos cidadãos. Ele é símbolo do para si, o Espírito tomando consciência de si mesmo. Enfim, o **Estado moderno** sabe que todos os homens são livres, que o homem é livre enquanto homem: o Espírito **em si e para si**, consciência de si como substância e sujeito, chegou à sua plena realização. A história marca o desenvolvimento da consciência de si e da liberdade.

Existiria, portanto, um **fim da história**: o Espírito realizado, a história se acaba. Mas ela não seria o fim dos tempos, nem um fim dos acontecimentos. Seria o fim da marcha do Espírito, simplesmente. O sentido da história (a liberdade universal) estando realizado, nenhum grande princípio poderia superar esse sentido e impor-se.

A paixão, artimanha da razão

Mas dizer que "a razão governa o mundo", como escreveu Hegel ao analisar a história filosófica, é supor que o homem, comparável a uma marionete, é o seu brinquedo. Ora, a história parece ser lugar de fatos contingentes e particulares, e o homem histórico parece agir mais por interesse e por paixão do que pela razão.

É que razão e paixão não se opõem: a **artimanha da razão** universal consiste em se servir das paixões humanas para se realizar e levar a cabo a realização efetiva da liberdade concreta por meio do Estado moderno. Napoleão, por exemplo, em quem Hegel via "a alma do mundo", não realizou apenas seu próprio projeto, mas era o particular realizando o universal. O homem, no entanto, não é, simplesmente, um autômato, pois a história é uma marcha por meio da liberdade.

Hegel reabilitou a **paixão**: diante da tradição que considerava a paixão como uma doença da alma, ele afirmava que a paixão é positiva, que ela produz a energia necessária para a ação.

A dialética do senhor e do escravo

Individualmente, a tomada de consciência de si mesmo se realiza igualmente por um movimento dialético. A consciência de si não poderia ser alcançada sem uma **luta** anterior **pelo reconhecimento**, como ensina a dialética do mestre e do escravo, famoso episódio da *Fenomenologia do espírito*.

A luta mortal das consciências manifesta o ser para si do indivíduo que não se reduz à sua simples existência biológica (em si). Cada indivíduo somente se afirma opondo-se a outras consciências. Mas, paradoxalmente, ela quer igualmente ser reconhecida pela outra. É assim, nesta contradição, que ela se constitui enquanto consciência.

O escravo é aquele que prefere sua vida à liberdade, aquele que quer viver e submeter-se à dominação do senhor para salvaguardar sua existência biológica. O senhor, em contrapartida, é aquele que arrisca sua vida para afirmar sua liberdade.

O senhor submete o escravo: este último trabalha para aquele e lhe assegura uma existência tranquila, livre de qualquer necessidade. O escravo reconhece o senhor como consciência. Mas o escravo é tido como coisa pelo senhor.

Contudo, servindo ao senhor, o escravo se confronta com a resistência da natureza e põe suas forças à prova, toma consciência de si mesmo, a ponto de dominar, finalmente, o senhor amolecido por sua situação ociosa e dependente do escravo. A situação passa por uma inversão própria do mundo dialético. O escravo torna-se, então, o senhor do senhor. O **trabalho** é uma transformação da natureza, mas que realiza também uma transformação de si e nisso ele permite à consciência apreender-se ela mesma. "É pela mediação do trabalho que a consciência chega a si mesma" (*Fenomenologia do Espírito*).

Esta dialética inspirou principalmente as obras de Marx e sua análise da luta de classes (cf. seção sobre Marx).

A arte, manifestação sensível do Espírito

A arte é um "modo de manifestação particular do Espírito", portanto ela tem uma história. Como toda manifestação cultural, a arte evolui de maneira dialética na história.

Toda obra de arte é uma união entre o espiritual e o material, pelo fato de comportar uma forma, elemento sensível, material e um fundo, elemento inteligível, espiritual. A dominação de um dos dois elementos permite distinguir na história da arte três grandes períodos característicos do desenvolvimento do Espírito.

O primeiro período é o da **arte simbólica**, que caracterizou a arquitetura. Ele se estendeu da civilização indiana antiga até a alta Antiguidade Grega. A matéria, imponente, nessa época dominou sobre o espiritual. Em seguida vem a **arte clássica** (no século V a.C., em Atenas), que manifestou o equilíbrio perfeito do espiritual e do material, sobretudo, por meio da escultura. Enfim, a **arte romântica** presenciou a superioridade do espiritual, manifestado por excelência na música e na poesia da época do cristianismo.

Assim como existe um fim da história, existe, portanto, um **fim da arte**: chegada à sua plena efetividade, o Espírito não se realiza mais, hoje, na arte. Esta não é mais uma necessidade, mas o produto da liberdade individual.

A beleza artística, superior à beleza natural

Não existe beleza, sem que se tenha um espírito que a contemple. Assim, a beleza natural não é percebida como beleza senão pelo fato de ser assumida pelo espírito, pelo fato de o espírito entrever nela seu próprio reflexo. Se o canto do pássaro nos encanta, se o consideramos bonito, é porque ele se assemelha com uma doce melodia, e não o contrário.

Consequentemente, a beleza artística, longe de ser cópia, imitação mais ou menos perfeita da beleza natural, é a **manifestação sensível da verdade**. Ela exprime a encarnação sensível da ideia que nela se desdobra.

No entanto, a arte é "alguma coisa do passado". É destinada a ser superada por formas culturais mais espirituais, repelindo o sensível: a religião e, por último, a filosofia.

Hegel • 1770-1831

Uma obra-chave: *Estética*

Contexto

Nesse conjunto de lições proferidas em Berlim, Hegel analisou o pensamento artístico e, mais particularmente, as condições e a legitimidade de uma reflexão sobre a arte. A arte é a manifestação da vida do Espírito e é assim que ela deve ser pensada, em sua relação com a totalidade da história.

No texto que segue, mais especificamente, é a atividade prática (de que a arte é uma das expressões) e sua relação com a constituição da consciência que Hegel tem em mente.

Extrato

As coisas da natureza existem apenas imediatamente e de uma só maneira, ao passo que o homem, por ser espírito, tem uma dupla existência; por um lado, ele existe da mesma forma que as demais coisas da natureza, mas, por outro, existe também para si, ele se contempla, representa a si mesmo, pensa-se, e não é espírito senão por essa atividade que constitui um ser para si.

Esta consciência de si o homem a adquire de duas maneiras: primeiro, *teoricamente*, pois deve inclinar-se sobre si mesmo para tomar consciência de todos os movimentos, recônditos e propensões do coração humano e, de uma maneira geral, contemplar-se, representar para si mesmo aquilo que o pensamento puder lhe indicar como essência, enfim, reconhecer-se exclusivamente, tanto naquilo que ele obtém dentro de si mesmo quanto nos dados que recebe do exterior.

Em segundo lugar, o homem se constitui por meio de sua atividade *prática*, pois carrega o impulso de encontrar seu eu, de reconhecer a si mesmo naquilo que lhe é dado de maneira imediata, naquilo que se oferece a ele exteriormente. Ele faz isso interferindo nas coisas exteriores, marcando-as com o selo de sua interioridade e nas quais ele encontra apenas suas próprias determinações. O homem age dessa forma, em sua liberdade de sujeito, para subtrair ao mundo exterior seu caráter barbaramente estrangeiro e para usufruir das coisas simplesmente porque encontra nelas uma forma exterior de sua própria realidade. Essa necessidade de modificar as coisas exteriores já está inscrita desde as primeiras inclinações da criança: o menino que atira pedras na água e admira os círculos que se formam na superfície, admira, na verdade, uma obra em que pode ver o espetáculo de sua própria atividade (Hegel, 1995).

Século XIX

Chaves textuais

O que distingue o homem da natureza: a consciência

• Modo de existência dos seres da natureza (animais, vegetais...): existência em si (enquanto corpos), imediata (ausência de consciência).

• Dupla existência do homem: em si (enquanto animal, organismo biológico), mas também para si (ser consciente, espírito que pode se contemplar: instauração de uma mediação entre si e si mesmo).

• Um tema recorrente em Hegel: o homem se distingue da natureza por ser espírito, consciência de si.

Duas maneiras de adquirir consciência de si

• Teoricamente: a introspecção, a reflexão sobre si mesmo, o retorno sobre si da consciência refletida.

• Praticamente: pela ação e o trabalho, tomada de consciência de si e de sua capacidade de transformar o mundo à sua maneira (aqui, oposição a Descartes para quem a consciência de si advém da simples introspecção).

• Humanização da natureza, transformação do dado bruto como marca da liberdade humana tornada possível pela autoconsciência do homem, que ela exprime e desenvolve.

SCHOPENHAUER

1788-1860

O mundo é minha representação.
(Schopenhauer, 1966)

Elementos biográficos

Uma formação eclética

Arthur Schopenhauer, oriundo de uma rica família de banqueiros, estava destinado ao comércio por seu pai, que o encaminhou para o aprendizado do ofício e o fez viajar pela Europa.

Mas o jovem retomou, por fim, o caminho da universidade e descobriu as obras de Platão e de Kant. Iniciou-se nas religiões orientais. Ouvinte nos cursos de Fichte, ele criticou a "tagarelice de demente" do filósofo.

A longa travessia do deserto

Solitário, Schopenhauer passou por inúmeros fracassos que parecem ter alimentado seu pessimismo e seu cinismo.

Muito cedo, elaborou sua obra-prima, *O mundo como vontade e representação*, publicada em 1819. A obra não teve nenhum sucesso nessa época.

Ele deu cursos em Berlim ao mesmo tempo que Hegel, mas mesmo ali se desgostou e abandonou rapidamente o ensino, não sem menosprezo por esse ambiente. Retirou-se então para Frankfurt.

Finalmente, o reconhecimento tão aguardado

Os *Parerga e Paralipomena*, que redigiu para o público, o levaram, enfim, à celebridade. Somente no fim de sua vida é que *O mundo como vontade e representação*, reeditado em 1859, conheceu o sucesso e Schopenhauer foi, enfim, reconhecido.

Século XIX

Teses essenciais

Fundador do pessimismo, Schopenhauer se opôs aos grandes sistemas racionalistas dos filósofos alemães (Hegel, sobretudo), criticados por ele de maneira acerba. No entanto, ele reconheceu sua dívida para com a obra de Kant, que era, segundo suas próprias palavras, "a coisa mais considerável que se produziu em 20 séculos de filosofia". A influência de Schopenhauer é perceptível em Nietzsche, sobretudo, que se empenhou em combater o ideal ascético defendido por Schopenhauer, em que Nietzsche via o sintoma da decadência da vontade de potência.

O mundo é minha representação

Como Kant, Schopenhauer distinguiu o mundo (a coisa em si) e a representação que temos dele (o fenômeno). Nós não conhecemos o mundo em si.

O mundo que nosso espírito constrói é fictício, ilusório. Não passa de nossa representação, o que nós percebemos através de um véu ilusório, o **véu de Maya**, segundo os termos do pensamento brâmico. **O mundo como representação é um mundo de aparências**.

O mundo como vontade

Mas a reflexão interior do sujeito torna possível o acesso à realidade. Schopenhauer se afastou da posição kantiana: a coisa em si não é incognoscível; é possível rasgar o véu das aparências.

A experiência interior, com efeito, faz-nos intuitivamente descobrir a essência humana e, por extensão, do mundo em seu conjunto como vontade, **querer-viver**. Todo ser, do inorgânico ao homem, é animado por esse esforço, essa vontade de afirmação da vida sem origem nem fim. **O mundo como vontade é a realidade**. E é uma realidade absurda: a vontade é sem razão, sem causa, cega.

A felicidade é inacessível

Por ser essencialmente querer-viver, o homem não pode esperar atingir a **felicidade** entendida como satisfação total. Submetido ao **desejo** que renasce sem cessar, ele experimenta primeiro o **sofrimento** da **privação**, da falta que caracteriza todo desejo, a satisfação não sendo outra coisa que a ausência de sofrimento que em pouco tempo leva ao **tédio**. Ela não é nada de positivo, mas somente ausência de sofrimento que não pode perdurar, pois o desejo renasce sem cessar.

O homem, assim, não pode esperar o repouso que lhe daria uma satisfação completa. Esta é apenas uma ilusão: "Toda a nossa vida oscila, como um pêndulo, da direita para a esquerda, do sofrimento ao tédio" (Schopenhauer, 1966).

Schopenhauer • 1788-1860

A negação do querer-viver

Schopenhauer convoca a uma **moral da renúncia**: uma vez que o querer-viver nos impele à desgraça da frustração e do tédio, é preciso aboli-lo, desapegar-se disso. É por meio da moral, assentada sobre a piedade, a arte e o ascetismo, que se opera essa **negação do querer-viver**.

Cada homem, movido pelo querer-viver, quer realizar seus desejos: como Hobbes, Schopenhauer afirmava o egoísmo inato dos indivíduos que, apesar disso, exprimem uma mesma vontade universal. É preciso retirar o véu de Maya e captar a unidade dos seres, compreender que cada indivíduo é apenas a expressão de uma vontade universal que a transcende e a engloba, e que assim o egoísmo de cada um o impele a voltar-se, finalmente, contra si mesmo ao lutar contra o outro. A **piedade**, compaixão para com a infelicidade universal decorrente da consciência do trágico da condição humana e da unidade dos seres, pode desenvolver o altruísmo e limitar os malefícios do egoísmo.

Mas a piedade não suprime, de maneira alguma, o sofrimento. Assim, é no caráter desinteressado da contemplação estética, evidenciado por Kant, que Schopenhauer via a ocasião da negação do querer-viver. A **arte** seria a expressão do ser, e nos desviaria de toda preocupação egocêntrica, libertando da tirania dos desejos.

O ascetismo, a verdadeira sabedoria

Mas a contemplação estética dura apenas um tempo e é preciso substituí-la por um modo mais durável e mais radical de negar o querer-viver: o **ascetismo**.

Esta atitude de renúncia, de resignação e de indiferença consiste em negar em si o querer-viver. Schopenhauer se inspirou, aqui, no princípio do não apego budista que permite atingir o estado de serenidade correspondente ao nirvana. Em sua verdadeira sabedoria, "o homem chega ao estado de abnegação voluntária, de resignação, de calma verdadeira e de cessação absoluta do querer".

Uma obra-chave: *O mundo como vontade e representação*

Contexto

Nesta obra Schopenhauer revelou sua intuição essencial: o mundo é, fundamentalmente, querer-viver, tudo não passa de expressão de um esforço universal absurdo. Pessimismo e ateísmo estão lado a lado na defesa do ascetismo, modo de encontrar a serenidade.

Século XIX

Extrato

A satisfação, a felicidade, como a chamam os homens, não passa, na verdade e essencialmente, de algo *negativo*; nela nada há de positivo. Não existe satisfação que, por si mesma e por seu próprio movimento, venha a nós; ela precisa ser a satisfação de um desejo. O desejo, com efeito, a privação, é a condição preliminar de todo gozo. Ora, com a satisfação cessa o desejo e, consequentemente, o gozo também. Assim, a satisfação, o contentamento, não passaria de uma libertação em relação a uma dor, a uma necessidade; sob esse nome, na verdade, não se deve entender apenas o sofrimento efetivo, visível, mas toda espécie de desejo que, pelo incômodo que causa, prejudica nosso repouso, e até mesmo esse tédio que mata, que faz de nossa existência um fardo. – Ora, é algo difícil de conseguir, a conquista de um bem qualquer; é um bem que está separado de nós por dificuldades, que requer trabalhos sem fim. No caminho, a cada passo surgem obstáculos. E a conquista, uma vez feita, uma vez atingido o objeto, o que é que se ganhou? Nada, seguramente, além de se ter libertado de algum sofrimento, de algum desejo, de se ter retornado ao estado em que se estava antes da aparição desse desejo. – O fato imediato para nós é a necessidade, unicamente, ou seja, a dor. Quanto à satisfação e o gozo, não podemos experimentá-los senão indiretamente; temos que apelar à lembrança do sofrimento, da privação passada, que, antes de tudo, fora eliminada (Schopenhauer, 1966).

Chaves textuais

A felicidade é essencialmente e negativa

- A felicidade, a satisfação, remete sempre a uma privação anterior: nós satisfazemos sempre um desejo concebido como carência. Não existe, portanto, satisfação sem sofrimento anterior.

- A satisfação não passa de uma libertação de algo, nunca sendo um gozo positivo por si mesmo. É ausência de privação, e não positividade.

- Além disso, a satisfação não é, em si, algo durável: o tédio aparece assim que a falta é preenchida.

O ressurgimento do querer-viver

- A satisfação existe apenas correlacionada à lembrança da dor da privação anterior: sua existência é precária.

- Com efeito, o mundo é vontade. O homem é condenado a desejar sempre, a nunca estar satisfeito.

31
COMTE

1798-1857

*A fórmula sagrada dos positivistas: o amor como
princípio, a ordem como base, e o progresso como fim.*
(Sistema de política positiva)

Elementos biográficos

As premissas do sistema

Aos 16 anos, Augusto Comte ingressou na Escola Politécnica, da qual foi expulso por indisciplina. Desprovido de situação estável, ele viveu principalmente de cursos particulares de matemática.

Junto a Saint-Simon, o "profeta do industrialismo" de quem foi secretário, Comte elaborou o primeiro esboço de seu sistema.

De cursos de filosofia positiva à religião da humanidade

Comte publicou, de 1830 a 1842, os seis volumes dos *Cursos de filosofia positiva*, uma exposição de seu sistema. Ele nunca recebeu o cargo de professor da Escola Politécnica que desejava, mas exerceu funções de tutor, suplente e, também, examinador.

Em 1844, quando foi publicado o *Discurso sobre o espírito positivo*, preâmbulo de um curso de astronomia dado gratuitamente aos operários, ele se apaixonou perdidamente por Clotilde de Vaux. Mas o idílio platônico teve curta duração: Clotilde faleceu dois anos mais tarde. Transtornado, Comte lhe devotou um verdadeiro culto, e direcionou sua filosofia rumo a uma "religião da humanidade", à qual se dedicou até sua morte.

Século XIX

Comte se proclamou sumo sacerdote da religião da humanidade, instituiu o "calendário positivista" (cujos santos são os grandes pensadores da história) e fundou igrejas positivistas. O *Sistema de política positiva* (1851-1854) foi sua última grande obra.

Teses essenciais

O duplo projeto de Comte era edificar uma filosofia das ciências e elaborar uma política racional. Fundador do Positivismo, pai da sociologia, Augusto Comte representou a crítica da teologia cuja teoria terminou em uma religião que alguns positivistas recusaram e acusaram de delírio político-religioso.

A lei dos três estados

Dotada de sentido, a história é o lugar da evolução necessária do espírito da humanidade. A humanidade progride segundo a **lei dos três estados**.

Esta lei diz que os grandes momentos do desenvolvimento histórico correspondem a três estados da humanidade, três estágios da inteligência:

> O espírito humano, por sua natureza, emprega sucessivamente em cada uma de suas pesquisas três métodos filosóficos, cujo caráter é essencialmente diferente e até radicalmente oposto: inicialmente, o método teológico, em seguida o método metafísico e, enfim, o método positivo (*Curso de filosofia positiva*).

O **estado teológico** ou "**fictício**" constitui o estágio mais primitivo da inteligência. Como a criança que recorre a explicações irracionais apelando ao sobrenatural, a humanidade acreditou, inicialmente, na existência de entidades dotadas de vontade que explicariam os fenômenos naturais. O espírito humano, com efeito, espontaneamente tem a tendência de buscar as causas absolutas dos fenômenos, quer dizer, tanto as causas primárias quanto as finais, os objetivos últimos do ato. O estado teológico compreende três momentos: o **fetichismo** (os objetos, encarnações de espíritos seriam dotados de poderes e de intenções); o **politeísmo** (crença na existência de seres divinos, responsáveis pelos fenômenos naturais e humanos); e, enfim, o **monoteísmo** (Deus é a origem única de todos os fenômenos).

No **estado metafísico** ou "**abstrato**", o espírito persegue essa busca das causas absolutas, mas argumenta, em vez de imaginar. Entidades

Comte • 1798-1857

abstratas, essências, conceitos arbitrários desfazem os mitos e substituem os deuses. Este estado corresponde, no indivíduo, à adolescência.

O **espírito positivo**, ou, ainda, **científico**, é o estágio da maturidade do adulto rumo ao qual todo indivíduo e todo povo tende necessariamente.

O espírito positivo

O espírito positivo renuncia à busca de causas absolutas (o porquê) para dedicar-se à busca das **leis** (o como). Ele deve descrever como os fenômenos se encadeiam uns aos outros. O verdadeiro objeto da ciência são os fatos e suas relações, não suas causas últimas. No *Discurso sobre o espírito positivo*, Comte desenvolveu os diversos sentidos do termo "positivo". Esta palavra "designa o real em oposição ao quimérico": o espírito positivo se prende ao que é real. Útil, permite prever e, portanto, agir pela técnica: "Ciência, logo previdência; previdência, logo ação". O espírito positivo é igualmente certo, preciso, construtivo (ele instaura ordem, coesão social e progresso). Enfim, ele substitui o absoluto pelo relativo, estabelecendo leis e renunciando à busca pelas causas.

Sociologia, rainha das ciências

As ciências se tornariam positivas ao longo da história. Comte as hierarquizou: antes de tudo seriam as ciências exatas que acederiam ao rol de ciências positivas, depois a astronomia, a física, a química, a biologia e, enfim, a sociologia, que coroa este edifício. Primeiramente denominada por Comte "física social", depois sociologia, ciência da humanidade que seria a mais digna de todas. Cada ciência dependeria das ciências anteriores. Por exemplo, seria preciso ser matemático para ser físico. O sociólogo, portanto, deveria conhecer o essencial de todas as ciências anteriores.

A sociologia perseguiria um fim prático: instaurar uma coesão social durável, instituir um altruísmo generalizado.

A religião da humanidade

Para estabelecer a ordem social é necessário haver um poder temporal (a força política e econômica dos industriais), mas sobretudo um poder espiritual que o aconselhe. Este último não pode se impor senão por meio de uma verdadeira religião, da qual Comte se colocou como fundador e sumo sacerdote: a religião da humanidade. A humanidade, esse **Grande Ser** de que fazemos parte, mas que nos transcende (pois é constituído do conjunto de todas as gerações passadas e futuras), deve ser venerado.

Século XIX

São os servidores mais prestigiosos da humanidade que melhor a representam: o culto comum será o dos grandes homens. Mas como cada pessoa faz parte da humanidade, a veneração provada dos seres amados (de Clotilde, para Comte) é igualmente legítima.

Uma obra-chave: *Curso de filosofia positiva*

Contexto

O *Curso de filosofia positiva* realizou o primeiro projeto de Augusto Comte, o de erigir uma filosofia das ciências. Comte fundou, assim, o Positivismo, filosofia que afirmaria a superioridade do conhecimento científico e rejeitaria o metafísico.

Extrato

No estado teológico, o espírito humano, dirigindo sua busca essencialmente para a natureza íntima dos seres, as causas primeiras e finais de todos os efeitos que o atingem, em uma palavra, para os conhecimentos absolutos, imagina os fenômenos como sendo produzidos pela ação direta e contínua de entidades sobrenaturais mais ou menos numerosas, cuja intervenção arbitrária explica todas as anomalias aparentes do universo. No estado metafísico que, no fundo, é apenas uma simples modificação genérica do primeiro, os agentes sobrenaturais são substituídos por forças abstratas, verdadeiras entidades (abstrações personificadas) inerentes aos diversos seres do mundo e concebidas como capazes de gerar por si mesmas todos os fenômenos observados, cuja explicação consiste então em atribuir para cada um a entidade correspondente. Enfim, no estado positivo, o espírito humano, reconhecendo a impossibilidade de obter noções absolutas, renuncia a buscar a origem e o destino do universo, e a conhecer as causas íntimas dos fenômenos, para interessar-se unicamente em descobrir, pelo uso bem combinado do raciocínio e da observação, suas leis efetivas, quer dizer, suas relações invariáveis de sucessão e similitude. A explicação dos fatos, reduzida então a termos reais, não é mais outra coisa senão a ligação estabelecida entre os diversos fenômenos particulares e alguns fatos gerais cujo número os progressos da ciência tendem a diminuir cada vez mais (Comte, 1975).

Comte • 1798-1857

Chaves textuais

Os três estados

• Progresso do espírito da humanidade que passa da infância (estado teológico) à idade adulta (estado positivo).

• O estado metafísico: um estado transitório que supera o estado teológico.

• O estado positivo, estado definitivo e normal da inteligência, torna possível o progresso das ciências.

A lei substituta da causa

• O estado teológico e o estado metafísico procuram as causas primeiras ou finais dos fenômenos. O estado positivo, ao contrário, não busca mais as causas, mas os vínculos entre os fatos e as leis que os regem.

32
COURNOT

1801-1877

*A filosofia sem a ciência [...] se
perde em espaços imaginários.*
(Cournot, 1975)

Elementos biográficos

Universitário e alto funcionário

Antoine-Augustin Cournot, recebido na Escola Normal Superior pela via científica, fez estudos superiores de matemática. Foi professor de análise e de mecânica na Universidade de Lyon, e depois reitor da Academia de Grenoble, antes de tornar-se inspetor-geral e reitor da Academia de Dijon.

Matemático, economista e filósofo

Pioneiro da economia matemática, ele publicou, mormente, as *Investigações sobre os Princípios matemáticos da Teoria das Riquezas* em 1838.

Este eminente pensador, no entanto, pouco conhecido por seus contemporâneos, também atuou como filósofo em seu *Ensaio sobre os fundamentos do conhecimento humano e sobre os caracteres da crítica filosófica* (1851), e em *Materialismo, vitalismo, racionalismo* (1875), em que analisou o emprego dos dados da ciência na filosofia.

Cournot • 1801-1877

Teses essenciais

Pensador do Racionalismo do século XVII, fino conhecedor das probabilidades, Cournot renovou a reflexão sobre o acaso e projetou "fazer compreender o valor filosófico das ideias de chance, acaso, probabilidade" (*Exposição da teoria das chances e das probabilidades*, 1843). Toda a sua obra exprime a "união íntima e, contudo, a primitiva independência do elemento filosófico e do elemento positivo, ou propriamente científico no sistema do conhecimento" (Cournot, 1975, § 329).

O acaso, uma realidade

Laplace, estritamente determinista, negava a existência do acaso: uma inteligência capaz de ver o mundo em sua totalidade, como também as leis que o regem, poderia prever todos os acontecimentos futuros. O acaso se reduziria, assim, a uma impressão subjetiva causada pela fragilidade do espírito humano ao ignorar as causas de um fenômeno. Essa não era a opinião de Cournot, que lhe conferiu uma verdadeira existência sem, contudo, renunciar à ideia de um mundo ordenado.

Determinista, Cournot afirmava que todo acontecimento teria causas, mas ele conciliava a ordem do mundo com a existência objetiva do acaso.

O acontecimento aleatório não é desprovido de causa

O acaso não se reduz à contingência, e se distingue nitidamente dela. Chamamos ordinariamente de contingente o que não tem causa, aquilo que é começo absoluto. Ora, o que acontece por acaso, segundo Cournot, não é acausal. Nada se produz sem uma causa. Com efeito, cada acontecimento tem uma causa que, por sua vez, é o efeito de uma causa anterior. Todo acontecimento é, assim, um elo de uma série causal.

Mas as séries causais são independentes umas das outras e o acontecimento fortuito, originado por acaso, resulta do encontro de duas séries causais independentes. "Os acontecimentos originados pela combinação ou o encontro de outros acontecimentos que pertencem a séries independentes umas das outras são o que se chama de acontecimentos fortuitos ou de resultados do acaso". Se, por acaso, uma telha cai de um telhado atingindo um passante, nós vemos nisso um azar. Mas isso não é um acontecimento sem causa. A telha cai, por exemplo, porque o telhado está velho. Se o pedestre está presente nesse lugar nessa hora, é

Século XIX

em virtude de uma outra série causal, totalmente independente daquela que preside à queda da telha. O acontecimento fortuito (a telha cai na cabeça do passante) é, portanto, resultado da interferência de duas séries causais, mas não é acausal. Desse modo, existiriam simultaneamente ordem e desordem no mundo: determinismo e acaso não são incompatíveis.

A filosofia da história

Existem duas maneiras de pensar a história, conforme se enfoquem as causas ou as razões dos acontecimentos. A **causa** é aquilo que produz o efeito, ao passo que a **razão** é o que o explica. A **história anedótica** se limita ao desvelamento das causas, e se preocupa em mostrar a pequenez das causas e a grandeza dos efeitos. Ela explica como os fatos aconteceram. A **história filosófica**, mais esclarecedora, dedica-se à busca das razões dos acontecimentos, a retraçar a ordem à qual eles obedecem. Ela desvela o porquê dos acontecimentos.

Mas, como no mundo existem tanto a ordem quanto a desordem, a história não deve ser compreendida nem como lugar de uma contingência pura nem como desdobramento racional de um princípio único. Ela é o reino do acaso e da necessidade. "Não existe história propriamente dita, lá onde todos os acontecimentos derivam necessariamente e regularmente uns dos outros, em virtude das leis constantes pelas quais o sistema é regido" (Cournot, 1975). Contra as filosofias totalizantes (a de Hegel, por exemplo) e contra uma concepção irracional da história, Cournot elaborou uma visão original da história, em que coexistem a ordem e o acaso. Daí decorre um **probabilismo** que afirma a legitimidade da tomada em consideração do provável no conhecimento em geral.

Uma obra-chave: *Ensaio*

Contexto

Cournot se interessou no *Ensaio* pelo papel da razão na elaboração do conhecimento humano. Neste extrato ele analisou mais particularmente o objeto do saber do historiador.

Extrato

Se não existe história propriamente dita lá onde todos os acontecimentos derivam necessariamente e regularmente uns dos outros, em virtude das leis constantes pelas quais o sistema é regido, e sem concurso acidental de influências estranhas ao sistema que a teoria abarca, tampouco haverá história, no verdadeiro sentido da palavra, para uma série de acontecimentos que não tivesse relação alguma entre si. Assim, os registros de uma loteria pública poderiam oferecer uma sucessão de ações singulares, quem sabe até interessantes para a curiosidade, mas elas não constituiriam uma história: pois as ações se sucedem sem encadeamento, sem que as primeiras exerçam qualquer influência sobre as seguintes, mais ou menos como nesses anais em que os sacerdotes da Antiguidade tinham o cuidado de anotar as monstruosidades e os prodígios na medida em que eles lhes chegavam aos ouvidos. Todos esses acontecimentos maravilhosos, sem relação uns com os outros, não podem formar uma história, no verdadeiro sentido do termo, mesmo que se sucedam seguindo uma determinada ordem cronológica (Cournot, 1975).

CHAVES TEXTUAIS

O acaso não constitui a história

- A história não é o conhecimento dos fatos passados em sua singularidade e sua contingência.

- Tal conhecimento não é mais do que uma soma de anedotas sem interesse: apresenta causas sem razões, sem inteligibilidade, sem mostrar o vínculo que une os acontecimentos entre si.

- Um exemplo: os registros de uma loteria coletam fatos independentes uns dos outros, mas isto não constitui uma história, um conjunto compreensível e dotado de sentido.

A história tampouco é lugar de uma necessidade absoluta

- O historiador deve explicar a razão dos acontecimentos e desvelar a ordem que os preside, mas não deve esquecer a existência de fatos aleatórios na história.

- Quando os acontecimentos se encadeiam rigorosa e regularmente, fala-se de ciência, não de história.

- A história, na verdade, dedica-se ao conhecimento das razões e leva em conta a existência do acaso.

33
TOCQUEVILLE

1805-1859

Aquele que procura na liberdade outra coisa
senão ela mesma foi feito para servir.
(O Antigo Regime e a Revolução)

Elementos biográficos

Uma viagem decisiva

Nascido em uma família aristocrática, Alexis de Tocqueville foi um dos principais pensadores da Revolução e da democracia.

Suas funções de magistrado o levaram a residir nos Estados Unidos para analisar o sistema penitenciário americano. Esta missão foi apenas um pretexto para Tocqueville, que deseja satisfazer sua curiosidade pelo sistema democrático que se desenvolvia na América. Desta viagem se originou um relatório enviado ao ministro do Interior, intitulado *O sistema penitenciário norte-americano e sua aplicação na França*. Mas, sobretudo, Tocqueville redigiu a obra que o tornou célebre, *A democracia na América* (1835-1840).

O sucesso imediato fez de Tocqueville um personagem reconhecido: foi nomeado Cavaleiro da Legião de Honra, eleito para a Academia de Ciências Morais e Políticas, e também para a Academia Francesa.

Um político apaixonado

Tocqueville iniciou, então, uma intensa carreira política. Foi, principalmente, deputado, membro da comissão encarregada de elaborar a Constituição de 1848, e ministro dos Negócios Exteriores.

Opondo-se ao golpe de Estado de Louis-Napoleão Bonaparte, ele foi aprisionado em Vincennes e em seguida libertado. Foi o fim de sua carreira política. Dedicou-se então à redação de *O Antigo Regime e a Revolução* (1856).

Tocqueville • 1805-1859

Teses essenciais

"Aristocrata de coração, mas democrata de cabeça", Tocqueville foi, antes de tudo, um defensor da liberdade. Consciente do progresso inevitável da democracia, ele analisou seus benefícios e seus perigos, e colocou um olhar novo e esclarecedor sobre o sistema democrático e sua evolução.

A igualdade, valor essencial da democracia

Tocqueville denominou **democrática** toda sociedade que valoriza a igualdade e permite a todos tomarem parte dos assuntos públicos. A democracia progride no mundo de maneira inevitável. A sociedade muda e o povo exige a **equiparação das condições**. Já não existe mais superioridade hereditária legítima, e as diferenças ligadas ao nascimento, os privilégios e as classes desaparecem progressivamente.

Mas com a igualdade, o que se desenvolve é o **individualismo**: cada um usufruindo cada vez mais de conforto, ou ao menos podendo esperar melhorar sua condição, afasta-se das preocupações políticas em vista de buscar satisfazer suas próprias ambições e se volta apenas para si mesmo. O individualismo, esse "sentimento refletido e tranquilo que leva cada cidadão a isolar-se da massa de seus semelhantes e retirar-se à parte com sua família e seus amigos", distingue-se, no entanto, do egoísmo, "amor apaixonado e exagerado por si mesmo". A paixão pelo bem-estar material, eis o que caracteriza os membros de uma sociedade na qual cada um pode esperar uma vida melhor. Dessa forma, cada indivíduo é levado a se preocupar principalmente com seus próprios assuntos e dos seus próximos do que com a política.

Os perigos da democracia

Amantes da igualdade, os povos das sociedades democráticas não veem, contudo, que sua **liberdade** está em perigo. Ao darem preferência à igualdade e não à liberdade, eles se arriscam a permitir que se instale um despotismo insidioso.

Em uma sociedade igualitária as opiniões têm o mesmo valor: a **tirania da maioria** pode vir a instalar-se, levando a uma perigosa uniformização do pensamento e à opressão da minoria. A maioria passa a ter razão e constitui a norma e a bitola pela qual todo pensamento é avaliado. Interiorizada, ela gera um **conformismo** frouxo e passivo propício ao desenvolvimento da submissão a um pensamento único e ao desinteresse pela política.

Século XIX

A atomização do corpo social e o individualismo crescente dos cidadãos os tornam seres passivos e despolitizados, que não se preocupam senão com sua tranquilidade e seu conforto em detrimento da liberdade política, que supõe engajamento e riscos. Eles abandonam ao poder político a responsabilidade de cuidar do seu bem-estar e de sua segurança. O poder, centralizado, reforçado, corre o risco de tornar-se um tutor paternalista, ditando opinião e vontade, um **déspota doce e regular**, que faz o bem, mas infantiliza.

A liberdade política

A **liberdade** do homem reside em sua capacidade de se autodeterminar. Mas esse "direito igual e inalienável de cada indivíduo a viver de maneira independente de seus semelhantes em tudo aquilo que diz respeito somente a ele mesmo e a conduzir da maneira que bem entender seu próprio destino" sofre de uma equiparação das condições que a **centralização do poder** engendra. Somente um poder forte e tutelar parece ser capaz de realizar uma sociedade sem privilégios. Mas, então, coloca-se em perigo a possibilidade de cada um se autodeterminar e afirmar sua diferença.

Tocqueville não apregoa um retorno ao regime aristocrático, mas sim um direito à diferença e uma verdadeira liberdade política. Para que a democracia seja favorável à liberdade, o poder social deve ser descentralizado, limitado por **contrapoderes**, por **poderes intermediários** realizados pelas **associações** (partidos políticos, organizações cooperativas). O direito de associação, a independência judiciária e a liberdade da imprensa (que não pode, então, ser utilizada para manipular a opinião pública), são os garantes da liberdade. Para assegurar o reino da liberdade é preciso educar o cidadão, responsabilizá-lo, mostrar-lhe a necessidade de sua participação nos negócios públicos.

Uma obra-chave: *A democracia na América*

Contexto

Tocqueville analisou a democracia norte-americana e desvelou as características essenciais de toda sociedade democrática e os perigos que a cercam. A igualdade reivindicada pela sociedade democrática ameaça a liberdade. É preciso, portanto, perguntar-se sobre a possibilidade de uma sociedade democrática que reconcilie liberdade e igualdade.

Tocqueville • 1805-1859

Extrato

Eu quero imaginar sob quais novos traços o despotismo poderia se produzir no mundo: vejo uma multidão incontável de homens semelhantes e iguais que giram incessantemente sobre si mesmos para darem-se pequenos e vulgares prazeres com que enchem sua alma. Cada um, afastado dos demais, é um estranho em relação ao destino dos outros: seus filhos e seus amigos particulares compõem, para eles, toda a espécie humana; quanto ao restante de seus concidadãos, ele está do seu lado, mas não os vê; toca-os, mas não os sente absolutamente. Cada um existe somente em si mesmo e para si mesmo e, se lhe resta ainda uma família, pode-se dizer, pelo menos, que ele não tem mais pátria.

Acima desses todos se eleva um poder imenso e tutelar, que se ocupa sozinho de lhes assegurar satisfação e cuidar de sua sorte. É absoluto, pormenorizado, regulado, previdente e doce. Parecer-se-ia com o poder paterno se, como ele, tivesse por objetivo preparar os homens para a idade viril; mas só se quer, pelo contrário, conservá-los irrevogavelmente infantis; ele gosta que os cidadãos se divirtam, desde que não queiram mais do que isso. Trabalha com disposição para a felicidade deles; mas quer ser o único agente e o único juiz; ele providencia a segurança deles, provê e garante suas necessidades, facilita seus prazeres, conduz seus principais negócios, dirige sua indústria, regula suas sucessões, divide sua herança; se pudesse lhes pouparia inteiramente do trabalho de pensar e do esforço de viver!

É dessa forma que, dia após dia, ele torna menos útil e mais raro o emprego do livre-arbítrio; trancafia a ação da vontade em um espaço cada vez menor e extorque pouco a pouco de cada cidadão até o uso de si mesmo. A igualdade preparou os homens a todas essas coisas; ela os dispôs a aceitá-las e muitas vezes até mesmo a considerá-las um benefício (Tocqueville, 1968).

CHAVES TEXTUAIS

A otimização da sociedade

- Individualismo generalizado que impele cada um a preocupar-se somente com seu próprio bem-estar.
- Foco na esfera privada: a humanidade se reduz aos mais próximos, aos amigos e à família.

Século XIX

> • Consequência: um desinteresse crescente pelas questões públicas, ligadas mais ao bem comum (entende-se que aquilo que não nos atinge diretamente fica distante das preocupações cotidianas) do que ao bem privado.

Uma nova forma de despotismo

> • Um poder político paternalista provedor de segurança que cuide do destino de cada cidadão.

> • Porém, um poder perigoso porque infantiliza: ele nega a autonomia dos cidadãos, impede a autoafirmação e a liberdade. Um Estado tutelar que desresponsabiliza e submete o cidadão.

> • O novo despotismo: não é uma tirania, mas uma sujeição abjeta que destitui o homem de sua humanidade ao pensar e agir em seu lugar.

34
MILL

1806-1873

As ações são boas ou más na medida em que tendem a aumentar a felicidade ou a desgraça.
(Mill, 1988)

Elementos biográficos

Um ambiente influente

Filho de James Mill, filósofo inglês que era amigo de Jeremy Bentham, fundador do utilitarismo, John Stuart Mill foi iniciado muito cedo nesta filosofia que colocou o fundamento da moral sobre a felicidade.

Submetido a um pai autoritário, privado das alegrias da infância em favor dos estudos, John Stuart Mill entrou em depressão ao tentar afastar-se da disciplina imposta por seu pai.

A descoberta dos sentimentos

Ao final desta crise, ele se aproximou de Augusto Comte, depois de Alexis de Tocqueville. Descobriu o amor e decidiu desenvolver um utilitarismo mais humano do que o de Bentham. Redigiu inúmeras obras, entre as quais os *Princípios de economia política* (1848), o ensaio *Sobre a liberdade* (1859) e *O utilitarismo* (1860).

Militante, eleito para o Parlamento de Westminster, ele defendeu os direitos das mulheres e das minorias.

Século XIX

Teses essenciais

John Stuart Mill foi um dos mais ilustres representantes do utilitarismo. Herdeiro das teses de Jeremy Bentham, afastou-se, no entanto, de seu mestre enquanto concebia um utilitarismo altruísta, não fundado no interesse particular do indivíduo, mas no bem comum.

A via indutiva

No *Sistema da lógica dedutiva e indutiva* (1843), Mill se interrogou sobre as ciências. Procurou fundar uma metodologia válida para todas as ciências. Inspirado no associacionismo de Hume, desenvolveu uma teoria empirista do conhecimento.

Foi por meio da **indução** que conhecemos a natureza. A partir de uma série de observações particulares concordantes, nós inferimos leis gerais.

> A indução é o procedimento pelo qual concluímos que aquilo que é verdadeiro sobre alguns indivíduos de uma classe é verdadeiro sobre a classe inteira, ou que aquilo que é verdadeiro algumas vezes o será sempre em circunstâncias semelhantes (*Sistema de lógica*).

A via indutiva se assenta sobre a convicção de que o universo é governado por leis estáveis e gerais, que a natureza é uniforme e homogênea. Por serem fenômenos da natureza humana, os fenômenos sociais devem igualmente obedecer a leis fixas: a via indutiva autoriza o projeto de fundação das ciências morais e políticas.

A moral utilitarista

Stuart Mill, fiel ao princípio utilitarista, considerava a **utilidade** como o critério dos valores morais: é boa a ação que contribui para a felicidade do maior número de pessoas, entendendo-se por felicidade o prazer e a ausência de dor.

Porém, diferentemente de Bentham, Stuart Mill procurou avaliar o prazer não somente enquanto quantidade, mas também por sua **qualidade**. Existem dois tipos de prazer: superiores e inferiores. São de qualidade superior os prazeres ligados às faculdades superiores do indivíduo, faculdades do espírito. São inferiores os prazeres apenas carnais, ligados ao corpo. Esses últimos proporcionam apenas uma baixa **satisfação**, ao passo que os prazeres de qualidade superior são fontes de felicidade e de uma vida digna.

Mill • 1806-1873

Além disso, não é o interesse pessoal de cada indivíduo que deve ser buscado em primeiro lugar, mas o **interesse geral**: Mill desenvolveu um utilitarismo altruísta que considerava o devotamento do indivíduo à felicidade do outro como a mais alta virtude. Amigo de Tocqueville, ele via na educação e na associação os meios de desenvolver em todo ser humano o senso de justiça.

Uma obra-chave: *O utilitarismo*

Contexto

Mil apresentou nesta obra sua concepção utilitarista da moral, e mostrou que o utilitarismo não se reduz a um cálculo frio, egoísta e desumano, mas pode ser concebido como fundante de uma moral altruísta.

Extrato

Poderiam perguntar-me: "O que você entende com uma diferença de qualidade entre os prazeres? O que poderia tornar um prazer mais precioso do que outro – enquanto prazer, puro e simples – se não for por ser maior quantitativamente?" A isto só existe uma resposta possível. De dois prazeres, se houver um ao qual todos ou quase todos que experimentaram de um e de outro dão uma preferência bem-definida, sem serem influenciados por um sentimento de obrigação moral, é esse prazer que é o mais desejável. [...] Poucas criaturas humanas aceitariam ser trocadas por animais inferiores mediante a promessa de receberem a maior quantidade de prazeres de animal; nenhum ser humano inteligente consentiria em ser um imbecil, nenhum homem instruído, em ser um ignorante, nenhum homem de coração e de consciência, a ser egoísta e vil, mesmo que tivessem a convicção de que o imbecil, o ignorante ou o patife estão, com sua respectiva sorte, mais completamente satisfeitos do que eles mesmos com a sua. [...] Acreditar que, ao manifestar tal preferência, sacrifica-se alguma coisa de sua felicidade, ou acreditar que o ser superior – em circunstâncias que seriam equivalentes em todos os sentidos para um e outro – não é mais feliz do que o ser inferior, é confundir as duas ideias muito diversas de felicidade e de satisfação. [...] Mais vale ser Sócrates insatisfeito do que um imbecil satisfeito. E se o imbecil ou o porco tiverem uma opinião diferente, é porque eles só conhecem um lado da questão: o deles. A outra parte, para fazer a comparação, conhece os dois lados (Mill, 1988).

Século XIX

Chaves textuais

Qualidades diferentes de prazer

• É moral a ação que gera o prazer. Os prazeres são certamente diferentes uns dos outros quantitativamente, mas o são também, e sobretudo, qualitativamente. A qualidade do prazer determina a moralidade da ação que o gera.

• Prazeres inferiores: relativos à animalidade, ao corpo, "prazeres animais".

• Prazeres superiores: relativos à humanidade, ao espírito.

• Aqueles que conhecem os dois gêneros de prazer, que fizeram a experiência dos dois, são os mais aptos a julgar a qualidade dos prazeres. O inteligente não deseja voltar a ser ignorante, mesmo que lhe prometam em troca inúmeras satisfações corporais.

Satisfação e felicidade

• Distinguir a satisfação (ausência de carências de um ponto de vista corporal) e a felicidade (gozo de prazeres superiores).

• Imperfeição da felicidade: o ser inteligente tem consciência daquilo que lhe falta, mas prefere a consciência a ser ignorante e contentar-se com prazeres animais.

35
KIERKEGAARD

1813-1855

Trata-se de encontrar uma verdade que seja uma verdade para mim, e encontrar a ideia pela qual eu queira viver e morrer.

(Jornal)

Elementos biográficos

Uma "estranha educação"

Søren Aabye Kierkegaard nasceu em Copenhague. Seu pai, profundamente protestante, tinha a certeza de dever ser punido por seus pecados pela desgraça de seus filhos.

Kierkegaard tinha o sentimento de ter nascido sob o sinal da culpa e destinado a um futuro sombrio. Sua infância ocupou uma função essencial na constituição de sua filosofia existencial.

Da perversão à angústia

A vida de Kierkegaard, trágica, foi permeada de fracassos: após um período de excessiva perversão, ele abandonou o "caminho da perdição" em prol de uma vida mais regrada, porém atormentada pela angústia; noivo, ele renunciou ao casamento com sua prometida; e, após os estudos de teologia, abandonou seu primeiro projeto: tornar-se pastor.

Publicou inúmeras obras, muitas vezes usando-se de pseudônimos, cada um deles revelando uma faceta diferente da verdade e da subjetividade: *O conceito de angústia* (1844), *Migalhas filosóficas* (1844), *O desespero humano* (1849).

Ele conheceu a celebridade, mas se viu, igualmente, no coração de virulentas polêmicas. Adversário do cristianismo dos "padres funcionários", criticou com veemência a Igreja oficial em sua última obra, *A escola do cristianismo* (1850).

Século XIX

Teses essenciais

Oposto ao hegelianismo dominante em sua época e ao espírito sistêmico, Kierkegaard foi o pensador da existência e da subjetividade. Precursor do existencialismo do século XX, ele exerceu enorme influência sobre pensadores como Gabriel Marcel, Karl Jaspers, Heidegger, ou ainda Sartre.

A subjetividade é a verdade

Contra o ideal hegeliano de um saber objetivo e abstrato sistematizado, Kierkegaard afirmava a primazia da existência individual. A "subjetividade é a verdade": não poderia haver um sistema da existência, pois **a existência** era a vivência humana concreta e subjetiva, verdadeira emanação do sujeito que não pode ser contido em um sistema fechado. "Existir significa, antes de tudo, ser um indivíduo" (Kierkegaard, 1997), quer dizer, um ser único, singular, livre, que não poderia ser pensado, uma vez que todo pensamento apenas apreendia o geral. Contraditória e ambígua, a vida não poderia ser reduzida ao conceito que pretendesse explicá-la.

Contrariamente ao que afirma Hegel, o indivíduo não receberia sua significação da história universal. Não se poderia falar da vida em geral, porque o que estava dado, o que existia, era sempre uma existência particular: **minha** existência, que eu devo compreender e à qual devo, eu próprio, dar sentido. O indivíduo subjetivo era origem de sua própria verdade, verdade essa produzida por sua ação. Não haveria nenhuma essência dada de forma antecipada ao indivíduo. Ele mesmo deveria construí-la. Enquanto **existente** que se desenvolve livremente no mundo, ele se encontraria diante de uma infinidade de escolhas, perante a contingência que deve assumir na **angústia**.

A verdade, múltipla e mutante, era relativa ao vínculo que une o indivíduo ao seu Criador, ele mesmo sendo visto em sua individualidade. Subjetiva, a verdade é também relativa: "A consciência cria a verdade a partir de si". A existência pode ser vivida de diversas maneiras. O indivíduo deve se empenhar pessoalmente, deve escolher sua maneira de viver para descobrir sua verdade.

Os três estágios da vida

Três estágios balizam as etapas da existência.

O **estágio estético** designa a vida no instante, a busca de satisfação no imediatismo das sensações isenta de qualquer preocupação moral. Este estágio é encarnado especialmente pela personagem de Dom Juan. Kierkegaard denuncia a vaidade de tal vida que se reduz ao prazer imediato.

O **estágio ético** é o da vida organizada e séria do cidadão responsável, que respeita a sociedade e as leis, e se preocupa com as exigências morais. A figura de Sócrates exprime a mais alta realização desse estágio. O ético, que pensa no geral, é, no entanto, fechado em ideias totalmente fabricadas que lhe impedem de caminhar rumo à verdade subjetiva e autêntica. Ele esquece sua individualidade.

Enfim, o **estágio religioso** é o estágio supremo da existência autêntica durante o qual o sujeito é chamado a descobrir sua verdade no âmago da verdadeira religiosidade. Esta não designa a conformidade com a religião socialmente estabelecida, que Kierkegaard fustiga como hipocrisia, fonte de um otimismo vulgar e de uma existência inautêntica que submete a fé à razão. A religiosidade reside, antes, no vínculo único e individual, incompreensível e incomunicável, que une o indivíduo a seu Criador, a fé irracional em um Deus que se fez homem. Abraão exprime essa existência religiosa quando aceita, contra toda razão e para além de toda moral estabelecida, sacrificar seu filho Isaac.

A subjetividade religiosa é feita de uma **angústia** dilacerante, mas formadora, porque ela desvela o valor da unicidade. O indivíduo se descobre nela antes de tudo como um pecador, uma subjetividade livre e, contudo, que só pode sê-lo negando Deus, pois a afirmação de si mesmo enquanto ser finito acarreta de algum modo a negação da Infinidade divina.

A fé irredutível à razão

A pessoa religiosa é, antes de tudo, um ser **apaixonado**, pois é na paixão que se afirma a individualidade. O real não é racional, contrariamente ao que afirma Hegel, a fé não pode ser conceitualizada, pois ela é paixão individual e singular. Dessa forma, tudo foge às exigências da razão. A **verdade** é um ato de liberdade em si, não um ato resultante de uma escolha refletida, mas ato de uma **conversão**, de um salto no escuro para dentro do desconhecido: "a liberdade consiste precisamente nesse ato de audácia que opta pela incerteza objetiva com a paixão do infinito" (Kierkegaard, 1997). Não se pode ter certeza objetiva da existência de Deus; por isso, é a fé, verdadeira escolha, que se acompanha sempre da dúvida que instaura a razão. Por isso mesmo ela é apaixonada.

Consequentemente, querer provar a existência de Deus ou querer que a fé se enraíze no racional é blasfemo. É preciso crer contra ou apesar da razão: "Tornar o cristianismo verossímil [...] nisto está a destruição do cristianismo". Kierkegaard se colocou, antes de tudo, como antifilósofo (quer dizer, anti-hegeliano), adversário de toda redução da experiência à razão, e pensador religioso da existência contingente, subjetiva e apaixonada.

Uma obra-chave: Post-scriptum às *migalhas filosóficas*

Contexto

Publicado sob o pseudônimo de João Clímaco, o *Post-scriptum às migalhas filosóficas* é um verdadeiro manifesto anti-hegeliano que afirma o primado da subjetividade e sua irredutibilidade aos conceitos da razão.

Extrato

Não pode haver um sistema da existência. Quer dizer que ele não existe? De maneira alguma. A proposição não o afirma. A realidade, a existência mesma é um sistema – para Deus, mas ela não pode existir para um espírito existente. Quem diz sistema diz mundo fechado, mas a existência é justamente o contrário. Abstratamente, sistema e existência não podem ser pensados juntos porque, para pensar a existência, o pensamento sistemático deve pensá-la como suprimida, quer dizer, de maneira diferente do que como de fato dada. A existência separa as coisas e as mantém distintas; o sistema as coordena em um todo fechado (Kierkegaard, 1997).

CHAVES TEXTUAIS

A crítica da redução ao sistema

- Um sistema: um todo fechado cujos elementos estão em conexão necessária. Referência crítica à filosofia hegeliana, eminentemente sistemática, que afirma que o real é racional.

- Pensando as coisas todas como elementos de um sistema, lhes damos uma explicação, mas lhes negamos sua individualidade, seu caráter de ser particular, de poder tornar-se isso ou aquilo por sua própria escolha. Suprimimos sua existência.

A existência é essencial

• A existência: o ser de cada indivíduo particular e subjetivo em seu tornar-se. Existir é evoluir, mudar, experimentar por si mesmo.

• A liberdade caracteriza a existência: ela não pode ser encerrada por um sistema no qual tudo está necessariamente amarrado.

• A separação: existir, para um sujeito, é ser, enquanto interioridade, distinto dos outros e de Deus. É ser único. Ao contrário, no sistema, todos os elementos estão em interconexão.

• Consequentemente, pensar o mundo como sistema significa negar a realidade da existência e impedir-se o acesso à própria realidade da vida, que é feita de contradições e absurdos.

36
MARX

1818-1883

*Os filósofos simplesmente têm interpretado
de maneiras diversas o mundo.
Trata-se, agora, de transformá-lo.*
(Teses sobre Feuerbach)

Elementos biográficos

Do hegelianismo ao marxismo

Karl Marx, figura incontornável do século XIX, encarnou o militantismo político e um pensamento novo, alternativo ao hegelianismo que dominava sua época.

Contrário à filosofia hegeliana, Marx se afastou de toda carreira universitária e se tornou jornalista, depois redator-chefe da *Gazeta Renana*. Suas tomadas de posição nos debates econômicos e políticos incomodaram as autoridades berlinenses: a *Gazeta* foi proibida.

O engajamento comunista

Estabelecendo-se em Paris, ele escreveu os *Manuscritos de 1844*, a *Questão judaica* e a *Crítica da Filosofia do Direito de Hegel*.

Marx descobriu o pensamento socialista, engajou-se politicamente e participou de reuniões da Liga dos Justos, uma sociedade comunista. Conheceu, então, Friedrich Engels (1820-1859) que foi seu colaborador e fiel amigo até à morte.

A ação política revolucionária

Expulso da França, Marx se instalou na Bélgica e redigiu *Miséria da filosofia*, bem como *A ideologia alemã*, em colaboração com Engels. Ambos participaram da criação da Liga dos Comunistas e elaboraram o *Manifesto do Partido Comunista* (1848).

Exilado em Londres, Marx viveu na miséria, mas se dedicou à sua obra e ao combate político: criou a Primeira Internacional e ajudou Engels a redigir o *Anti-Dühring*, obra fundante do marxismo. Paralelamente, trabalhou na elaboração de *O capital* (1867-1894).

Teses essenciais

Político, economista e filósofo alemão, Marx construiu seu sistema de pensamento a partir de uma crítica ao idealismo de Hegel em que ele via uma inversão da realidade e do materialismo mecanicista de Feuerbach. O materialismo dialético que ele elaborou em resposta teve um forte impacto sobre o pensamento econômico e político do século XX.

O materialista dialético

Os filósofos não fizeram mais do que **interpretar** de maneiras diversas o mundo; trata-se agora de **transformá-lo**. O homem é, antes de tudo, um ser que age. Ele deve agir contra a ilusão gerada pela filosofia idealista e a religião: não é a ideia que governa o mundo, como afirma Hegel, mas a **matéria**. Tampouco é Deus quem decide o curso da história: a **religião**, "ópio do povo", é apenas "a consciência de si e o sentimento de si que tem o homem que ainda não encontrou a si mesmo". Ela é **ilusão**: "abolir a religião enquanto felicidade *ilusória* do povo é exigir sua felicidade real", pois a religião apenas exprime a condição humana de uma época.

"Não é a consciência dos homens que determina sua existência; pelo contrário, é sua existência social que determina sua consciência" (*Contribuição à crítica da economia política*). Com efeito, é a **organização econômica** de uma sociedade que determina as relações sociais que a estruturam e, consequentemente, o desenvolvimento de sua vida social, política e intelectual.

As **forças produtivas** (conjunto de meios materiais, humanos e técnicos que servem para produzir riqueza) determinam as **forças de produção** (as diferentes classes sociais, definidas por seu lugar respectivo no processo de produção), que, por sua vez, determinam as relações sociais e a **ideologia** de uma sociedade. A ideologia (conjunto de representações coletivas morais, filosóficas e religiosas de uma época) exprime os interesses, reais ou imaginários, de uma classe ou de um grupo social. Ela é, assim, universalizada de maneira ilegítima e produtora de ilusões, por ser parcial. "As ideias dominantes de uma época nunca foram outra coisa senão as ideias da classe dominante": são as forças de produção que determinam a ideologia.

A **infraestrutura** (as forças produtivas e as relações sociais) determina a **superestrutura** (aquilo que não é de ordem material, as manifestações do espírito humano: ideias jurídicas, filosóficas, religiosas, políticas, artísticas...).

Mas tal materialismo é **dialético**, e não mecânico, como era para Feuerbach: se as forças materiais têm influência sobre as ideias, o inverso é igualmente verdadeiro; o termo "dialético" remete ao método de análise hegeliano do real, que compreende a realidade como sendo construída por um jogo de contradições que se sobrepõem umas às outras.

O materialismo histórico e a luta de classes

A história evolui de maneira dialética, como Hegel havia percebido, mas o motor da história, longe de ser a ideia, é a organização material das sociedades, a maneira como elas produzem suas riquezas. Esse é o princípio fundante do materialismo histórico.

A **luta de classes**, conflitos entre opressores e oprimidos (entre o escravo e o amo, entre o servo e o senhor, entre o proletário e o burguês), faz a sociedade evoluir de maneira necessária. Passando de um modo de produção a outro, a sociedade evolui inelutavelmente rumo à revolução do proletariado e ao estabelecimento de uma sociedade sem classes, que expresse a vitória do proletariado. Marx anunciou, assim, o fim da pré-história humana: o capitalismo se conduzirá, ele próprio, à destruição em prol do comunismo. Inclusive, o **advento de um estado operário é inelutável**, de modo que é preciso agir. A implicação do proletário na reivindicação política é essencial, enquanto permite precipitar a chegada da sociedade sem classes e, portanto, abreviar os sofrimentos do proletariado. Reconciliada consigo mesma, a humanidade se libertará de todas as alienações.

A crítica da economia capitalista

Para tornar inteligível o vir a ser histórico do capitalismo, convém identificar seu modo de funcionamento. Para isso, é necessário compreender como as trocas constitutivas do sistema capitalista permitem a acumulação das riquezas. Portanto, o que Marx analisou foi a própria natureza das **trocas**.

Devem-se distinguir os diversos tipos de trocas: a **troca** designa a permuta de uma mercadoria por outra; a **troca econômica** faz intervir o dinheiro (uma mercadoria é trocada por dinheiro, meio-termo que permite comprar, em seguida, outra mercadoria); a **crematística**, última forma de troca, permite, a partir de um capital (soma de dinheiro), apropriar-se de uma mercadoria subsequentemente trocada por mais dinheiro. Esse tipo de transação é próprio do sistema capitalista. Por meio da análise do trabalho assalariado, Marx desvelou o meio pelo qual o capitalista consegue se enriquecer: a exploração do trabalhador.

A crítica do modo de produção capitalista: o trabalho alienado

Na sociedade do século XIX, o capitalismo crescente dá lugar a uma perversão do trabalho e da condição dos operários.

É pelo trabalho que o ser humano realiza sua essência, que ele se afirma como ser consciente e capaz de vontade e de esforço. O trabalho é fonte de liberdade de criação de si (cf. texto a seguir).

Mas, no regime capitalista, o operário não tem a posse do objeto que ele produz. Explorado e desumanizado, ele vende sua **força de trabalho**. Esta é uma mercadoria que o capitalista se apropria pelo viés do salário, da mesma maneira que ele se apropriaria de uma máquina. O salário permite ao operário regenerar sua força de trabalho: ele corresponde à quantidade de mercadorias necessárias ao trabalhador para viver. Ora, o trabalho do operário produz mais do que o valor do seu salário, permitindo ao capitalista ter lucro. Assim, a **mais-valia** provém da diferença entre o **valor de troca** da força de trabalho (salário) e o **valor de uso** (o valor produzido pelo emprego da força de trabalho). O valor de uso sendo superior ao valor de troca, o trabalhador encontra-se **explorado**.

O operário vende sua vida, vende-se a si mesmo, e somente concebe sua gratificação no repouso. Com o trabalho, o trabalhador fica ainda mais distante de sua afirmação pelo fato de estar dividido, parcelado, e não se reconhecer mais no objeto que ele ajuda a fabricar. **Alienado**, o operário deve revoltar-se para fazer chegar uma sociedade sem classes que ponha fim à **exploração do homem pelo homem**.

Uma obra-chave: *O capital*

Contexto

Por uma "crítica da economia política", Marx analisou a natureza do sistema capitalista e desvelou as contradições que lhe subjazem. Ele conclamava à ação revolucionária visando ao estabelecimento do comunismo.

Extrato

Nosso ponto de partida é o trabalho sob uma forma que pertence exclusivamente ao homem. Uma aranha realiza operações que se assemelham às do tecelão, e a abelha confunde, pela estrutura de suas células de cera, a habilidade de muitos arquitetos. Mas o que distingue, desde o começo, o pior dos arquitetos da abelha mais esperta, é que ele construiu a célula em sua cabeça, antes de construí-la na colmeia. O resultado ao qual o trabalho leva preexiste de maneira ideal, imaginação do trabalhador. Ele não realiza apenas uma mudança de forma nas matérias naturais; ele realiza, simultaneamente, seu próprio fim, de qual tem consciência, que determina como lei seu modo de ação, e ao qual deve subordinar sua vontade. E esta subordinação não é momentânea. A obra exige, durante toda sua duração, além do esforço dos órgãos que atuam, uma atenção elevada que não pode resultar senão de uma tensão constante da vontade. Isso é ainda mais necessário devido ao fato de o trabalho, por seu objeto e seu modo de execução, cativar menos o trabalhador, e não representar tanto, para ele, um livre-desempenho de suas forças corporais e intelectuais; em resumo, porque o trabalho lhe é menos *atraente* (Marx, 1978).

CHAVES TEXTUAIS

A atividade animal

- Aparentemente, a atividade animal é comparável ao trabalho humano, por suas produções: a teia da aranha faz pensar em um objeto produzido por um artesão, a colmeia se assemelha a um edifício.

- Mas a produção animal acontece instintivamente, sem reflexão nem consciência, o que a diferencia do trabalho humano.

A especificidade do trabalho

• No trabalho, o ser humano representa antes para si o objeto a ser realizado e tem **consciência** do fim a atingir. Assim ele pode organizar seu trabalho de diversas maneiras. A consciência exigida pelo trabalho o distingue da atividade animal.

• Importância da **vontade** e da **temporalidade** do trabalho: o esforço necessário para a produção exige uma consciência estendida para o fim a alcançar, uma concentração constante que supõe um esforço sobre si mesmo inexistente em uma atividade imediata regida pelo instinto.

• **Positividade do trabalho**: ele desenvolve a consciência de si mesmo e do mundo, bem como as faculdades manuais e intelectuais necessárias para sua realização.

37
NIETZSCHE

1844-1900

*As verdades são ilusões
que esquecemos que o são.*
(O fim do filósofo)

Elementos biográficos

Um admirador de Schopenhauer e Wagner

Friedrich Nietzsche estudou filologia e depois a lecionou na Universidade de Basileia. A leitura do *Mundo como vontade e representação* de Schopenhauer o inseriu na filosofia. Inicialmente fascinado, Nietzsche se afastou, entretanto, do pessimismo de Schopenhauer.

Apaixonado por música, amigo e admirador de Richard Wagner, ele lhe dedicou uma de suas primeiras obras, *O nascimento da tragédia* (1871).

A redação da obra

Bem depressa, a admiração abriu espaço à crítica, e a ruptura com Wagner se consumou em 1879, assim que foram publicadas *Humano, demasiado humano* e *O andarilho e sua sombra*.

Enfermo, Nietzsche se obrigou a abandonar a docência. A universidade lhe dava uma pensão que lhe permitia viajar pela Europa.

Dedicou-se então à redação de sua obra e publicou, entre outras, *Aurora, A gaia ciência, Assim falava Zaratustra, Além do bem e do mal, A genealogia da moral, O Caso Wagner, Crepúsculo dos ídolos* e *O anticristo*.

Nietzsche • 1844-1900

A decadência

Ecce homo, publicado em 1888, cujos capítulos se intitulam "Por que sou tão sábio", ou ainda "Por que escrevo livros tão bons", carrega as marcas da loucura que se desenvolveu nele e do orgulho delirante que o acompanhou. Uma crise de demência precipitou sua decadência: após um período em um hospital psiquiátrico, ele foi cuidado por sua mãe e depois por sua irmã, até a morte.

Esta última assumiu a edição das obras de Nietzsche e orientou a escolha dos aforismos que constituem *A vontade de potência*, contribuindo para uma leitura nacionalista das obras de seu irmão, que, contudo, tinha claramente afirmado sua repulsa pelo antissemitismo. Foi assim que Nietzsche pôde ser malcompreendido e associado equivocadamente a um movimento que ele execrava.

Teses essenciais

Crítico da metafísica e da religião, Nietzsche instaurou uma ruptura decisiva na história do pensamento. Tratava-se de filosofar "a golpes de martelo", de destruir os valores da cultura moderna desvelando suas origens, a fim de vir a ser aquilo que se é, e viver. O pensamento de Nietzsche inaugurou uma nova era, a era da suspeita em relação à razão e aos ideais que ela forjou.

A genealogia da moral e a transmutação dos valores

Nietzsche criticou a moral judaico-cristã. Ele atuou como **genealogista**: desvelou as origens das posições que critica. A moral dos escravos era oriunda do **ressentimento** dos fracos contra os fortes, e teriam assim sua origem em um sentimento que ela própria considera imoral: o ódio. A moral dos fracos se criava simplesmente pela inversão dos valores aristocráticos, e era profundamente negativa, incapaz de afirmar positivamente novos valores: o fraco, antes considerado negativamente, tornava-se bom, ao passo que o forte era sempre suspeito de ser mau.

O ascetismo visa tão somente bestializar o rebanho, generalizar o instinto gregário que permite a dominação em entraves do cristianismo. Para se consolar de seus sofrimentos, os vencidos da vida inventaram um outro mundo: um paraíso que permite esperar uma felicidade possível no além e um inferno que refreia os instintos; estes, contudo, característicos da própria vida.

247

Século XIX

Contra essa moral castradora e hostil à vida, Nietzsche realizou uma **transmutação** (inversão) dos valores tradicionais: o bem seria aquilo que eleva o sentimento de potência, e não a humildade e o desprezo de si mesmo, defendido pela moral ascética. O que conta é a vida, e ela exige a superação da filosofia tradicional e do cristianismo.

A crítica à metafísica

Nietzsche combateu vigorosamente a filosofia proveniente da tradição platônica e o cristianismo, que valorizavam o eterno inteligível e transcendente em detrimento da realidade sensível, contraditória e mutável. Para a metafísica, a realidade verdadeira se encontrava em um além imóvel, nosso mundo fenomenal não sendo senão o lugar das aparências falsas e variáveis. O verdadeiro, segundo esta concepção, é o que é uno, eterno e idêntico.

Tal metafísica proclamava a verdade como valor essencial e desvalorizava o erro. Diante de tal consenso, Nietzsche se interrogou: a questão é saber **por que nós queremos o verdadeiro cm vez do não verdadeiro?**

A genealogia do desejo da verdade

Se o ser humano inventa um outro mundo fora daquele em que está é por sua incapacidade de assumir a este. "O homem busca "a verdade": um mundo em que não haja contradição, nem engano, nem mudança, um mundo *verdadeiro* – um mundo em que não se sofra" (*Vontade de potência*). Os "alucinados do mundo do além", incapazes de viver plenamente suas paixões e assumir as contradições inerentes ao mundo, buscam refúgio e consolação em um mundo uno e eterno.

A **linguagem** conceitual contribuiu fortemente com a ilusão metafísica, fazendo crer na existência de uma essência transcendente às coisas. À força de falar de beleza, por exemplo, temos a tendência de acreditar na existência da beleza em si, ao passo que, aos olhos de Nietzsche, existiriam apenas belezas particulares, e sempre diferentes. Longe de falar do ser, a linguagem, fonte de ilusão, não conseguia expressar a singularidade presente no real.

A vida, acima da verdade

Nada justifica o desejo da verdade e a valorização do racional. Tal atitude é, inclusive, profundamente reativa e perigosa. "Querer o verdadeiro" poderia significar, secretamente, querer a morte" (*A gaia ciência*).

Nietzsche • 1844-1900

Com efeito, essa metafísica desvaloriza o sensível, o corpo, o múltiplo, o mutável, enfim, a própria vida. Ora, o que existe realmente e deveria ser valorizado é o *nosso* mundo, aquele em que vivemos, múltiplo e irracional.

O real, caótico, presta-se a uma infinidade de interpretações. Essa multiplicidade é fonte de riqueza. Não buscar outra coisa além da unidade e da identidade, querer racionalizar tudo, é negar a vida. O **perspectivismo** de Nietzsche é um esforço para pensar a realidade em todas as suas dimensões e ir além do **niilismo** ao qual conduzem o cristianismo e a metafísica tradicional.

O niilismo (*nihil* significa "nada") designa esse estado de perda do sentido, de negação da vida. Estabelecendo valores superiores à vida, o cristianismo contribuiu para sua desvalorização. E como o pensamento moderno se apega a tais valores e "assassina" Deus, como "Deus está morto", o homem se encontra só neste mundo esvaziado de sentido, incapaz de criar novos valores.

A vontade de potência

Universal, a vontade de potência, motivo de todo ato, manifesta-se em todo ser. Ela não se reduz ao instinto de conservação, não é apenas um esforço para viver, mas sim tendência a aumentar indefinidamente sua potência.

Entre os **reativos**, a vontade de potência é destrutiva: os reativos afirmam seus valores somente destruindo os outros valores, opondo-se com ódio e ressentimento aos outros. Bem diferente disso é a vontade de potência positiva e criativa dos **ativos** que afirmam positivamente seus valores sem se oporem ao que quer que seja. O **homem superior** designa, assim, aquele que cria valores sem remorso e assume o mundo tal como ele é. O homem superior está além do bem e do mal: não é um ser bestial, imoral, mas afirma sua individualidade, sua liberdade em relação aos valores tradicionais e desenvolve de forma positiva a vontade de potência.

A arte como exaltação de si e embelezamento da vida

É na arte que se exprime melhor a capacidade criativa que exalta a vontade de potência positiva. "Única vida possível: na arte. De outro modo, afastamo-nos da vida" (*O nascimento da tragédia*).

A arte, enquanto interpretação, aparece como fórmula para o conhecimento: lugar de criação, de interpretação, ela não pretende exibir uma verdade absoluta, mas uma avaliação singular, uma perspectiva adequada ao real múltiplo e mutável.

O gênio artístico exprime o real que o científico não pode atingir em sua tentativa falsificadora de generalização. A arte é "a tarefa suprema e a atividade propriamente metafísica desta vida" (*O nascimento da tragédia*). Afirmação de si e expressão autêntica da vida, a arte permite superar o niilismo, e não perecer pela verdade. Assim, "enquanto fenômeno estético, a existência continua sendo-nos suportável" (*O nascimento da tragédia*).

Uma obra-chave: *Aurora*

Contexto

À alba da inversão dos valores, *Aurora* propõe, em forma de aforismos, reflexões sobre os preconceitos morais visando desvelar suas origens. Na passagem a seguir, Nietzsche se dedicou ao elogio do labor.

Extrato

Na glorificação do "trabalho", nos incansáveis discursos sobre a "bênção do trabalho", eu vejo o mesmo pensamento de fundo que existe por trás dos louvores dirigidos aos atos impessoais e úteis a todos: a saber, o medo de tudo aquilo que é individual. No fundo, sente-se hoje, com relação ao trabalho, entendendo-se sempre com este nome o duro labor da manhã à tarde, que um trabalho assim constitui a melhor polícia, que mantém cada um nas rédeas e é capaz de impedir com eficácia o aprimoramento da razão, dos desejos, do gosto pela independência. Pois ele consome uma extraordinária quantidade de força nervosa e a subtrai à reflexão, à meditação, às fantasias, às preocupações, ao amor e ao ódio, ele oferece constantemente aos olhos um objetivo mesquinho e garante satisfações fáceis e regulares. Assim, uma sociedade em que se trabalhe duro o tempo todo terá muito mais segurança: e, hoje, venera-se a segurança como a suprema divindade... (Nietzsche, 1970).

CHAVES TEXTUAIS

O método genealógico

• Nietzsche procurou a origem do discurso que glorifica o trabalho, as peças que se escondem por trás do elogio ao labor.

• Crítica do cristianismo e dos valores tradicionais que apresentam o ócio como um vício e o trabalho como fonte de virtudes.

As razões da glorificação do trabalho

• O medo da individualidade: o trabalho disciplina, impede o desenvolvimento das faculdades intelectuais e da individualidade.

• Não é o trabalho em geral que Nietzsche condenava, mas o duro labor da manhã à tarde. Hostil a qualquer realização pessoal, ele esvazia o indivíduo de seus recursos físicos e intelectuais.

• O trabalho é glorificado porque ele constitui a melhor das polícias: ele esgota o indivíduo, disciplina-o e se torna uma polícia interior. Esse discurso que valoriza o trabalho é nada mais do que um meio de garantir a segurança pela bestialização do gado (a massa de trabalhadores).

SÉCULO XX

COORDENADAS

Enquanto o século XIX fundou suas esperanças em uma razão científica concebida como fonte infinita de progresso e de felicidade, o século XX se abriu sobre uma crise científica e sobre o absurdo da guerra. A razão ficou abalada, desfez--se a confiança em sua onipotência, tanto no plano prático quanto no teórico.

Um século marcado por reviravoltas

A história do século XX

O século XX começou com a guerra de 1914-1918. Segui-ram-se os "anos loucos" e a liberação dos costumes, que terminaram com a chegada da crise econômica mundial de 1929.

O conflito mundial que colocou em oposição os Aliados (Estados Unidos, Inglaterra e França) e as Potências do Eixo (Alemanha, Itália, Japão, entre outros) de 1939 a 1945, foi um período tenebroso. A descoberta dos campos de concentração e das exações cometidas colocou **a questão do mal e da natureza humana**. A razão, na qual as Luzes depositavam toda a esperança, revelou-se capaz do pior. Os horrores, as exações cometidas, provocaram uma crise de sentido, um sentimento de absurdidade e de injustiça sem precedentes.

O questionamento dos filósofos

A guerra, o horror dos campos de concentração, o surgimento dos totalitarismos, a descolonização, a reforma das instituições, a perda da hegemonia da Europa diante do gigante americano, foram fatos que suscitaram, entre os filósofos, não apenas reflexão e debates, mas também um engajamento militante.

A maioria dos pensadores do século XX combateu no fronte. Alguns, como Freud, Husserl, Popper, Arendt, Lévinas, exilaram-se com a instauração do nazismo ou foram ameaçados pelo

Século XX

antissemitismo. Cada um foi levado a interrogar a política, o totalitarismo, o mal e sua banalidade, a ética e a relação com o outro ou ainda, como Michel Foucault, o poder. Muitos, à imagem de Bergson, de Alain, Sartre ou Merleau-Ponty, empenharam-se por um mundo mais justo e assumiram a postura de intelectuais engajados.

As filosofias da existência

Diante de um mundo que parecia absurdo, o sujeito se descobriu em sua contingência como único responsável por si mesmo e pelos valores que defendia. O **existencialismo**, inspirando-se nas obras de Kierkegaard, desenvolveu-se impulsionado, sobretudo, por Sartre, que reivindicava a liberdade do sujeito e buscava interrogar a existência em sua forma concreta.

Heidegger e Sartre se interessavam, embora de maneira diferente, pelo sentido da existência humana, marcada com o selo da angústia e da contingência. O primeiro convocava a colocar a questão do Ser, que a relação técnica com o mundo fez esquecer. O segundo situava a subjetividade e a liberdade no centro de sua análise. Ambos questionavam as modalidades de uma existência autêntica de um sujeito que perdeu os valores e as referências em um mundo caótico.

O sujeito em questão

Freud e a descoberta do inconsciente

O ser humano se imaginava livre, autor de seus atos. Freud veio desmentir essa ilusão ao colocar em evidência a existência de **processos inconscientes** fundamentais que escapam a qualquer controle do sujeito e determinam seu ser consciente. Se o Ego não é senhor em sua própria casa, a liberdade do sujeito e sua capacidade de ser senhor de si mesmo são colocadas em xeque.

Alain, Sartre e Popper se opuseram a Freud, defendendo, os primeiros, a liberdade e a responsabilidade do sujeito, e o terceiro, o caráter não científico do freudismo.

A onda estruturalista

As ciências humanas experimentaram um verdadeiro impulso, conquistando sua autonomia e parcelando o saber. Cada disciplina visava pensar o ser humano sob um determinado ponto de vista e de maneira científica, mas o estruturalismo que se desenvolveu a partir de 1960 substituiu a análise do sujeito pela das estruturas que o faziam agir. O estruturalismo, mais método do que doutrina, colocou em primeiro plano a ideia de estrutura (conjunto organizado no qual todo elemento só tem sentido em termos de relações e interdependência). Era o fim do sujeito humano como fonte de sentido e centro de análise: o indivíduo se concebia somente como elemento de uma estrutura que o transcendia, fugia-lhe e o constituía.

No final do século XX, o estruturalismo perdeu sua influência e essa visão anti-humanista cedeu lugar a uma renovação da interrogação focada no sujeito.

A crise do pensamento

Uma física em mutação

O século XX rompeu com a fé em uma ciência onipotente. A física não poderia mais se apoiar no princípio que a fundamentava até então: o determinismo.

Albert Einstein elaborou a Teoria da Relatividade e anunciou o fim da concepção newtoniana do espaço e do tempo absolutos. A relatividade contribuiu para o nascimento de uma nova teoria que pôs fim à mecânica quântica.

A teoria quântica se embasa no indeterminismo e desenvolve a ideia de uma física probabilista. **Heisenberg** afirmou o princípio de incerteza: não se pode determinar simultaneamente a posição e a velocidade de uma partícula atômica. A previsão certa da evolução de um sistema microfísico é impossível. Existe, em escala microscópica, uma indeterminação objetiva dos fenômenos. Einstein se insurgiu: Deus não joga dados com o universo! A natureza não pode ser lugar do acaso. No entanto, os trabalhos ulteriores dos físicos estão longe de afirmar esta visão indeterminista da natureza.

Matemática: a crise dos fundamentos

Nos anos de 1930, o matemático **Kurt Gödel** sacudiu o mundo matemático: ele demonstrou, por meio do teorema da incompletude, que o conjunto de axiomas que formam os fundamentos da matemática é incompleto e que não se pode demonstrar nem a verdade e nem a falsidade de algumas propriedades. Por meio de um segundo teorema, ele pôs fim à esperança de um fundamento absoluto da matemática: nenhum sistema formal é capaz de demonstrar sua consistência (sua não contradição, sua coerência) por si mesmo. É o fim das certezas.

A epistemologia diante das crises das ciências

As ciências biológicas tampouco foram poupadas e experimentaram também grandes reviravoltas. A descoberta do DNA e a possibilidade de manipulações genéticas contribuíram para o aumento do conhecimento da vida, mas não deixaram de colocar problemas de ordem ética: aquilo que nós podemos fazer, devemos fazê-lo? Diante de tantas incertezas, a filosofia se empenhou em pensar sua relação com as ciências: contra a **tendência neopositivista** do Círculo de Viena, que pretendia renovar a confiança em uma ciência objetiva e rejeitar qualquer pseudoproblema metafísico, **Husserl** reabilitou a filosofia como ciência rigorosa ao desenvolver a **fenomenologia**. Bergson se opôs à visão científica, muito redutora, e reabilitou a intuição, modo de conhecimento imediato da experiência concreta.

A epistemologia (filosofia das ciências) exerceu um papel predominante: **Bachelard** analisou as crises da ciência e viu nela a confirmação do conceito de ruptura epistemológica: toda teoria se constrói apenas em oposição àquelas que a precedem. **Popper** se interrogou a respeito dos critérios de cientificidade e concluiu a impossibilidade de se estabelecer uma verdade absoluta em matéria científica.

O século XX testemunhou o horror do mal, da perda dos ideais, da ilusão do domínio do sujeito sobre si mesmo e de sua capacidade de atingir uma verdade absoluta. Esse foi também o século da defesa da liberdade e dos direitos humanos, da rejeição ao totalitarismo e ao dogmatismo, bem como de um avanço técnico sem precedentes que foi preciso colocar em discussão a fim de se evitar o risco de uma visão por demais tecnicista com o mundo, que não teria outro objetivo senão a eficiência e o consumo. Consciente quanto aos seus limites, a razão se libertava de suas antigas ambições. Porém, ante a afirmação do individualismo e de uma busca constante de conforto e de bem-estar, parecia emergir uma exigência espiritual: a tarefa da filosofia, em um mundo deslocado, ainda era muito grande.

Quadro cronológico

1856-1939

A análise psicológica [...] se propõe a mostrar ao Ego que ele não é senhor em sua própria casa.
(Introdução à psicanálise)

Elementos biográficos

Formação em medicina

Nascido na Morávia, em uma família judaica, Sigmund Freud viveu desde 1860 em Viena. Diplomado em Medicina, especializou-se no estudo do sistema nervoso.

A descoberta da psicanálise

Iniciado no método catártico pelo Professor Charcot, que procurava purificar o espírito dos doentes histéricos fazendo-os contar suas lembranças por meio da hipnose, Freud deu continuidade às pesquisas sobre a histeria com o Dr. Breuer, um célebre neurologista. Juntos, eles publicaram, em 1895, os *Estudos sobre a histeria*.

Freud dedicou sua vida à psicanálise e publicou o resultado de suas pesquisas em inúmeras obras, como *A interpretação dos sonhos* (1900), *Sobre a psicopatologia da vida cotidiana* (1901), *Cinco lições de psicanálise* (1910), *Totem e tabu* (1913), *O futuro de uma ilusão* (1927), *O mal-estar na civilização* (1929).

Ameaçado diante do nazismo, ele se exilou definitivamente na Inglaterra em 1938.

Século XX

Teses essenciais

Fundador da Psicanálise, método de análise dos processos psíquicos, Freud afirmou a existência do inconsciente no centro do psiquismo. A teoria freudiana permite a explicação dos fatos aparentemente mais dementes, porém coloca igualmente em causa o domínio que o sujeito acredita ter sobre si mesmo. A teoria freudiana exerceu influência essencial no desenvolvimento das filosofias do século XX, inspirando-as e ficando no foco de suas críticas (Sartre, Alain).

As primícias da descoberta do inconsciente

Freud interessava-se, particularmente, pela histeria, doença que se manifesta por meio de sintomas físicos (convulsões, paralisias...), mas cujas causas a medicina tem dificuldades para identificar. Com o Dr. Breuer que, por meio da hipnose, conseguiu fazer com que os pacientes recobrassem as lembranças traumáticas e superassem, dessa forma, alguns sintomas, Freud teve a intuição de que os sintomas que acometem os histéricos são resíduos e símbolos de acontecimentos traumáticos do passado.

Processos psíquicos poderosos impelem o sujeito a agir de forma inconsciente. Eles constituem obra do **inconsciente**, parte da psique ativa, incontrolada e inacessível à consciência. Nossa vida psíquica não se reduz àqueles fenômenos mentais dos quais nós temos consciência.

A estrutura do psiquismo

Freud se empenhou em descrever o funcionamento do psiquismo e os mecanismos que regem o inconsciente. A **primeira tópica** (primeira elaboração do sistema psíquico) considerava o espírito humano como sendo composto por três planos: o consciente, o pré-consciente e o inconsciente. O **consciente** designaria tudo aquilo que temos atualmente na mente. O **pré-consciente** conteria tudo aquilo que não estava atualmente consciente, mas poderia se tornar. Por fim, o **inconsciente** seria a parte dinâmica constituída pelo conteúdo **reprimido** (aquilo que estava atualmente fora do campo da consciência).

Mas Freud é levado a elaborar uma **segunda tópica** que distingue igualmente três instâncias na mente: o Id (ou Isso), o Ego (ou Eu) e o Superego (ou Supereu). O **Id** remete ao polo pulsional, totalmente inconsciente, governando pelo princípio do prazer (desejo de satisfazer imediatamente todos os desejos sem considerar suas possibilidades nem suas consequências). Ele se constitui de pulsões, de lembranças e de desejos reprimidos por entrarem em conflito, sobretudo, com o Superego. O **Superego**, constituído pela interiorização inconsciente das proibições parentais, morais e sociais, impede a realização e mesmo a tomada de consciência de nossos desejos sempre que eles não são convenientes. Quanto ao **Ego**, exerce a função de mediador entre o Id e o Superego: ele tenta satisfazer as pulsões e desejos reprimidos sem ferir as exigências do Superego, ao mesmo tempo em que leva em conta o princípio de realidade: a busca de satisfação deve considerar as necessidades do mundo exterior. Deve manter o equilíbrio psíquico.

O **inconsciente** designa, então, uma realidade psíquica, uma força dinâmica de nosso espírito que escapa ao controle da consciência e determina nossos comportamentos, pensamentos e atos. Por isso, a transparência do sujeito e o domínio sobre si parecem colocados em questão.

Os sonhos, manifestações do inconsciente

O inconsciente se manifesta cada dia, além de outras coisas, por meio daquilo que se denomina **atos falhos**: lapsos, esquecimentos... tudo tem um sentido oculto, segundo Freud: nós não temos controle sobre todos os nossos atos e pensamentos, eles dizem algo a nosso respeito sem que o queiramos e sem que o tenhamos previsto.

Mas é sobretudo por meio da análise dos sonhos que se pode compreender como funciona nossa psique: "A interpretação dos sonhos é a via régia que conduz ao conhecimento do inconsciente" (*A interpretação dos sonhos*).

Dois conteúdos devem ser distinguidos no sonho: o **conteúdo manifesto** (o que lembramos do sonho, a história, com todas as suas incoerências e seus absurdos), e o **conteúdo latente** (o desejo ou a lembrança inconsciente que se manifesta à consciência de maneira simbólica, a fim de se subtrair à censura).

Os desejos inconscientes, reprimidos, são satisfeitos no sonho. A **censura** (constituída pela atenção às conveniências, às ideias morais) reprime os desejos proibidos no estado de vigília, mas esses desejos se mostram no sonho de maneira velada, simbólica. O sonho necessita, portanto, de uma **interpretação**.

As contribuições da psicanálise

Freud é o pai da psicanálise. Ele formulou a teoria da noção de inconsciente e estabeleceu um método terapêutico fundado na linguagem que permite identificar mais ou menos as raízes inconscientes de nossos comportamentos e a lidar com eles.

A psicanálise afirma que todos os fenômenos psíquicos, mas também os coletivos (a religião ou a arte, por exemplo), têm um sentido, mesmo parecendo desordenados. Ela coloca a tônica no papel da **infância** e da **sexualidade** na formação da personalidade. Os traumas psicológicos da infância permitiriam compreender as reações atuais de um sujeito adulto. Aos olhos do psicanalista, eu sou aquilo que meu passado me fez.

A psicanálise também destaca a importância da **linguagem**: todo trabalho da cura psicanalítica repousa sobre a fala do paciente. É por meio da fala que se adquire mais ou menos consciência daquilo que estava inconsciente.

A hipótese do inconsciente: uma verdadeira revolução

Segundo os termos do próprio Freud, a descoberta do inconsciente representou a terceira ferida imposta sobre a megalomania humana.

A primeira foi obra de Copérnico, quando ele pôs fim à ilusão geocêntrica (a Terra não está no centro do universo).

Em seguida, veio Darwin, que, apresentando o ser humano como fruto da evolução animal, reduziu sua pretensão a um lugar privilegiado na ordem da criação.

Enfim, Freud, com a psicanálise, afirmou a existência de um determinismo psíquico e "se propôs a mostrar ao Ego que ele não é o único senhor em sua própria casa" (*Introdução à psicanálise*). Freud desfez, assim, a ilusão humana de uma total consciência e domínio sobre si mesmo e sobre seus pensamentos.

Uma obra-chave: *Ensaios da metapsicologia*

Contexto

Como a teoria elaborada por Freud ultrapassou a psicologia, ele criou, para designar sua teoria do inconsciente, o termo "metapsicologia" (meta = para além de). Neste conjunto de ensaios ele elevou a psicanálise à posição de teoria e se dedicou a especificar com rigor os seus conceitos e princípios.

Extrato

De todos os lados, contestam-nos o direito de admitir um psiquismo inconsciente e de trabalhar cientificamente com essa hipótese. A isso podemos responder que a hipótese do inconsciente é *necessária* e *legítima*, e que temos inúmeras *provas* da existência do inconsciente. A hipótese é necessária porque os dados da consciência são extremamente lacunares; tanto no indivíduo são quanto no enfermo, produzem-se, muitas vezes, atos psíquicos que, para serem explicados, pressupõem outros atos que, por sua vez, não gozam do testemunho da consciência. Tais atos não são apenas os atos falhos e os sonhos, no sujeito saudável, e tudo aquilo que se chamam sintomas psíquicos e fenômenos compulsivos no enfermo; nossa experiência cotidiana mais pessoal nos coloca na presença de ideias que nos chegam sem que tenhamos conhecimento de sua origem, bem como de resultados de pensamentos cuja elaboração se nos mantém oculta. Todos esses atos conscientes permanecem incoerentes e incompreensíveis se pretendermos obstinadamente insistir que tudo o que nos acontece em termos de fatos psíquicos deva ser percebido pela nossa consciência; mas eles se organizam em um conjunto do qual podemos mostrar a coerência, se interpolamos os atos inconscientes inferidos; ora, nesse ganho de sentido e de coerência nós vemos uma razão plenamente justificada para ir além da experiência imediata. E caso se verifique, além disso, que podemos fundar sobre a hipótese do inconsciente uma prática coroada de sucesso, pela qual influenciamos, de acordo com um determinado fim, o curso dos processos conscientes, então teremos adquirido, com o sucesso, uma prova incontestável da existência daquilo de que postulamos a hipótese (Freud, 1968).

CHAVES TEXTUAIS

A dupla estrutura da psique

- A psique não é formada apenas pela consciência, mas constituída também pelo inconsciente.
- A existência do inconsciente é uma hipótese necessária, legítima e comprovada.
- Nossos pensamentos não são tão claros como gostaríamos de crer; suas origens, por exemplo, nos escapam: existem lacunas na consciência.

A necessidade da hipótese do inconsciente

• Necessária é alguma coisa que não pode não existir. Ora, sem o inconsciente as lacunas da consciência não podem ser explicadas. Se quisermos dar uma explicação suficiente dos fatos psíquicos, torna-se necessário postular a existência do inconsciente.

• Por exemplo, os atos falhos (aqueles que não controlamos) como lapsos, pelo qual dizemos uma palavra em lugar de outra, se compreendem como manifestações do inconsciente. Igualmente, os sonhos são uma realização de desejos inconscientes reprimidos.

• O inconsciente existe tanto na pessoa doente quanto na pessoa sã: ele não tem caráter patológico.

A legitimidade da hipótese do inconsciente

• É legítimo aquilo que se justifica. É legítimo pensar que o inconsciente existe: isto permite compreender e dar sentido a fatos que, na ausência de tal hipótese, permaneceriam misteriosos e incompreensíveis.

• Impossibilidade de compreender os sonhos sem recorrer à noção de inconsciente, por exemplo.

• Enfim, a principal prova da existência do inconsciente é a eficácia da prática terapêutica da psicanálise.

39
HUSSERL

___1859-1938___

Quem quiser, realmente, tornar-se filósofo, deverá uma vez em sua vida dobrar-se sobre si mesmo e, dentro de si, tentar desfazer todo o conhecimento adquirido até aqui e, então, tentar reconstruí-lo.
(Husserl, 1953)

Elementos biográficos

Da matemática à filosofia

Edmund Husserl é originário da Morávia (atual República Tcheca). Dedicou-se, em um primeiro momento, ao estudo da matemática. Junto a Brentano, psicólogo e filósofo alemão que foi também professor de Freud, Husserl tomou gosto pela filosofia, à qual decidiu consagrar-se.

Carreira universitária abortada

Universitário, Husserl se interessou inicialmente pela filosofia matemática e pela lógica, antes de se dedicar a uma refundação das ciências e do conhecimento em geral. Essas obras se transformaram na publicação das *Investigações lógicas* (1900-1901). Husserl foi então nomeado para a Universidade de Göttingen, e depois para lecionar em Friburgo.

De origem judaica, ele foi obrigado a abandonar sua cadeira e foi retirado da lista de professores eméritos pelos nazistas. Heidegger, que foi seu aluno, o sucedeu. Entre as principais obras de Husserl podemos destacar as *Ideias para uma fenomenologia pura e uma filosofia fenomenológica* (1913-1952), as *Meditações cartesianas* (1929) e *A crise das ciências europeias e a fenomenologia transcendental* (1936).

Século XX

Teses essenciais

Filósofo, lógico e matemático alemão, Husserl foi o promotor de uma das principais correntes da filosofia contemporânea, a **fenomenologia**. Encontrou influência de seu pensamento em Heidegger, Merleau-Ponty, Sartre e ainda Lévinas.

A filosofia como "ciência rigorosa"

A época de Husserl foi marcada pela crise da filosofia e dos fundamentos da matemática, ameaçados pelo positivismo e o psicologismo ambientes. O **psicologismo** afirmava que as leis da lógica se reduziam às leis psicológicas e aniquilava, com tal relativismo, toda esperança de objetividade. Quanto ao **positivismo**, limitava-se à análise de fatos objetivos e via na ciência o único acesso à verdade, negando qualquer importância à experiência e qualquer interrogação do sentido. Tal positivismo significava a rejeição da matemática concebida como estudo da essência última das coisas.

Husserl se propôs, então, a reabilitar a filosofia: embasando-se na razão universal, ela deveria ser entendida como **ciência rigorosa** que permite compreender a experiência. Husserl convocou a uma refundação do conhecimento. Retomou, mas radicalizou, a proposta de Descartes: era preciso reformar a filosofia; ela deveria servir de base para as ciências, a fim de torná-las menos ingênuas quanto à sua produção.

A redução eidética

A **fenomenologia** designou em Husserl a filosofia nova que assumiu para si a tarefa de tornar-se uma ciência rigorosa que permitisse pensar e compreender o mundo. Tratava-se de **retornar às coisas em si mesmas** considerando o fenômeno (literalmente, aquilo que se manifesta à consciência) não como uma aparência enganosa, mas como uma aparição cujo sentido é preciso elucidar.

A fenomenologia consiste, portanto, por meio de uma **redução eidética** (*eidos* significa essência), em identificar a **essência** das coisas: fazendo variar mentalmente as perspectivas das coisas a fim de extrair delas as suas características empíricas variáveis é que se chegará a identificar sua essência, ou seja, a realidade última que faz com que as coisas sejam aquilo que são, as propriedades que não se podem suprimir sem suprimir o próprio objeto. Por exemplo, a essência do triângulo é o conjunto das propriedades que permitem defini-lo como triângulo, propriedades sem as quais não se poderia defini-lo como triângulo. Esta essência é independente dos elementos particulares de cada triângulo concreto que podemos representar. A fenomenologia é, assim, **intuição das essências**.

O cogito, fundamento da fenomenologia

A segunda redução realizada por Husserl foi a **redução fenomenológica** (Husserl empregou o termo grego *epoché* para designar essa suspensão do juízo que não é, contudo, comparável a uma negação da existência do mundo): ela consiste em colocar entre parênteses a existência do mundo exterior a fim de se ater ao fenômeno, apenas àquilo que se manifesta.

Ora, o que se depreende finalmente desta redução fenomenológica é o **Ego transcendental**, a consciência pura que dá unidade e sentido ao mundo. Como em Descartes, o **cogito** era para Husserl o elemento fundador de todo conhecimento.

Mas Husserl não concebia o cogito como uma substância, e, aqui, ele se afastou fortemente das conclusões cartesianas ao desenvolver a teoria da **intencionalidade** inspirada nas teses de Brentano. A consciência não é uma "coisa", ou ainda um continente de nossos pensamentos. Ela é, antes de tudo, intenção, abertura para o mundo: toda consciência é consciência *de* alguma coisa. Se a consciência é intencionalidade, é inútil e equivocado opor radicalmente objeto e sujeito. Não há objeto senão para um sujeito e, inversamente, não há sujeito senão em relação a um objeto. A consciência, portanto, é sempre abertura para o mundo, para o outro, ela é doadora de sentido. Por exemplo, perceber e imaginar uma flor não é a mesma coisa, é dar um sentido diferente a um objeto que é, contudo, único em sua essência.

Uma obra-chave: *Meditações cartesianas*

Contexto

As *Meditações cartesianas* reúnem as conferências proferidas por Husserl na Sorbonne em 1929. Nelas encontram-se os grandes princípios da fenomenologia transcendental. O texto que segue define a consciência como visada intencional.

Extrato

Todo cogito ou ainda todo estado de consciência "visa" alguma coisa e [...] traz em si, enquanto "visado" (enquanto objeto de uma intenção), seu *cogitatum* respectivo. Cada cogito, além disso, o faz a seu modo. A percepção da "casa" "visa" (se reporta a) uma casa ou, mais exatamente, tal casa individual de maneira perceptiva; a lembrança da casa "visa" a casa como lembrança; a imaginação, como imagem; um juízo predicativo que tenha como objeto a casa "situada aí, diante de mim" a visa da maneira própria ao juízo predicativo; um juízo de valor acrescentado a visaria também à sua maneira, e assim por diante. Esses estados de consciência também são chamados estados intencionais. O termo intencionalidade não significa nada mais do que essa particularidade congênita e geral que a consciência tem de ser consciência de alguma coisa, de trazer, em sua qualidade de cogito, seu *cogitatum* em si mesma (Husserl, 1953).

CHAVES TEXTUAIS

A consciência, um elã para o mundo

- Cogito: "Eu penso", a consciência. *Cogitatum*: o que é pensado, o objeto visado pela consciência. Não há oposição ou separação entre o objeto e o sujeito, mas correlação.

- Não existe consciência sozinha, sem objeto visado: toda consciência é consciência de alguma coisa. A consciência é o ato, o movimento pelo qual um objeto é visado. É abertura para a alteridade e somente se torna ela mesma nesta interação contínua com o mundo.

O caráter internacional da consciência

- A consciência visa intencionalmente, ou seja, ela dá sentido ao objeto visado: a percepção visa a casa como presença, a imaginação a visa virtualmente... e, a cada vez, o objeto recebe um sentido diferente.

- A concepção, então, é constitutiva do mundo, ela lhe dá sentido no ato de visá-lo intencionalmente.

40
BERGSON

<u>1859-1941</u>

A vida ultrapassa a inteligência.
(A evolução criadora)

Elementos biográficos

Um pensador extraordinário

Henri Bergson, aluno superdotado, ingressou na École Normale Supérieure e foi admitido na *agrégation* de filosofia, onde defendeu, em 1889, duas teses de doutorado, sendo uma o *Ensaio sobre os dados imediatos da consciência*. Lecionou como mestre de conferências na École Normale Supérieure, em seguida assumiu uma cadeira no Collège de France. Seu livro *Matéria e memória*, publicado em 1896, conheceu um grande sucesso.

Um homem discreto, porém célebre

A publicação da *Evolução criadora* (1907) faz aumentar a celebridade de Bergson. Em 1914, foi eleito para a Academia Francesa.

Abalado com a guerra, ele não deixou, no entanto, de exercer um importante papel como diplomata junto ao Presidente Wilson e participou da Comissão Internacional de Cooperação Intelectual, antiga Unesco.

Em 1928, Bergson recebeu o Prêmio Nobel de Literatura. Vítima de reumatismo, foi com dificuldades que ele conclui, em 1932, sua última obra, na qual apresentou sua filosofia moral: *As duas fontes da moral e da religião*.

Mesmo dizendo-se próximo do catolicismo, sobretudo por sua reflexão sobre o misticismo, Bergson, oriundo de uma família judaica, renunciou a converter-se por solidariedade aos outros judeus ameaçados pelo crescente antissemitismo.

Século XX

Teses essenciais

Filósofo espiritualista, Bergson se opôs às tendências que tinham as ciências positivas a considerar a vida e a consciência como coisas materiais. Afirmava a superioridade do conhecimento imediato intuitivo do movente em relação à obra fria da razão científica que imobilizava seu objeto. Assim fazendo, ele reabilitou a metafísica.

O homem é *homo faber*

A tradição caracteriza o homem por sua faculdade de pensar. Mas para Bergson o homem é *homo faber*, quer dizer, fabricante de utensílios, antes de ser *homo sapiens* (dotado de razão). O homem é, antes de tudo, um **técnico**: a inteligência que o caracteriza não é especulativa, mas de ordem prática. Ela visa, antes de tudo, à eficácia da ação: "A inteligência, vista no sentido que parece o mais original, é a faculdade de fabricar objetos artificiais, em particular utensílios para fazer outros utensílios, e variar a fabricação infinitamente" (*A evolução criadora*).

O homem procura essencialmente viver, e a **inteligência** é a faculdade que lhe permite realizar esse fim, assim como o instinto serve para o animal. A diferença está no fato de o animal não ser capaz de variar infinitamente seu modo de agir, ao passo que o homem pode agir de diversas maneiras para o mesmo objetivo.

A linguagem, véu do real

A inteligência é pragmática: visando à eficácia, ela recorta o real generalizando-o e simplificando-o para facilitar a ação. A **linguagem** é, assim, procedente da inteligência. Conceitual, ela coloca etiquetas sobre as coisas, retendo apenas aquilo que elas têm em comum, para simplificar a ação.

Mas a linguagem nos introduz no coração de um mundo espacializado, recortado, em que não mais percebemos a singularidade. Dessa forma, "não vemos mais as coisas em si; limitamo-nos geralmente a ler as etiquetas coladas sobre elas" (*O riso*). Por exemplo, a palavra "ódio" expressa apenas um sentimento genérico, mas não as suas múltiplas nuanças possíveis: todo sentimento é singular e pretender reduzir o sentimento que esse ou aquele homem experimenta em determinado momento; é, no fim das contas, reduzir o próprio real, impedir-se de perceber sua riqueza.

Inapta para expressar o individual, o singular, a linguagem nos afasta, por fim, do ser sempre novo e único, e nos impede de ver as

Bergson • 1859-1941

coisas em si. O artista, criando uma obra de arte única, desvela a realidade: ele nos faz olhar as coisas por si mesmas, e não por sua utilidade, e mostra a unicidade, a criatividade da vida.

A intuição, captação da experiência vivida

O conhecimento verdadeiro é o da **intuição**, "visão direta do espírito pelo espírito" (*O pensamento e o movente*).

Visão imediata do real, ela nos permite aceder ao inexprimível e à singularidade do objeto, desvelando o concreto e o vivenciado ocultos pela ciência. A intuição ultrapassa, portanto, o conhecimento conceitual e nos permite captar nossa essência verdadeira, a **duração pura** e a **liberdade criadora**, bem como o princípio último da vida, o **elã vital**.

Tempo e duração

Bergson distinguia o tempo científico, elaborado pela inteligência, e a duração, percebida pela intuição.

O **tempo** era espacializado: ele se media pela distância percorrida por um ponteiro em um relógio. Era homogêneo (uma hora é sempre igual a uma hora), dividido (uma hora contém 60 minutos) e previsível (em uma hora serão 15 horas). Útil para a ação, ele, no entanto, não esgotaria toda a realidade temporal, permanecendo uma abstração oriunda da inteligência.

A **duração** correspondia ao tempo concreto, à vivência imediata e contínua da consciência. Por duração era preciso entender "uma sucessão que não é uma justaposição, o crescimento por dentro, o prolongamento ininterrupto do passado em um presente que se lança sobre o futuro" (*O pensamento e o movente*). A duração, assim, seria um fluxo ininterrupto, heterogêneo (uma hora parece mais ou menos longa), contínuo, imprevisível, propício à criação e à liberdade. A ciência, que confunde tempo e espaço, é incapaz de explicar a vida e a realidade em seu aspecto imediato e singular.

A memória

Dualista, Bergson distinguia **matéria** e **espírito**. O espírito, ou mente, não se reduziria ao cérebro, mas ambos não deixariam de ser solidários. O cérebro seria como um prego, onde a veste (o espírito) estaria pendurada, porém, se ele for fraco, a veste cai. Bergson distinguia duas formas de memória. A primeira, a **memória motriz**, repousaria no hábito e depende do cérebro. Ela consistiria na lembrança proveniente da repetição (por exemplo, lembrar-se de que dois mais dois são quatro). Mas devemos admitir que existe, ao lado dessa **memória-hábito**, uma **memória pura** que não teria nada a ver com o cérebro, mas consistiria na lembrança das experiências particulares (quando recordamos uma cena vivida, como um encontro em um parque, com um amigo de infância).

É da memória pura que brotaria a **consciência**: ao se recordar das lembranças passadas, o indivíduo tomaria consciência de sua interioridade e da duração que o caracteriza. Ponte entre o passado e o futuro, a consciência garantiria a continuidade da experiência vivida.

O elã e a liberdade

A vida do espírito se manifesta como **liberdade**. A vida é criação permanente, dinamismo animado pelo **elã vital**, sopro original criador e imprevisível que percorre o vivente.

Contra o mecanismo (que pretende poder reduzir o vivente à matéria e explicá-lo mecanicamente) e o finalismo (que pensa que a evolução segue um plano previamente traçado), Bergson via na evolução da vida a manifestação do elã vital que cria constantemente, de maneira indeterminada, novas formas de vida (contrariamente ao que afirma Darwin). A vida seria liberdade, novidade imprevisível.

O fechado e o aberto

A moral e a religião têm duas formas de existência: elas são denominadas fechadas (forma inferior) ou abertas (forma superior).

A **moral fechada** (a da tradição, sistema de regras rígidas), repousaria no costume da obrigação moral que a sociedade impõe. A **moral aberta**, a dos heróis, transcenderia obrigações e proibições: ela manifestaria um elã espiritual e exprimiria a energia espiritual do herói criador que age para além de qualquer obrigação.

A **religião estática** (fechada) designa a religião que poderíamos qualificar como "social", com suas instituições, seus ritos e dogmas que garantiriam a sobrevivência e a coesão da comunidade e a protegeriam da desesperança. Quanto à **religião dinâmica** (aberta), esta estaria fundada na relação individual que une o santo a Deus e exalta o amor.

Assim, as **sociedades fechadas** se caracterizariam pela inércia própria da inteligência, visando apenas à sobrevivência da espécie, ao passo que as **sociedades abertas**, inspiradas no elã vital, criariam novos valores e manifestam a liberdade.

Bergson • 1859-1941

Uma obra-chave: *A energia espiritual*

Contexto

Nesta obra, Bergson reuniu diversas conferências voltadas para "determinados problemas da psicologia e da filosofia".

Extrato

Que acontece quando uma de nossas ações deixa de ser espontânea para tornar-se automática? A consciência se retira. No aprendizado de um exercício, por exemplo, nós começamos tendo consciência de cada um dos movimentos que executamos, porque é algo que vem de nós, porque resulta de uma decisão e implica uma escolha; depois, na medida em que esses movimentos vão se encadeando uns nos outros e se determinam mais mecanicamente uns nos outros, dispensando-nos, assim, de decidir e escolher, a consciência que temos deles diminui e desaparece. Por outro lado, quais são os momentos em que nossa consciência atinge mais vivacidade? Não são os momentos de crise interior, em que hesitamos entre dois ou mais partidos a tomar, quando sentimos que nosso futuro será aquilo que tivermos feito dele? As variações de intensidade de nossa consciência parecem, portanto, corresponder ao volume mais ou menos considerável de escolhas ou, podemos dizer, de criação, que distribuímos ao longo de nosso comportamento. Tudo leva a crer que é assim que acontece com a consciência em geral. Se consciência significa memória e antecipação, é porque consciência é sinônimo de escolha (Bergson, 2005).

CHAVES TEXTUAIS

Da espontaneidade ao automatismo

• Ato **espontâneo**: ato realizado completamente por vontade própria. Ele supõe a escolha e, portanto, a atenção da consciência. Por exemplo: aquele que aprende a dirigir presta muita atenção a cada um de seus gestos, como coordenar esquerdo e mão direita ao passar uma marcha.

• Ato **automático**: ato sem consciência, o costume, que torna a escolha inútil, e os gestos se encadeiam automaticamente uns nos outros. Por exemplo, o motorista habituado desacelera automaticamente quando o trânsito à sua frente se torna lento.

Século XX

> • Uma vez que se assimilam os movimentos e sua ordem, não há mais espaço para a liberdade nem a consciência: tudo fica automático e mecânico.

A escolha crucial: o apogeu da consciência

> • A consciência como fonte de liberdade, de autoafirmação, de criação: ela é tanto mais vivaz quanto mais importante é a escolha a ser feita.
>
> • A consciência como memória (a escolha necessita que o passado seja levado em consideração) e antecipação (para escolher bem, sem arrepender-se depois, devemos imaginar as consequências possíveis de nossos atos).
>
> • A tônica é colocada aqui na temporalidade da consciência. Ela é um vínculo entre o passado e o futuro, "uma ponte lançada entre o passado e o futuro".

41
ALAIN

1868-1951

Pensar é dizer não.
(Considerações sobre a religião)

Elementos biográficos

Um professor memorável

Após seus estudos na École Normale Supérieur, Émile Chartier, denominado Alain, foi recebido na *agrégation* de filosofia. Lecionou para as classes terminais, e também para as letras superiores. Fantástico pedagogo, professor influente, ele impressionou seus alunos e discípulos, entre os quais Raymond Aron, Simone Weil, e mesmo Georges Canguilhem.

Sendo também jornalista, publicou crônicas semanais, depois diárias, as *Considerações* (*Propos*), que foram depois reunidas em cerca de 30 volumes.

O engajamento pela paz

Alain presenciou, como brigadeiro de artilharia, as atrocidades da Grande Guerra, que inspiraram seu célebre panfleto: *Mars ou la guerre jugée* (Marte ou a guerra julgada, 1921). Sua obra testemunha sua luta pela paz e contra a vitória do fascismo. Politicamente engajado entre os radicais, ele militou em favor de uma república liberal estritamente controlada pelo povo. Alain escreveu inúmeras obras, dentre as quais os *Propos* (1908-1919), *O sistema das belas-artes* (1920), *As ideias e as épocas* (1927) e os *Elementos de filosofia* (1940).

Século XX

Teses essenciais

Símbolo de professor filósofo anti-intelectual, combatendo todo preconceito e militando pelo desenvolvimento do livre-pensar de cada um, Alain não construiu um sistema, mas elaborou pensamentos, considerações sobre diversos assuntos, analisando, assim, a realidade de sua época. Para aquele a quem muitos qualificam como "despertador do espírito", a filosofia deveria ser, antes de tudo, uma atividade crítica: "Pensar é dizer não".

Perceber é julgar

Racionalista, Alain colocou toda a sua confiança na razão. O conhecimento procederia do julgamento, e não da pura experiência sensível. A percepção, em si, pela qual a consciência cria a representação do objeto, não era obra apenas dos sentidos, não é simples sensação, mas julgamento, ato do espírito que "dá mais de si mesmo do que pensa" (Alain, 1941).

Toda percepção, de fato, é uma construção, uma reunião e uma interpretação das sensações que o espírito elabora a partir de seus conhecimentos anteriores.

Com efeito, quando eu digo que percebo, por exemplo, um dado cúbico, o que eu toco, na verdade, são arestas, pontas, planos duros e lisos, mas nunca meus sentidos me permitem tocar ao mesmo tempo todos os elementos desse dado. Da mesma forma, eu nunca vejo ao mesmo tempo as seis faces que o compõem, embora a noção de dado cúbico pressuponha que assim seja: isto porque "a percepção é, já, uma função de entendimento" (Alain, 1941). Ela provém não da sensação, mas do julgamento: a partir da visão de três faces do dado, eu julgo que é um cubo, mesmo que um cubo tenha seis faces. Perceber já é julgar, é ir além da simples informação bruta dos sentidos.

O entendimento produz o mundo objetivo, comum a todos os seres humanos: a percepção é começo do conhecimento, ele põe ordem nas aparências. Então, é preciso educar a percepção para evitar as aparências enganadoras: claro, um bastão reto mergulhado na água pode nos parecer quebrado, mas a percepção educada (aquela que conduz ao verdadeiro) considera esta aparência de ruptura como fruto dos mecanismos óticos que a regem.

A crítica da imaginação

O entendimento permite perceber corretamente o mundo. Em contrapartida, a imaginação está na origem da percepção falsa; ela produz o **imaginário**, o irreal. Contrariamente à percepção vigilante do real, o fruto da imaginação se esvai quando a consciência está atenta: no sonho ou na imaginação se crê ver, mas, precisamente, não se vê. Chega-se, assim, à necessidade da **dúvida** que nos desperta e desfaz a ilusão que nossa crença mantém.

A imaginação exerce um papel essencial na vida das **paixões**: o apaixonado, dominado por sua imaginação, cria para si uma existência imaginária na qual tomam forma todos os seus fantasmas. A filosofia, ao permitir identificar os mecanismos das paixões, oferece a possibilidade de uma vida digna e razoável.

Uma obra-chave: *Elementos de filosofia*

Contexto

Os *Elementos de filosofia* reúnem as aulas dadas por Alain no Licée Henri IV e no Collège Sévigné. Ele trata nesta obra do conhecimento, da experiência, da ação, das paixões e das virtudes.

Extrato

O *freudismo*, tão famoso, é a arte de descobrir em cada pessoa um animal temerário a partir de indícios totalmente ordinários; os sonhos são tais indícios; os homens sempre interpretaram seus sonhos, de onde vem um simbolismo fácil. Freud gostava de mostrar que esse simbolismo fácil nos engana e que nossos símbolos constituem tudo que existe de indireto. As coisas relacionadas ao sexo escapam, evidentemente, à vontade e à previsão; são crimes do Eu, aos quais se assiste. Adivinha-se, por si, que esse tipo de instinto oferecia uma rica interpretação. O homem é obscuro para si mesmo; isto se deve saber. Apenas é preciso evitar aqui diversos erros gerados pelo termo *inconsciente*. O mais grave desses erros é acreditar que o inconsciente seja um outro Eu que tem seus preconceitos, suas paixões e suas artimanhas; uma espécie de anjo mau, conselheiro diabólico. Contra isso é preciso compreender que não existe pensamento algum em nós senão unicamente pelo sujeito, o Eu; esta é uma observação de ordem moral (Alain, 1941).

Chaves textuais

As origens do freudismo

• O freudismo: teoria de Freud (cf. capítulo sobre Freud) que afirma a existência de um inconsciente psíquico dinâmico e inacessível.

• O que leva a comprovar a ideia da existência do inconsciente: os fenômenos obscuros, difíceis de explicar e que, aparentemente, escapam à nossa vontade, como os sonhos e as pulsões sexuais.

A crítica do freudismo

• O freudismo é um erro: ele inventa na pessoa um outro Ego, duplica o sujeito, sendo que somente o sujeito consciente (o "Ego") é apto a produzir pensamentos. O freudismo dá ao corpo o estatuto de sujeito, confundindo corpo e espírito.

• O freudismo como falha: perigo moral do estatuto atribuído ao inconsciente. O freudismo oferece o risco de legitimar a irresponsabilidade do sujeito (não sou eu que ajo, mas é o inconsciente que me leva a agir: portanto, não sou responsável por meus atos) e tornar inútil toda moral.

BACHELARD

1884-1962

É impossível haver uma verdade primeira.
O que há são apenas erros primeiros.
(Études)

Elementos biográficos

Uma formação científica...

Gaston Bachelard iniciou sua carreira como empregado dos correios. Em preparação para o concurso de engenheiro dos telégrafos, ele obteve a licença de matemática. Mobilizado por ocasião da Primeira Guerra (1914-1918), foi, em seguida, professor de física e de química.

...e uma carreira filosófica prodigiosa

Rapidamente, Bachelard se voltou para a filosofia: *agregé* de filosofia em 1922, ele defendeu uma tese intitulada *Ensaio sobre o conhecimento aproximado*. Iniciou, então, uma carreira universitária como professor de filosofia das ciências.

Considerado um sábio de barbas brancas, Gaston Bachelard foi um trabalhador obstinado de carreira prodigiosa. Recebeu o Grande Prêmio Nacional de Letras por sua obra que incluiu, sobretudo, *O novo espírito científico* (1934), *A formação do espírito científico* (1938), *O materialismo racional* (1953), bem como *A poética do espaço* (1957) e *A poética do devaneio* (1960).

Século XX

Teses essenciais

Bachelard orientou principalmente sua reflexão para os métodos e fundamentos do conhecimento científico e renovou profundamente a epistemologia combatendo os dogmas de seu tempo.

As condições do conhecimento científico

O conhecimento científico, longe de ser imediato, somente progride por meio do combate aos **obstáculos epistemológicos**, as representações que entravam o espírito do pesquisador. O primeiro obstáculo a ser superado é a opinião. Mas o pensamento científico enquanto tal é composto de convicções primeiras, conhecimentos elementares dos quais ele deve libertar-se para progredir.

Consequentemente, o "espírito científico deve se formar reformando-se" (Bachelard, 1938). Bachelard convidou a uma "psicanálise do conhecimento objetivo", influenciado pela noção de inconsciente coletivo proposto por Carl Gustav Jung. Era preciso purificar a razão das ilusões, dos mitos que dificultam a sua objetividade.

A evolução do conhecimento científico

Diante das crises por que passa a ciência no início do século XX, especialmente as da relatividade e do determinismo, Bachelard elaborou o conceito de **corte epistemológico**: a ciência não progride de maneira contínua, linear, mas por meio da ruptura com os princípios anteriormente admitidos pela comunidade científica, pela mudança radical de método e de conceitos. Todo conhecimento se elabora *contra* um conhecimento anterior. Assim, a evolução da ciência supõe uma constante recolocação em causa das teorias atualmente aceitas: "Só existe um modo de fazer a ciência avançar, que é atacar a ciência já constituída, ou seja, alterar sua constituição".

Três etapas marcaram, assim, a história das ciências: o estado pré-científico, da Antiguidade ao século XVIII, o estado científico, que se estendeu do fim do século XVIII até o começo do século XX, e, enfim, a terceira etapa, que coincidiu com o que Bachelard denominou "o novo espírito científico", começou em 1905 com o estabelecimento da teoria da relatividade de Einstein.

O novo espírito científico

O novo espírito científico designa a atitude reflexiva e crítica da ciência que torna possível a aparição de teorias novas e originais. As

Bachelard • 1884-1962

teorias científicas, cada vez mais abstratas e complexas, têm sua origem não na experiência sensível, mas na matemática. A experiência científica deve romper com a experiência comum e com a obsessão do geral.

Assim, o método científico deve ser da ordem do "racionalismo aplicado": a razão deve dialogar com a experiência e aplicar-se ao real. A experiência científica, teorizada, não reflete o real bruto captado pela experiência primeira. Daí se compreende por que "o mundo em que pensamos não é o mundo em que vivemos" (*Filosofia do não*).

A reflexão sobre o imaginário

Bachelard dedicou igualmente à imaginação e à poesia toda uma parte de sua obra. A imaginação, potência primária do espírito humano, não era unicamente a faculdade de formar imagens. Antes de tudo, era a faculdade de deformar as imagens primeiras, constituir um domínio específico: o imaginário.

A imaginação criadora, distinta da imaginação reprodutora, era essencialmente abertura, experiência do novo. Ligada à natureza própria do psiquismo, ela era fonte de poesia.

Uma obra-chave: *A formação do espírito científico*

Contexto

Esta obra, cujo subtítulo é *Contribuições a uma psicanálise do conhecimento objetivo*, põe em evidência os obstáculos encontrados pela ciência: a objetividade científica nunca é adquirida de forma definitiva, mas supõe uma ruptura com a afetividade, com as representações individuais ou coletivas que constituem igualmente obstáculos epistemológicos que freiam seu avanço.

Extrato

A ciência, tanto em sua necessidade de realização como em seu princípio, opõe-se completamente à opinião. Se acontece, sob alguma questão particular, de ela legitimar a opinião, isto se deverá a razões diferentes daquelas que fundamentam a opinião; de modo que a opinião estará, certamente, sempre errada. A opinião pensa errado; ela não pensa: ela transforma necessidades em conhecimentos. Ao designar os objetos de acordo com sua utilidade, ela se impede de chegar a conhecê-los. Não se pode fundar nada sobre a opinião. É preciso, antes de tudo, destruí-la. Ela é o primeiro obstáculo a superar. Não bastaria, por exemplo, corrigi-la em pontos particulares, mantendo, como

Século XX

uma espécie de moral provisória, um conhecimento vulgar provisório. O espírito científico nos proíbe ter uma opinião sobre assuntos que não compreendemos, sobre questões que não sabemos formular claramente. Primeiramente, temos que saber colocar problemas. E, o que quer que se diga, na vida científica, os problemas não se colocam sozinhos. É precisamente o sentido do problema que marca o verdadeiro espírito científico. Para um espírito científico, todo conhecimento é uma resposta a uma questão. Se não houve uma questão, não é possível haver conhecimento científico. Nada acontece por si. Nada está dado. Tudo é construído (Bachelard, 1938).

CHAVES TEXTUAIS

A opinião: uma visão utilitária que prejudica a ciência

- Bachelard contrapôs a ciência à opinião. A opinião, compreendida como ideia recebida ligada ao hábito, era o primeiro obstáculo epistemológico para o conhecimento científico.

- A razão do perigo da opinião: ela está ligada à utilidade, entende o verdadeiro como aquilo que dá certo. Pelo contrário, a ciência procura antes de tudo explicações, não efeitos.

O pesquisador científico deve saber, antes de tudo, formular problemas

- A opinião não se interroga, mas julga de acordo com a primeira impressão a eficácia, ao passo que um conhecimento verdadeiro supõe um "sentido do problema", uma capacidade de interrogar a natureza.

- A opinião afirma de maneira dogmática, sem questionar. Ora, o verdadeiro espírito científico é aquele que sabe colocar as questões e tenta resolvê-las por meio de demonstrações.

"Nada está dado. Tudo é construído"

- Necessidade de um diálogo constante entre a razão e a experiência na ciência para saber formular problemas.

- A ciência é vista como uma perpétua reconstrução; os questionamentos e as retificações é que são permanentes: ela deve romper com a opinião e a experiência sensível, opondo-se às teorias anteriores e aos preconceitos.

43
HEIDEGGER

| 1889-1976 |

*Pensar é limitar-se a uma única ideia que, um dia,
permanecerá como uma estrela no céu do mundo.*
(Questions III)

Elementos biográficos

A influência de Husserl

Filósofo alemão, Martin Heidegger foi aluno e assistente de Husserl. Dedicou-lhe sua obra-prima *Ser e tempo* (1927) "em testemunho de veneração e amizade". A partir dessa obra, o público apressou-se a ouvir o jovem professor que tanta sensação causava na Universidade de Marburgo.

Quando Husserl se aposentou da Universidade de Freiburg, Heidegger, cuja celebridade foi aumentando, tornou-se seu sucessor. Rapidamente suas relações com Husserl se envenenaram, até que desapareceram totalmente.

A polêmica

Assim que os nazistas assumiram o poder, Heidegger foi nomeado reitor da Universidade de Freiburg. Seus vínculos com o partido nazista, ao qual ele pertenceu até 1945, são até hoje objeto de vivas polêmicas. É inegável, contudo, que um de seus primeiros atos como reitor foi proibir a propaganda antissemita no interior da universidade. Um ano depois de sua nomeação, ele se demitiu de seu posto de reitor e se dedicou unicamente à docência.

Em 1945, os Aliados proibiram Heidegger de lecionar, acusando-o por não ter denunciado as atrocidades do nazismo. No entanto, ele se tornava cada vez mais popular na França. Em 1951, foi reintegrado à função de professor, que exerceu até 1973, multiplicando viagens e conferências.

Heidegger é autor, sobretudo, de *O que é metafísica?* (1929), *Caminhos da floresta* (1950) e *A questão da técnica* (1953).

Século XX

Teses essenciais

Martin Heidegger está entre os pensadores mais marcantes do século XX. A questão do sentido do ser, questão fundamental e, contudo, esquecida na ontologia tradicional, constituiu o centro de sua reflexão. Heidegger não apresentou a seus leitores uma filosofia constituída, mas abriu caminhos de pensamento propícios à escuta do ser.

A questão do ser

A questão do sentido do ser (o que significa "ser"?) está por trás de toda a obra de Heidegger. Ele procura "fornecer uma interpretação do tempo como horizonte de toda compreensão do ser" (*Ser e tempo*). O ser somente se revela por meio do ente. Colocar a questão do ser, portanto, é interrogar-se pelo seu vínculo e sua diferença ontológica com o ente no qual ele se dá. Se o **ser** designa o fundo enigmático de todo ente, o que constitui sua força ativa, origem de todo ente sem, no entanto, ser isso ou aquilo, então o **ente** remete a toda realidade concreta e particular, às coisas que são isso ou aquilo.

O ser, fonte de todo ente, não é um ser supremo (Deus, as ideias platônicas...), como a filosofia concebeu ao longo de sua história. Ele não é isto nem aquilo, mas um não ente, "nada" (*das Nicht*) que a metafísica esqueceu, mas que é essencial pensar.

A tradição, muitas vezes, privilegiou a eternidade para pensar o ser. Ora, é o **tempo** que permite compreendê-lo, segundo Heidegger: como o ser, o tempo não é nem isto nem aquilo, não é um ente, mas é aquilo em que todo ente se desdobra.

O *Dasein*, o estar aí do ser

Entre os entes, o homem é o único que se coloca a pergunta pelo sentido do ser. O homem é o ***Dasein***: "o estar aí" do ser, ou "ser aí", o lugar do desdobramento do ser no qual a questão do ser vem à luz. Esse "pastor do ser" já está desde sempre em contato com o ser.

Ora, o modo de ser do *Dasein*, pelo fato de não se limitar simplesmente a subsistir, caracteriza-se pela **existência**. Existir, *ek-sistere*, é, literalmente, não coincidir consigo mesmo, estar fora de si, não ser simplesmente aquilo que se é, mas ser igualmente aquilo que se pode ser. O *Dasein* é projeto de ser "lançado no mundo", sua existência somente se compreende no horizonte da **temporalidade**. Portanto, é na análise da existência do *Dasein* que se revela a temporalidade do ser.

Heidegger • 1889-1976

O tempo não é uma sucessão linear de instantes, mas surge no homem como unidade, contemporaneidade do passado, do presente e do futuro. É o ser essencial do homem que, enquanto ser-no-mundo, já está sempre no mundo, descobre-se em sua **faticidade**, ou seja, marcado de **contingência**, ser finito (mortal), mas cuja existência também é poder ser, liberdade que se desdobra nas possibilidades que se oferecem a ele.

A morte, possibilidade última do *Dasein*

O *Dasein* sabe que é votado à morte e, nesse sentido, é um **ser-para-a-morte**. Com essa expressão, Heidegger não designa o fato de todo homem ter que morrer algum dia, mas sim a consciência assumida do fato de que se pode morrer a cada instante e, isto, desde nossa mais tenra idade: "Desde o momento em que um ser humano vem à vida, ele já é velho o suficiente para morrer" (*Ser e tempo*).

Existência autêntica e existência inautêntica

Diante da provação da finitude, que determina o *Dasein* como sendo fundamentalmente **cuidado**, duas possibilidades se apresentam ao existente: existir autenticamente (ser ele mesmo) ou de maneira inautêntica.

A **existência inautêntica** se perde no anonimato do (impessoal) "se". Ao dizermos "morre-se", ou "a gente morre", em vez de dizer "eu vou morrer", atribuindo à humanidade em sua generalidade a morte como horizonte, evitamos olhar este horizonte como sendo o nosso próprio horizonte; cedemos, assim, à ditadura do (impessoal) "se".

Ao contrário, a **existência autêntica** é a do *Dasein*, que assume sua mortalidade e se engaja no projeto.

Assim, Heidegger não concebia o tempo e a morte negativamente: eles permitem a existência autêntica, dão forma ao nosso estar-no-mundo. O **tempo autêntico**, abertura que permite ao ente ser, constitui a **verdade do ser**.

Não é porque o ser humano é um ser temporal que ele é votado à morte. É, inversamente, porque é mortal que sua existência é essencialmente inscrita na temporalidade. Existindo, mantendo-se fora de si mesmo na **antecipação da morte** (quer dizer, na apreensão da morte como possibilidade da impossibilidade da existência), transcendendo seu ser biológico, o *Dasein* realiza sua essência própria.

A virada

Ser e tempo interrogava o sentido do ser a partir da análise das modalidades de existência do *Dasein*. A partir dos anos 1930, Heidegger se voltou mais resolutamente para o ser em si mesmo, e buscou pensar a verdade do ser. Essa verdade, que Heidegger designava pelo termo grego **alètheia**, é o desvelamento daquilo que estava anteriormente dissimulado. A verdade não provém do ser humano, e, sim, se dá a ele na contemplação.

A língua tem dificuldade para expressar o ser quando é usada de maneira técnica. Por outro lado, a palavra dos poetas e dos pré-socráticos é abertura ao ser. É preciso escutar o ser que se desvela nela. "A linguagem é a casa do ser" (*Carta sobre o humanismo*): o ser está presente na linguagem; esta é o advento da abertura ao ser, o "dizer" do ser. No dizer poético, palavra despojada de seu caráter instrumental, Heidegger via o desvelamento do ser. O poema era palavra pura, desnudada de informação sobre o mundo, presença do ser.

A essência da técnica

A técnica designa, em Heidegger, a **maneira como o ser humano se reporta ao mundo**. Nesse sentido, manifesta de maneira extrema o esquecimento do ser que caracteriza os tempos modernos.

Com efeito, a técnica é uma **provocação**, uma requisição que Heidegger designa por meio do termo **arrazoamento**. A técnica interpela a natureza a entregar seus recursos, os extrai e os acumula: fazendo do ente um **fundo sempre disponível**; ela designa um verdadeiro modo de ser em face ao mundo. Tudo, incluindo a própria vida, é considerado como objeto a ser dominado, numa perspectiva utilitária. A técnica propõe-se um único fim: ela mesma.

Multiplicando os meios, oculta-se a questão dos fins que esses meios perseguem. Com a utilidade transformada em único valor, a relação técnica do homem com o mundo destrói a essência humana que consiste na abertura à contemplação do mistério do ser. Assim, é preciso recuperar uma relação contemplativa e não mais apropriativa com o mundo.

Heidegger • 1889-1976

Uma obra-chave: *Heidegger*

Contexto

Não tendo sido autorizada a citação de um extrato das obras de Heidegger, aqui apresentamos um extrato da obra de Alain Boutot sobre Heidegger.

Extrato

[A técnica] coloca o homem em perigo, não apenas porque os meios técnicos, atualmente, tornam possível a destruição completa de toda a espécie humana, mas porque ela ameaça, de maneira bem mais profunda, a essência pensante do ser humano, isto é, sua relação com o ser. Como ela não passa de um fundo, o homem moderno se erige em "senhor e dono da natureza", a ponto de lhe parecer que, em toda parte, ele sempre se depara somente consigo mesmo, que não existe nada mais do que não esteja, ou não possa vir a estar em seu poder. Na realidade, trata-se da maior ilusão. [...] O ser humano, que enxerga todas as coisas e a si mesmo do ponto de vista do pensamento calculista, apega-se ao ente sobre o qual tenta exercer sua dominação e não se preocupa mais com aquilo que deveria lhe interessar muito mais do que todas as outras coisas, isto é, o ser em si. Sem mais se preocupar em entrar na proximidade essencial das coisas, nem em salvaguardar seu desvelamento na presença, ele erra em um não mundo. [Sua] agressão contra tudo aquilo que é culmina na tentativa, atualmente em curso, de dominar a própria vida que assume forma de mais um produto como outros, que se tenta manipular ou transformar. Essa agressão contra a vida e contra o próprio ser do homem é mais inquietante aos olhos de Heidegger do que a hipótese de uma destruição que pese sobre o planeta, talvez por ela ter permanecido, geralmente, no silêncio (Boutot, 1991).

Século XX

Chaves textuais

A relação técnica com o mundo

• A técnica: não o conjunto de instrumentos ou procedimentos usados pelo ser humano para chegar aos seus fins, mas uma forma utilitária de relação do homem com o mundo.

• A técnica é o remate da metafísica ocidental; ela encarna o projeto inaugurado pelo cartesianismo de tornar-se "senhores e donos da natureza". A vontade de potência se torna vontade de vontade, sem questionar os fins.

Os perigos da técnica

• Primeiro perigo: a destruição dos recursos naturais.

• O perigo essencial: o esquecimento do ser. O ser humano, obnubilado pela rentabilidade, a eficácia, perde-se em uma visão essencialmente utilitária do mundo e da vida.

• O ser humano acredita ver apenas a si mesmo, em sua dominação da natureza, mas, na realidade, não encontra jamais seu próprio ser nessa forma técnica de relação com o mundo; ele vê apenas os entes e suas funções e esquece a questão do ser.

44
WITTGENSTEIN

<u>1889-1951</u>

Aquilo sobre o que não se pode
falar é preciso calar.
(Wittgenstein, 1961)

Elementos biográficos

As primícias de um gênio

Último dos oito filhos de uma família rica e culta instalada em Viena, Ludwig Wittgenstein estudou primeiramente construção mecânica e se voltou para a aeronáutica, mas depois se apaixonou pela matemática pura.

Encontros determinantes

Ele teve contatos com Frege, antes de seguir o ensinamento de Russell, célebre lógico inglês. Este, admirado, descobriu seus dons excepcionais e o incitou a resolver problemas espinhosos de lógica matemática sem que ele tivesse ainda nenhuma formação filosófica. Wittgenstein encontrou-se, a convite, com os membros do Círculo de Viena a partir de 1927. Suas discussões foram a oportunidade para Wittgenstein esclarecer o sentido de sua filosofia que esses últimos entenderam, equivocadamente, como uma condenação da metafísica.

Um personagem fascinante

Engajado no fronte em 1914, Wittgenstein redigiu nesse ambiente a única obra que foi publicada durante sua vida, o *Tractatus logico-philosophicus* (1921). Além de sua carreira universitária, ele teve diversas atividades profissionais (engenheiro, arquiteto, soldado carregador de feridos em macas...). Wittgenstein se tornou conhecido como pessoa de gênio instável e prodigioso.

Seu pensamento passou por uma mutação profunda, como se viu nas *Investigações filosóficas* que foram publicadas apenas em 1953.

Homem de caráter, ele se descrevia como um aristocrata fracassado e repudiava a herança familiar que teria feito dele um dos homens mais ricos da Europa. Ao saber que estava com câncer, sentiu-se desolado, não pelo diagnóstico, mas pelo fato de saber da existência de uma terapia eficaz, argumentando que não tinha nenhum desejo de continuar a viver.

Teses essenciais

Na linhagem de Russell, que empregou em seus *Principia Mathematica* o método da análise com vistas a identificar os átomos lógicos, Wittgenstein se interessou pela estrutura lógica da linguagem e do real.

Linguagem e mundo no *Tractatus*: uma mesma estrutura

O mundo é composto de fatos atômicos, de **estados de coisas**, concebidos como conexões de objetos: "O mundo é o conjunto dos fatos, não das coisas!" O fato é a unidade elementar da realidade na medida em que o objeto não se deixa atingir em si mesmo.

As proposições da linguagem, igualmente analisáveis em proposições atômicas, pelas quais são reunidos nomes, **signos simples** dos objetos, manifestam a mesma forma lógica, embora elas devam ser concebidas como quadros, representações dos fatos.

Distinção do dizível e do indizível

Apenas as proposições passíveis de se verificar empiricamente (as proposições que descrevem o mundo sem, no entanto, explicá-lo realmente, ou seja, as proposições das ciências da natureza) são dotadas de sentido. As proposições da lógica (redutíveis à tautologia) e da matemática, por sua vez, não dizem nada sobre o mundo, não tendo nenhum referente.

Enfim, os enunciados da metafísica, da ética e da estética, não representando um estado de fato, são privados de sentido. Mas ao dizer isso, contrariamente ao que acreditaram os positivistas do Círculo de Viena, ele não condenava a metafísica.

Com efeito, se pela linguagem se pode apenas descrever o mundo, não é por isso que esta não tenha um valor ou um sentido. Contudo, este sentido não pode ser dito, é algo inexprimível que pode ser somente "mostrado": "existe, certamente, algo inexprimível. Isso se mostra, é o elemento místico". Assim, o *Tractatus* define os limites entre o dizível

Wittgenstein • 1889-1951

e o inefável, e culmina em um misticismo que convida ao silêncio: "sobre aquilo de que não se pode falar, é preciso guardar silêncio".

Consequentemente, a filosofia deve clarear o pensamento. Ela "não é uma doutrina, mas uma atividade" que consiste em iluminar e delimitar os pensamentos que são conturbados e fluidos. Aqui se depreende um projeto, o da constituição de uma linguagem rigorosa e perfeita que evitaria qualquer equívoco.

Os jogos da linguagem

Mas o pensamento de Wittgenstein evoluiu e, a partir de 1929, ele passou a condenar fortemente algumas teses que antes havia defendido no *Tractatus*.

Recusando a perspectiva ontológica e, com ela, a ideia segundo a qual apenas a descrição da realidade comporta um sentido, foi pela linguagem considerada como universo autônomo e não mais como "imagem dos fatos" que ele se interessou. A linguagem deve ser compreendida pela análise de seu uso, pois ela é atividade. Wittgenstein distinguiu, assim, diversos **jogos de linguagem**, que são usos da linguagem que comportam suas próprias normas e são irredutíveis uns aos outros.

A linguagem, então, é apenas uma "caixa de ferramentas". Só se pode compreender a significação dos termos (e da ferramenta) quando se apreende seu uso, quando se sabe aplicar corretamente as regras que o regem.

Os problemas filosóficos encontram sua origem na interferência e na confusão entre diferentes jogos de linguagem.

Uma obra-chave: *Tractatus logico-philosophicus*

Contexto

No *Tractatus*, Wittgenstein buscou esclarecer as inúmeras controvérsias filosóficas derivadas de um mau uso da linguagem. Trata-se, então, de desvelar a estrutura lógica da linguagem a fim de compreender a estrutura do real.

Extrato

4.002. [...] A linguagem traveste o pensamento. E, especialmente, de tal modo que, pela forma exterior da veste, não se pode concluir a forma do pensamento travestido; a razão é que a forma exterior da roupagem visa algo totalmente diferente de permitir reconhecer a forma do corpo. Os arranjos tácitos para a compreensão da linguagem cotidiana são de uma complicação enorme.

4.003. A maior parte das proposições e das questões que foram escritas sobre assuntos filosóficos não são falsas, mas, sim, desprovidas de sentido. Por essa razão, não podemos absolutamente responder às questões desse gênero, mas apenas afirmar que elas são desprovidas de sentido. A maior parte das proposições e das argumentações dos filósofos é decorrente do fato de que não compreendemos a lógica da nossa linguagem.

[...] E não surpreende que os problemas mais profundos não sejam, em suma, de modo algum problemas (Wittgenstein, 1961).

Chaves textuais

O erro da filosofia: o mau uso da linguagem

• Os problemas e doutrinas filosóficas são desprovidos de sentido. Eles provêm de um mau uso da linguagem.

• A linguagem é imagem do mundo. Consequentemente, tudo aquilo que não é descrição é indizível.

• Metáfora: o corpo fica oculto e a percepção dele é modificada pelas vestes, da mesma maneira que o pensamento não descritivo é travestido, pervertido pela linguagem.

Os enunciados da filosofia são vazios de sentido

• Vazio de sentido: aquilo que não remete a um estado de coisas, a uma realidade empiricamente verificável.

• Vazio de sentido não significa insensato: a filosofia não enuncia proposições falsas. O erro da filosofia está em apresentar problemas que não são problemas.

Uma nova concepção da filosofia, não uma condenação

• O objetivo da filosofia: esclarecer a lógica da linguagem, remediar os transtornos que ela engendrou.

• A crítica da filosofia que não leva, no entanto, a uma condenação da metafísica, da ética e da estética: elas pertencem à ordem do que se vive, se mostra, mas não daquilo que pode ser dito.

• O indizível (o que não pode ser expresso em palavras) não é desvalorizado, muito ao contrário.

45
POPPER

1902-1994

O critério da cientificidade de uma teoria reside na possibilidade de invalidá-la, refutá-la ou, ainda, testá-la.
(Conjecturas e refutações)

Elementos biográficos

O interesse pelas ciências

Sir Karl Raimond Popper, professor de matemática e física, interessou-se pelos debates que animavam o Círculo de Viena e pelos pensamentos de Carnap e Wittgenstein, embora ele não partilhasse de seus pontos de vista positivistas.

Fascinado pela relatividade e pela mecânica quântica, ele se interrogou a respeito da natureza e os métodos das ciências. Na *Lógica da pesquisa científica* (1934) ele se opôs ao positivismo lógico do Círculo de Viena que fundamentava a ciência na experiência e no método indutivo.

Uma epistemologia inovadora

Sob a ameaça da expansão alemã, Popper deixou a Áustria para lecionar na Nova Zelândia até 1945, ano da publicação de suas obras políticas pelas quais ele criticou o historicismo e as concepções políticas dele decorrentes: *A sociedade aberta e seus inimigos* e *Miséria do historicismo*.

Quando se tornou professor de lógica e de metodologia científica em Londres, publicou as *Conjecturas e refutações* (1953), obra que oferece uma visão nova da ciência e de seus métodos.

Século XX

Teses essenciais

Grande figura da epistemologia contemporânea, Karl Popper contribuiu para a renovação do método e do estatuto das ciências empíricas. Diante da hegemonia do Círculo de Viena, ele desenvolveu um racionalismo crítico que visava desvelar as ilusões da postura positivista.

A falsificabilidade, critério de demarcação da ciência

Popper se associou ao problema da existência de um **critério fiável** que permitisse definir o estatuto científico de uma teoria. Tratava-se de saber como distinguir uma teoria científica (a relatividade de Einstein, por exemplo) de uma teoria não científica (as ideologias como o marxismo ou a psicologia freudiana).

Uma teoria pode ser denominada científica não porque pode ser comprovada ou verificada cientificamente: é fácil encontrar aspectos confirmáveis de inúmeras teorias na experiência e, inversamente, a teoria da relatividade nem sempre corresponde à nossa experiência do mundo. Popper se opôs ao **verificacionismo** defendido pelo Círculo de Viena.

Antes, é porque ela é **falsificável**, ou seja, susceptível de ser desmentida, testada, refutada, que uma teoria é científica. Para toda teoria deveríamos poder dizer em que condições ela poderia se revelar falsa, imaginar uma experiência que, *se ela se realizasse*, nos permitiria invalidá-la. Não existem senão provas negativas. Quanto mais uma teoria é falsificável, mais ela é científica, pois mais ela se expõe ao risco, mais ela pode ser submetida aos testes e à crítica.

Ora, teorias como o marxismo, a psicologia individual ou a psicanálise são discursos totalizantes que dão explicações para todos os fatos possíveis em seu domínio e que, por isso, não podem ser refutadas. São ideologias, não teorias científicas. "Uma teoria que explica tudo o que poderia acontecer não explica nada" (*A miséria do historicismo*).

Contra a indução, o método dedutivo

O Círculo de Viena admitia que é por seu caráter empírico que a ciência se distingue da pseudociência (da metafísica, sobretudo). A ciência se funda em uma base empírica e procede por **indução**: partindo da observação dos fatos particulares, ela identifica as leis universais que os ordenam. Popper denunciou esse método, fonte de ilusões: não é porque nós observamos inúmeras vezes que os corvos são pretos que todos eles o serão necessariamente. De uma multidão de casos particulares não podemos legitimamente induzir uma lei universal.

Popper propõe, então, um outro método, **dedutivo**: da teoria nós devemos poder deduzir enunciados singulares, "predições" que permitam testá-la na experiência (da lei "todos os corvos são pretos" se deduz a predição: "o próximo corvo observado será preto"). Se ela não resistir ao teste, será refutada. Senão, será **provisoriamente** aceita, "corroborada". Toda teoria seria, portanto, uma conjectura sujeita a refutação.

A teoria: uma conjectura

A teoria é **provisoriamente** aceita, pois nenhuma experiência permite validá-la de uma vez por todas. As teorias são apenas **conjecturas**, hipóteses, já que não são verificáveis, e nunca estarão ao abrigo de uma refutação posterior.

Contra a atitude **dogmática** que consiste em admitir como verdadeira uma teoria que a experiência não refuta, Popper defendia um **racionalismo crítico**: o erro é uma etapa necessária à evolução da ciência. Esta se desenvolve por meio de rupturas, por tentativas e erros, e não pela acumulação dos saberes.

Se a comunidade científica aceita uma nova teoria, é porque ela é uma aproximação melhor, e porque ela explica o real melhor do que a teoria anterior. Ela deve ter um conteúdo informativo mais rico e resolver o problema que fez submergir a teoria anterior. Assim, a escolha de uma teoria se justifica, mas a teoria nem por isso é definitiva e/ou aceita de forma absoluta. Não se dirá, portanto, que uma teoria é verdadeira, mas que ela é **verossímil**.

Popper volta a questionar toda a pretensão da ciência de apresentar uma certeza absoluta: o que a ciência sempre deve fazer são conjecturas mais ou menos aceitáveis. O papel do cientista é, antes de tudo, eliminar as soluções falsas.

O indeterminismo

Popper rejeitava a visão determinista do mundo. O universal é **indeterminado**. Com efeito, uma criação original como a *Sinfonia em sol menor*, de Mozart, não pode ser predita. A unicidade, a novidade e a criação manifestam a **liberdade** humana.

Século XX

Essa concepção, que rejeita igualmente a pretensão das ciências humanas de conceber o fato humano como sujeito a leis universais e necessárias, implica uma crítica do historicismo dos sistemas totalizantes que pretendem explicar todos os fatos relacionando-os a um princípio único. As filosofias da história, que pensam explicar os fatos, são as premissas do **totalitarismo**: elas justificam os fatos mais horríveis. A história não tem sentido. Escrever a história é excluir inúmeros fatos particulares. Nas suas obras políticas, Popper defendia, contra esses discursos globalizantes que pensam uma evolução necessária da humanidade rumo a um objetivo final, uma sociedade aberta e democrática que reconhecesse a liberdade humana.

Uma obra-chave: *A lógica da pesquisa científica*

Contexto

Popper se interrogou sobre o estatuto das teorias científicas e tomou o contrapé das teses defendidas pelo Círculo de Viena. Ele redefine, no texto a seguir, o critério de demarcação entre ciência e pseudociência.

Extrato

As teorias, portanto, jamais são verificáveis empiricamente [...]. Contudo, eu admitiria, certamente, que um sistema somente é empírico ou científico se for suscetível de ser submetido a testes experimentais. Essas considerações sugerem que é a falsificabilidade, e não a verificabilidade de um sistema, que se deve tomar como critério de demarcação. Em outras palavras, eu não exigiria de um sistema científico que ele pudesse ser escolhido, de uma vez por todas, em uma acepção positiva, mas exigiria que sua forma lógica seja tal que ele possa ser distinguido, em meio a testes empíricos, em uma acepção negativa: um sistema que faça parte da ciência empírica deve poder ser refutado pela experiência (Popper, 1973).

CHAVES TEXTUAIS

Questionamento do verificacionismo

- Verificabilidade: possibilidade, para uma teoria, de ser confirmada pela experiência. Critério de demarcação da ciência, para o positivismo; ilusão, segundo Popper.

Popper • 1902-1994

- Os testes não bastam para validar definitivamente uma teoria científica: seria necessário fazer isso infinitamente, e isso é impossível. A passagem do geral ao universal é problemática e ilegítima.

O critério da cientificidade: a falsificabilidade

- Critério de demarcação entre teoria científica e teoria não científica: a falsificabilidade, possibilidade, para uma teoria, de ser testada empiricamente.

- Papel dos testes nas ciências: não de validar a teoria, confirmar sua verdade, mas refutá-la, e dizer quais são as más soluções.

- Consequência: não se fala de verdade definitiva, mas de hipótese provisoriamente aceita.

46
SARTRE

1905-1980

O homem é condenado a ser livre.
(Sartre, 2010)

Elementos biográficos

Os primeiros anos

Jean-Paul Sartre, órfão de pai, passou sua infância em Paris junto a sua mãe e seus avós paternos. Quando sua mãe se casou novamente, a família mudou-se para Rochelle. Período difícil para Sartre, que se sentia rejeitado e tinha uma relação conflituosa com seu padrasto. Apaixonado pelos livros, ele se entregou à escrita e à atividade docente. Na Escola Normal Superior estudou com Raymond Aron e Paul Nizan. Por ocasião de sua preparação para o exame oral da agregação de filosofia, uniu-se a Simone de Beauvoir. O casal que formaram, livre e solidário, foi legendário. Agregado de filosofia, Sartre lecionou e publicou suas primeiras obras filosóficas e literárias: *A imaginação* (1936), introdução a *O imaginário*, que somente foi publicado quatro anos mais tarde, *A náusea* (1938) e *O muro* (1939).

Um intelectual engajado

Enviado à guerra em 1939, Sartre foi mantido cativo até março de 1941. Retornando à França, criou uma rede de resistência intelectual (socialismo e liberdade). *O ser e o nada* foi publicado em 1943, mas foi sobretudo pelo teatro que Sartre se fez conhecer, principalmente com *As moscas* e *Entre quatro paredes*. Consciente das responsabilidades que recaem sobre os

Sartre • 1905-1980

intelectuais que se colocam na linha de frente, Sartre renunciou à docência para se dedicar inteiramente ao jornalismo e à escrita. Criou a revista *Os tempos modernos*.

Inicialmente engajado com os comunistas, ele rompeu definitivamente tal vínculo após a derrota da "Primavera de Praga". Seu combate contra as lutas anticoloniais (guerra da Indochina, da Argélia, do Vietnã), o transformou no mentor da esquerda intelectual.

Atingido cada vez mais pela cegueira, Sartre deixou uma obra inacabada. Célebre por suas obras teatrais, literárias e filosóficas, foi um homem engajado, um gênio incansável e desinteressado representante dos defensores da liberdade.

Teses essenciais

Pensador da liberdade e da contingência, Sartre desenvolveu um existencialismo ateu: "uma doutrina que torna a vida humana possível e que, além disso, declara que toda verdade e toda ação implicam um contexto e uma subjetividade humana" (Sartre, 2010). O primeiro princípio do existencialismo é que a existência precede a essência, de tal modo que o homem é absolutamente livre.

A existência precede a essência

As coisas **são** enquanto o homem **existe**: as coisas têm uma essência antes de serem. Por exemplo, esse corta-papel foi pensado de acordo com sua função antes de ser fabricado e de vir a ser. Ele permanecerá sempre corta-papel. Ele existe conforme sua essência.

Em contrapartida, "o ser humano não é, de início, coisa alguma", no sentido de que não se pode reduzi-lo a um conjunto de determinações: ele **existe** antes de tudo. Nele, "a existência precede a essência". Com efeito, o ser humano apenas subsiste, ele surge fora de si mesmo, não para atualizar uma hipotética essência que lhe teria sido já anteriormente atribuída, mas para inventar-se a si mesmo por meio do **projeto**, verdadeira superação de si. "O ser humano é antes de tudo um projeto que se vive subjetivamente, em vez de ser uma mosca, uma podridão, ou uma couve-flor" (Sartre, 2010).

Contingência e responsabilidade

A **contingência**, definida em *O ser e o nada* como "pura apreensão de si como existência de fato, sem justificação, caracteriza a existência humana": o existencialismo ateu de Sartre afirma que Deus não existe e, consequentemente, não existe uma natureza humana predefinida de que a existência seria meramente o desenvolvimento.

Assim, **a subjetividade é o fundamento dos valores e das ações**. Uma multiplicidade de possibilidades se oferece ao sujeito, e ele se encontra obrigado a fazer **escolhas** que orientarão sua existência. Cada um é o único responsável por suas escolhas, de modo que **se torna aquilo que faz de si mesmo**.

Mas ao nos escolhermos, também é a todos os seres humanos que escolhemos: "decidir ser isso ou aquilo é afirmar ao mesmo tempo o valor daquilo que escolhemos". Nossa responsabilidade, portanto, é dupla: por meio de nossos atos manifestamos a imagem de homem como consideramos que ele deva ser. Consequentemente, responsável por si mesmo, cada um é igualmente **responsável pela humanidade inteira**. "Ao me escolher, eu escolho o homem" (Sartre, 2010).

A náusea

Diante da consciência da faticidade e da absurdidade da existência humana (ela é, de fato, sem razão), o homem está sujeito à **náusea**, esse sentimento de vazio que revira o coração, essa vertigem diante da ausência de razão de ser que gera o sentimento de ser "demais". A angústia se apodera do indivíduo quando ele compreende que é o único responsável pelo caminho de sua existência, e que esta não tem justificação, que poderia muito bem não ser, como se fosse inteiramente gratuita.

A **liberdade** é fonte de angústia: ela faz do homem um ser inteiramente responsável por si mesmo, sem desculpas quando fizer escolhas erradas. Mas ela é também o que lhe permite projetar-se no futuro e agir.

A má-fé

Como é difícil assumir tal liberdade, aquele que Sartre denomina "o safado" tende a comportar-se com a **má-fé**, essa ausência de sinceridade para consigo mesmo. O safado, ou sujo, é frouxo. Ele se desvia de sua liberdade mentindo para si mesmo, cedendo à ilusão da necessidade dos acontecimentos.

O safado, por exemplo, explica seu ato invocando um determinismo psíquico porque não tem coragem de assumi-lo. Dessa forma, sente-se um pouco menos culpado, mas é evidente que tentar se justificar recorrendo ao álibi do determinismo (quer seja psíquico, natural ou ainda social) é uma frouxidão de que se é absolutamente responsável. A existência autêntica, pelo contrário, exige que assumamos nossa liberdade.

Uma liberdade na situação

A ideia central de Sartre é, portanto, otimista, pois, no fim das contas, o destino do homem está completamente em suas mãos, e porque ele tem que decidir, por seu engajamento, sobre aquilo que ele será. Obviamente, o homem está sempre **em uma situação**: ele não escolhe seu corpo, nem seu lugar geográfico, histórico ou social. Mas é no interior dessas condições existenciais que surge sua liberdade, e ela permanece inteira. A situação não determina a ação. É a ação, o engajamento, que dão sentido à situação e permitem superá-la. A enfermidade, por exemplo, que parece furtar ao homem certas possibilidades na medida em que o enfraquecem, não é um obstáculo à sua liberdade: suas antigas possibilidades não são suprimidas, senão substituídas por novas possibilidades dentre as quais ele deverá novamente fazer escolhas. "Dito de outra forma, a enfermidade é uma *condição* no interior da qual o homem é novamente livre e inescusável", embora o homem seja sempre "totalmente determinado e totalmente livre. É obrigado a assumir esse determinismo para colocar para além dele os objetivos de (sua) liberdade, fazer desse determinismo um engajamento a mais" (*Cadernos para uma moral*).

O outro: uma ameaça necessária

Mas nossa liberdade se choca com o outro. O outro é, antes de tudo, aquele que, por cujo olhar, me objetifica e me reifica (faz de mim uma coisa), nega minha liberdade caracterizando-me ("ele é isso, aquilo..."). Deixar-se levar pelo olhar do outro é entrar em representação, desempenhar um papel disto ou daquilo, como aquele garçom perfeito que os outros desejam que ele seja. Assim, quando Sartre escreveu, em *Entre quatro paredes*, que "o inferno são os outros", ele pôs a tônica no fato de que o conflito é constitutivo da relação com o outro. Cada consciência é uma liberdade que sonha ser absoluta (totalmente independente) e transformar a liberdade do outro em coisa passiva. A simples presença do outro é violência.

Mas o outro é também o vetor da tomada de consciência de si, é o "mediador indispensável entre mim e eu mesmo". A aparição do outro "me permite emitir um julgamento sobre mim mesmo como sobre um objeto" (*O ser e o nada*). A experiência da vergonha retrata bem isso: esse sentimento sempre está relacionado com a presença de outrem, seja real ou virtual. Nós sempre temos vergonha diante de alguém: "a vergonha é, por natureza, reconhecimento. Reconheço que sou como outra pessoa me vê" (*O ser e o nada*).

Uma obra-chave: *O existencialismo é um humanismo*

Contexto

Nesta conferência proferida com o fim de responder às acusações de seus críticos que pensam ver em suas obras um anti-humanismo, Sartre apresentou os princípios do existencialismo ateu, que reivindica a liberdade da existência humana.

Extrato

Dostoiévski escrevera: "Se Deus não existisse, tudo seria permitido". É este o ponto de partida do existencialismo. Com efeito, se Deus não existe, tudo é permitido; consequentemente, o homem encontra-se desamparado, pois não encontra, nem dentro nem fora de si mesmo, a possibilidade de agarrar-se a alguma coisa. Sobretudo, ele não tem mais escusas. Se, com efeito, a existência precede a essência, nunca se poderá recorrer a uma natureza humana dada e definida para explicar alguma coisa; dizendo de outro modo, não existe determinismo, o homem é livre, o homem é liberdade. Por outro lado, se Deus não existe, não encontraremos à nossa disposição valores ou ordens que legitimem nosso comportamento. Assim, nem atrás de nós, nem à nossa frente, ou no domínio luminoso dos valores, dispomos de justificativas ou escusas. Nós estamos sós, sem escusas. É o que exprimirei dizendo que o homem está condenado a ser livre (Sartre, 2010, p. 32-33).

Chaves textuais

Os princípios do existencialismo

- O existencialismo ateu: Deus não existe.

- Consequentemente, nenhuma essência, nenhum destino, encontram-se predefinidos para o homem. Não há uma natureza humana: o homem não é determinado a ser isso ou aquilo.

- O homem existe antes de tudo: ele deve fazer-se, e é o único responsável por aquilo que ele vem a ser.

- Rejeição do determinismo: nossos atos não são determinados, não resultam de maneira necessária de causas antecedentes. O homem: um existente absolutamente livre.

A moral fundada na subjetividade

- Deus não existindo, nenhum valor está dado de antemão: cabe ao homem inventar os valores morais.

- Responsabilidade inteira do sujeito que está só (o caminho a seguir não está traçado de antemão) e sem escusas (a existência não é o desdobramento necessário de uma natureza humana definida, o determinismo não existe na origem dos atos, eles dependem apenas do sujeito). É preciso assumir seu comportamento e suas escolhas.

- Expressão que pode parecer paradoxal: "o homem está condenado a ser livre". "Condenado: não se pode não escolher. Recusar-se a escolher já é fazer uma escolha".

- Portanto, somos sempre livres: sempre temos que fazer escolhas.

47
ARENDT

<u>1906-1975</u>

A sociedade de massa [...] não deseja cultura, mas diversão.
(A crise na cultura)

Elementos biográficos

Uma estudante formada por mestres ilustres

Hannah Arendt seguiu com paixão o ensinamento de Heidegger, e depois os de Husserl. Redigiu sua tese sobre *O conceito de amor em Santo Agostinho* (1929) sob orientação de Karl Jaspers, seu mestre e amigo.

O combate contra o totalitarismo

Diante da instauração do nazismo, Hannah Arendt se exilou na França e, em seguida, nos Estados Unidos, onde desenvolveu uma brilhante carreira universitária.

Ela também foi jornalista e militou pela causa judaica. Suas origens e os acontecimentos a que assiste foram motivadores de suas reflexões políticas.

Teses essenciais

Hannah Arendt se interessou pelos mecanismos dos sistemas totalitários e pela condição do homem moderno. Seu pensamento, durante muito tempo ignorado, abriu novas perspectivas para a análise da crise da cultura por que passa atualmente nossa sociedade.

O totalitarismo: a negação do político

Preocupada em pensar os acontecimentos de seu tempo, e sobremaneira o que tornou possível o horror da "solução final", Hannah Arendt mostrou, em *As origens do totalitarismo*, que o sistema totalitário, longe de poder ser integrado nas outras formas de opressão política que são o despotismo, a tirania e a ditadura, é um tipo de regime radicalmente novo na história, tendo sua própria especificidade. O sistema totalitário repousa na **atomização social**, criadora de uma massa amorfa constituída de indivíduos isolados que perderam toda consciência de viverem juntos, toda consciência política e, portanto, toda capacidade (e vontade) de se engajar politicamente.

O sistema totalitário assegura sua conservação por meio da **ideologia**, fazendo reinar continuamente o **terror**. Ele reivindica sua legitimidade pretendendo estar a serviço de leis transcendentes oriundas da natureza (a seleção das raças, pelo nazismo) ou da história (a luta de classes, pelo stalinismo), despreza as leis positivas (instituídas) em nome de leis pretensamente superiores e se apresenta como simples executante de uma lógica implacável a serviço da história ou da natureza.

A primazia do agir

Em *A condição humana*, Hannah Arendt se propôs pensar a possibilidade, para a sociedade moderna, de se preservar do totalitarismo. Como é do vazio político que se alimenta o regime totalitário, é preciso reabilitar a **ação política**.

Então, Arendt analisou as diversas formas do agir humano. Porque é na ação que o homem poderá encontrar os meios para viver em paz, e não na contemplação. Trata-se de "pensar o que fazemos". A *vita activa* designa a **vida ativa**, em oposição à **vida contemplativa** promovida pela tradição platônica. Arendt traçou uma tipologia do agir e distinguiu "três atividades humanas fundamentais: o trabalho, a obra e a ação".

O trabalho: a sujeição aos ciclos vitais

O **trabalho**, indispensável à vida biológica, permite garantir a sobrevivência do indivíduo e da espécie. No entanto, o que ele produz é destinado a ser rapidamente consumido: o *animal laborans* está condenado a trabalhar sem cessar, esgotando-se em uma atividade que o submete à necessidade natural e constitui, nesse sentido, a menos humana das atividades.

A obra: a durabilidade em perigo

A **obra** produz um mundo artificial de objetos mais duráveis do que os produzidos pelo trabalho. O *homo faber* se distingue do *animal laborans* pelo fato de produzir objetos técnicos externos ao processo vital, como edifícios, máquinas, obras de arte etc. Pela obra, o homem cria um espaço propriamente humano.

Resta certo que, muitas vezes, é em detrimento da natureza que se edifica esse espaço que, apesar de tudo, relaciona-se à utilidade. Ademais, confundindo trabalho e obra, e submetendo a técnica à lógica consumista do mundo do trabalho, a sociedade acaba perdendo esse mundo mais humano que ela havia engendrado:

> Com a necessidade que temos de substituir cada vez mais rápido as coisas que nos cercam, já não podemos nos permitir usá-las, respeitá-las e preservar sua inerente durabilidade; precisamos consumir, devorar, por assim dizer, nossas casas, nossos móveis, nossos automóveis.

Em um mundo em que a utilidade dos objetos técnicos chega a perder-se ela própria como fim, apenas a obra de arte resiste como símbolo de objeto durável que escapa à instrumentalização.

A ação salvadora

A **ação**, única atividade que coloca diretamente os homens em relação uns com os outros, é a atividade mais elevada. Ela designa o **engajamento político** do homem atuante que, criando um espaço público, abre-se à consciência da pluralidade, ao fato de o mundo ser constituído por indivíduos iguais e, no entanto, distintos. Tomar consciência de que o mundo é povoado por pessoas diferentes umas das outras, eis o que torna possível o diálogo construtivo que permite escapar da ameaça totalitarista.

Para que a ação política alcance seu pleno sentido, a sociedade deve desfazer a confusão existente entre esfera **privada** e esfera **pública**. A política não se restringe à gestão, e as pessoas devem fugir da tendência a preocuparem-se apenas com suas questões particulares.

O poder é coletivo

O verdadeiro poder político não é nem poderio, nem força, nem autoridade ou violência. Ele nasce de uma ação coletiva criativa: "O poder corresponde à aptidão humana para agir e agir de maneira coordenada" (*Da mentira à violência*).

O poder, oriundo de uma iniciativa coletiva, é uma liberdade partilhada que se opõe à violência e se instaura perenemente graças à lei que o estabiliza e o contém.

Uma obra-chave: *A condição humana*

Contexto

Depois de analisar as origens do totalitarismo, Hannah Arendt se dedicou, em sua segunda grande obra, a pensar as condições da evicção durável de todo sistema totalitário. O homem deveria fazer surgir um espaço público propício ao intercâmbio e à ação política.

Extrato

É o surgimento da automação que, em algumas décadas, provavelmente esvaziará as fábricas e libertará a humanidade do mais antigo e o mais natural dos seus fardos, o fardo do trabalho, e a sujeição à necessidade. Também aí está em questão um aspecto fundamental da condição humana, mas a revolta, o desejo de ser libertado das penas do labor, não são modernos, mas tão antigos quanto a história. O próprio fato de ser eximido do trabalho tampouco é algo novo; ele era contado outrora entre os privilégios mais solidamente estabelecidos da minoria [...]. A época moderna traz consigo a glorificação teórica do trabalho e chega, de fato, a transformar a sociedade inteira em uma sociedade de trabalhadores. [...] É uma sociedade de trabalhadores que se vai libertar das cadeias do trabalho e essa sociedade não sabe mais nada das atividades mais elevadas e mais enriquecedoras pelas quais valeria a pena ganhar tal liberdade. Nesta sociedade que é igualitária, pois é dessa forma que o trabalho faz os homens viverem juntos, já não existem classe, nem aristocracia política ou espiritual que possam provocar uma restauração das outras faculdades humanas [...]. O que temos à nossa frente é a perspectiva de uma sociedade de trabalhadores sem trabalho, isto é, privados da única atividade que lhes resta. Não se pode imaginar nada de pior (Arendt, 1961).

> #### CHAVES TEXTUAIS
>
> ### O sonho popular: libertar-se do trabalho
>
> • Referência a uma concepção antiga, mas comum, do trabalho: enquanto sujeição às necessidades vitais, fardo, ele não seria mais do que alienação.

Século XX

- O escravo dispensava o senhor do trabalho. Agora se acredita que a técnica libere o homem do labor.

O retorno à liberdade: o vazio a ser preenchido

- Mas o cidadão sabia viver sem trabalhar. Sua realização não se assentava no trabalho. Ele se dedicava à política ou à filosofia.

- Contrariamente, a Modernidade valorizou o trabalho e fez do ser humano um *animal laborans* antes de tudo, um ser que se define por seu trabalho e se realiza nele, que não tem valor senão por ele.

- Não sabendo mais se centrar em outra coisa a não ser na lógica da utilidade, o trabalhador é incapaz de ter atividades "inúteis" (independentes de toda perspectiva de rentabilidade) tais como pensar ou agir politicamente: tirar-lhe sua atividade não é libertá-lo, mas oferecer-lhe um mundo estranho no qual ele penará para encontrar seu lugar.

48
LÉVINAS

1906-1995

A moral não é um ramo da filosofia,
mas a filosofia primeira.
(Totalidade e infinito)

Elementos biográficos

A descoberta da fenomenologia

Nascido na Lituânia, em uma família judaica praticante, Emmanuel Lévinas, que foi naturalizado francês em 1930, viveu inicialmente na Rússia, onde seus pais se exilaram por ocasião da Primeira Guerra (1914-1918). Foi na França, em seguida na Alemanha, junto a Husserl e Heidegger, que ele se iniciou na filosofia.

Lévinas tornou os trabalhos de Husserl conhecidos na França: traduziu as *Meditações cartesianas* e dedicou sua tese de doutorado à *Teoria da Intuição na fenomenologia de Husserl* (1930).

A guerra, fonte de reflexões

Mobilizado em 1940, Lévinas foi feito prisioneiro e mantido cativo durante cinco anos. Ali redigiu *Da existência ao existente* (1947). A guerra, em nome da qual sua família foi massacrada, deixou nele marcas indeléveis.

Suas origens e os acontecimentos aos quais foi confrontado exerceram um papel capital no desenvolvimento de suas análises filosóficas: especialista da fenomenologia alemã e devoto do Talmud, ele elaborou uma ética nova.

Lévinas lecionou filosofia na Universidade de Poitiers, depois em Nanterre e, finalmente, na Sorbonne. É autor, sobretudo, de *Totalidade e infinito* (1961), *Quatro leituras talmúdicas* (1969), *Outramente que ser ou além da essência* (1967), e *Ética e infinito* (1982).

Século XX

Teses essenciais

Especialista inconteste da fenomenologia, Lévinas contribuiu para tornar conhecido na França o pensamento de Heidegger e de Husserl. Inspirado na Bíblia e no Talmud, ele renovou as perspectivas do pensamento ético e reabilitou o pensamento da alteridade.

A rejeição da totalidade

A filosofia ocidental, dos gregos até a instauração da filosofia hegeliana, empenhou-se em reduzir a experiência concreta, fonte de diversidade, à totalidade, a um sistema fechado que explicaria todas as coisas. O sistema pretende poder abraçar a totalidade do ser e reduzir o Outro ao Mesmo. Significa a rejeição à alteridade e ao infinito. É perversão da consciência que, negando toda exterioridade provavelmente por medo do desconhecido, acha que não tem nada para aprender da alteridade e a submete, egocentricamente, à identidade de si.

Contra a compartimentalização operada por esse pensamento globalizante, Lévinas pôs em evidência o **caráter irredutível da alteridade**. Ele pretendia reabilitar um pensamento do infinito e da irredutibilidade da experiência subjetiva. A relação com o **Outro** não poderia ser sintetizada nem integrada em uma totalidade. O Outro não pode ser reduzido nem ao eu nem a um conceito.

A abertura à alteridade

Outrem é "o absolutamente outro". Isto não significa que ele seja uma negação de mim mesmo, mas que me introduz na abertura ao que é positivamente outro.

Com efeito, ele se apresenta inicialmente como um **rosto**: não um rosto que eu posso fixar como a um objeto, mas um rosto que não é redutível aos traços objetivos que o determinam. Epifania do outro, o rosto manifesta a alteridade: por ser infinitamente mais do que os traços físicos que o constituem, ele nos abre ao infinito, a um além que não se reduz ao conceito. É revelação de um além do saber acabado, de uma transcendência não totalizante.

O significado ético do rosto

A experiência intersubjetiva é uma experiência profundamente **ética**: "o 'Outro como outro' se revela no 'Não matarás', inscrito em seu rosto" (*Totalidade e infinito*). O rosto do outro é sagrado na medida em que representa, antes de tudo, um apelo. Ele se apresenta em sua nudez, vulnerável e frágil, suscetível de exposição a todas as violências e, como tal, é signo de uma injunção ética que ordena não cometer assassinato e me coloca em situação de responsabilidade em relação ao Outro: "O outro, quanto outro, não é apenas um *alter ego*. É aquilo que eu não sou: é o fraco ao passo que eu sou o forte" (*Da existência ao existente*). Cada um deve cuidar de seu próximo, mas não pode, no entanto, exigir dele reciprocidade: "Eu sou responsável pelo outro sem esperar reciprocidade, mesmo que isso me custasse a vida. A reciprocidade é assunto *dele*" (Lévinas, 1982).

A ética, fundada no cara a cara, tem sua origem na experiência no rosto sagrado do outro como um apelo à responsabilidade e abertura a Deus: ela dá sentido à metafísica e à teologia. "No acesso à face se encontra certamente também o acesso à ideia de Deus" (Lévinas, 1982).

Uma obra-chave: *Ética e infinito*

Contexto

Nas linhas seguintes, extraídas de *Ética e infinito – Diálogos com Philippe Némo*, Emmanuel Lévinas define o significado ético do rosto de outrem.

Extrato

Pode-se dizer que o rosto não é "visto". Ele é o que não pode tornar-se um conteúdo, que nosso pensamento poderia abraçar. É o incontível, ele vos leva além. É nisto que o significado do rosto o faz sair do ser enquanto correlativo de um saber. Ao contrário, a visão é a busca de uma adequação; é o que, por excelência, absorve o ser. Mas a relação com o rosto é, antes de mais nada, ética. O rosto é aquilo que não se pode matar, ou pelo menos aquilo cujo *sentido* consiste em dizer: "Não matarás". O assassinato, é verdade, é um fato banal: pode-se matar a outrem; a exigência ética não é uma necessidade ontológica. A proibição de matar não torna o assassinato impossível, mesmo a autoridade da proibição se mantendo na malignidade do mal realizado (Lévinas, 1982).

Século XX

CHAVES TEXTUAIS

A irredutibilidade do rosto

• A visão: uma tentativa de globalização, um esforço para reduzir o outro ao mesmo, para abarcar de maneira sintética um conteúdo.

• O rosto não pode ser "visto", quer dizer, ele não se reduz a um objeto cujas características se poderiam, externamente, definir. O rosto é bem mais do que isso: é incontível, irredutível, é abertura para a alteridade e o infinito.

O rosto: questão central da ética

• O rosto: um apelo à bem-querência em relação a outrem e signo da proibição do assassinato. É o símbolo de um mandamento divino.

• A distinção entre o fato e o direito: de fato, o assassinato pode ser cometido. No entanto, a exigência ética permanece de direito e conserva sua autoridade.

MERLEAU-PONTY

1908-1961

*O que faz o filósofo é o movimento
que o reconduz sem cessar do saber à
ignorância, da ignorância ao saber, e uma
espécie de repouso nesse movimento...*
(Elogio da filosofia)

Elementos biográficos

Um eminente professor

Maurice Merleau-Ponty, normalista, *agregé* de Filosofia, foi professor na Sorbonne e também no Collège de France.

Defendeu duas teses de doutorado que não passaram despercebidas: *Estrutura do comportamento* (1942) e *Fenomenologia da percepção* (1945).

Um homem engajado

Com Sartre, Merleau-Ponty participou ativamente da revista *Os tempos modernos*, sobretudo como redator de editoriais políticos. Defensor da liberdade, ele se reconheceu no movimento existencialista.

Publicou, entre outras, *Elogio da filosofia* (1952), *As aventuras da dialética* (1955) e *Sinais* (1960).

Merleau-Ponty morreu brutalmente aos 53 anos, deixando um pensamento e uma obra inacabados. *O visível e o invisível* foi publicado postumamente, em 1964.

Século XX

Teses essenciais

A filosofia de Merleau-Ponty deve muito à fenomenologia de Husserl e, principalmente, à ideia de que é preciso "retornar às coisas elas mesmas". Trata-se de apreender a existência humana enquanto vivência concreta, habitar o mundo, descrever a percepção que temos dela, mais que explicá-la e analisá-la.

O retorno às coisas elas mesmas

Merleau-Ponty reabilitou a experiência sensível, longamente desvalorizada pela filosofia clássica. Era preciso, na linha de Husserl, retornar às coisas elas mesmas. Não para captar suas essências, mas para reencontrar a opacidade do real.

"A ciência manipula as coisas e renuncia a habitá-las" (*O olho e o espírito*): ela inventa uma representação do mundo pensando-o de maneira sistematizada, e, ao fazer isso, oculta o que pertence à ordem da vivência. Buscando a verdade por trás das aparências, consideradas enganadoras, a ciência já não pode encontrá-la. Nós estamos na verdade, ela não precisa ser construída nem descoberta em um além.

O olhar de Merleau-Ponty é fenomenológico: o que precisa ser feito é substituir a questão da eficácia, induzida por um universo sempre mais técnico, pela do sentido, e dessa forma retornar à opacidade do mundo que a ciência gostaria de apagar, iluminando-o com o que não é. Reencontrar o sentido do ser exige retornar aos fenômenos, ao mundo sensível tal como é percebido em sua imediatez.

A existência como engajamento

O homem não é apenas um espectador imparcial e passivo do teatro do mundo. Enquanto existente, ele está engajado no mundo, nele se faz: "A existência, no sentido moderno, é o movimento pelo qual o homem está no mundo, engaja-se numa situação física e social que se torna seu ponto de vista sobre o mundo" (*Sentido e não sentido*).

O homem, portanto, não está diante do e nem dentro do mundo, mas **no mundo**: ele o habita e o percebe de maneira ativa.

A percepção doadora de sentido

A percepção não é ato de nossa razão, como pretende a teoria intelectualista. Perceber não é julgar, interpretar sensações que seriam a matéria da percepção. Tampouco é fazer passivamente o registro de im-

Merleau-Ponty • 1908-1961

pressões sensíveis, contrariamente ao que afirma o empirismo: a própria ideia de sensação pura é uma abstração que não corresponde de maneira alguma à nossa experiência. "A sensação não é sentida", e os defensores da teoria da forma têm razão de considerar que o que se dá a nós na percepção é uma totalidade, um conjunto constituído.

Mas esta forma tampouco é uma forma objetiva independente da atividade do ser que percebe: na percepção nós damos um significado subjetivo aos acontecimentos percebidos. Perceber uma coisa é dar-lhe um sentido por si.

O sujeito vivo, que Merleau-Ponty denominava o "corpo próprio", constitui o centro ativo da percepção: o mundo é repleto de nós mesmos, ele reflete nossos sentimentos, pontos de vista e, contudo, é a léguas de distância do mundo objetivo que a ciência atua.

A recusa do dualismo

A fim de explicar a experiência vivida, Merleau-Ponty chega a recusar todo dualismo: o sensível e o espiritual são indiscerníveis, não existe a matéria de um lado e o espírito de outro, mas sim uma unidade.

Com efeito, é como **corpo próprio** que eu percebo. O corpo próprio, centro da percepção, consciência encarnada, não se reduz a um pedaço de matéria, mas designa o corpo que eu sou, não o corpo que eu tenho. Assim, em lugar de opor corpo e espírito, é preciso compreendê-los em sua união.

A carne

Por seu corpo, o homem está vinculado ao tecido do mundo, ele o habita e lhe dá sentido. Consequentemente, ele é solidário ao mundo. "O corpo próprio está no mundo como o coração está no organismo: ele mantém constantemente em vida o espetáculo visível, o anima e o nutre interiormente, formando com ele um sistema".

Não existe de um lado o sujeito e, de outro, o objeto, mas um entrelaçamento incessante pelo qual o homem se inscreve no mundo da mesma forma que o mundo se inscreve nele. Esse entrelaçamento forma a **carne** do mundo. O corpo próprio não é tocado senão porque toca: corpo e mundo são indissociáveis e a carne designa essa textura do ser que manifesta o quiasma[1].

---

1. Quiasma: entrelaçamento, cruzamento.

História

Na época de Merleau-Ponty, o marxismo era visto com fascínio: ele dava sentido aos acontecimentos, tornando a história uma totalidade orientada. Mas os acontecimentos levaram Merleau-Ponty, inicialmente favorável ao comunismo sob a forma teórica, a tomar suas distâncias com o comunismo real que se revelou cada vez mais repressivo.

Ele chegou à conclusão de que os acontecimentos são imprevisíveis e que a contingência é o fundo sobre o qual se desenha a história (cf. texto abaixo).

Uma obra-chave: *Sinais*

Contexto

Esta obra é um agrupamento de artigos. "O homem e a adversidade", de onde essas linhas foram extraídas, é uma conferência sobre o conhecimento do homem no século XX.

Extrato

O progresso não é necessário por uma necessidade metafísica: pode-se dizer, simplesmente, que, com muita probabilidade, a experiência acabará por eliminar as falsas soluções e por se identificar impasses. Mas a que preço, com quantos desvios? Nem mesmo está excluso, em princípio, que a humanidade, como uma frase que não chega a se completar, encalhe no meio do caminho. Claro que o conjunto de seres conhecidos pelo nome de homens e definidos pelas características físicas que conhecemos têm em comum também uma luz natural, uma abertura ao ser que torna as aquisições culturais comunicáveis a todos eles e somente a eles. Mas esse lampejo que encontramos em tudo que é dito humano se vê tanto nas formas mais cruéis de sadismo quanto na pintura italiana. É exatamente ele que faz com que tudo seja possível por parte do homem, e isso até o fim. O homem é absolutamente distinto das espécies animais, mas justamente pelo fato de não ter nenhum equipamento original e por ser o lugar da contingência, tanto na forma de uma espécie de milagre, no sentido com que se falou do *milagre grego*, quanto na de uma adversidade sem intenções. Nossa época está igualmente distante de uma explicação do homem pelo inferior quanto de uma explicação pelo superior, e pelas mesmas razões. Explicar por meio de alguma moção divina de que Leonardo da Vinci tenha sido o instrumento ou por alguma natureza humana capaz de beleza é sempre ceder à ilusão retrospectiva, é sempre realizar com antecedência o legítimo – é sempre ignorar o momento humano por excelência, em que uma vida tecida de acasos se volta sobre si mesma, se reencontra e se exprime (Merleau-Ponty, 1951).

CHAVES TEXTUAIS

A ilusão retrospectiva

- Conferir um sentido à história, acreditar no progresso, é ceder à ilusão retrospectiva: interpretar o passado à luz do presente.
- O homem dá sentido aos acontecimentos: ele quer acreditar no progresso.

A contingência da história

- Contingência: possibilidade que tem uma coisa de ser ou não ser, de ser assim ou de outra maneira.
- Contingência da história: o fato de os acontecimentos não se darem de maneira necessária obedecendo a um sentido predeterminado.
- O progresso é provável: o homem, dotado de razão, deveria terminar tomando consciência de suas falhas.
- Mas não é necessário: o homem não é movido por um instinto; é o lugar da contingência enquanto ser existente, e é capaz do melhor, como do pior.
- Assim, o futuro é imprevisível. É o homem que age e que dá ao passado seu significado a partir de seu ponto de vista presente.

50
FOUCAULT

<u>1926-1984</u>

O poder está em toda parte .
(A vontade de saber)

Elementos biográficos

Michel Foucault, normalista, licenciado em psicologia, estudou com Louis Althusser (fundador do marxismo estruturalista) e com Georges Canguilhem (filosofia das ciências).

Historiador e *agregé* de filosofia, interessou-se pela psicologia e a psiquiatria. Em sua tese de doutorado, *História da loucura na Idade Clássica* (1961), ele tratou do fenômeno da loucura, considerada por ele como um fato da civilização. Sua obra provoca paixões e críticas e inspirou a antipsiquiatria.

Um militante que luta contra a exclusão

Homossexual, Foucault se dedicou à análise da marginalidade e das formas que a discriminação pode assumir: sua reflexão recaiu sobre o asilo, a prisão, a sexualidade.

Em 1970, foi nomeado professor no Collège de France, e os estudantes disputavam para ouvir seus cursos. Ele aproveitou de sua notoriedade para denunciar as condições carcerárias e fundou o Grupo de Informação sobre as Prisões. Militou, ainda, pela defesa dos imigrantes, dos dissidentes soviéticos, dos antifranquistas e dos homossexuais.

Ele é considerado, hoje, um dos maiores representantes do estruturalismo e um dos mais importantes filósofos franceses do século XX. *As palavras e as coisas* (1966), *A arqueologia do saber* (1969) e *Vigiar e punir* (1975) são suas obras principais.

Foucault • 1926-1984

Teses essenciais

Michel Foucault procurou definir "os discursos em si, os discursos enquanto práticas que obedecem a regras" (Foucault, 1966). Tratava-se de evidenciar as **condições de formação dos discursos**, eventos completos em si. Tal **arqueologia do saber** visava fazer a genealogia de conceitos com a loucura, a sexualidade, a delinquência e o poder.

O problema da loucura

Michel Foucault dedicou as primeiras pesquisas à questão da loucura. A loucura aparece como um problema somente para aquele que não lhe está submetido. O louco era um marginal em quem se exprimia a "besta" associal que existe adormecida em todo ser humano, que deveria ser reprimido e excluído da sociedade, ou seria uma vítima que precisava de cuidados?

As respostas a essas questões variaram ao longo da história e por meio da *História da loucura na Idade Clássica*, Foucault desvelou as estruturas antropológicas a partir das quais se erigiu um discurso da razão sobre a desrazão que faz sentido. Ele analisou igualmente as práticas que acompanhavam esses discursos.

A evolução dos discursos sobre a loucura

Da Idade Média ao século XVII fez-se a **experiência trágica** da loucura. Considerado como lugar da manifestação de forças obscuras ameaçadoras, o louco era excluído das cidades, mas a loucura não era necessariamente reconhecida em sua especificidade.

No século XVII, os loucos, considerados culpados por sua condição, eram trancafiados com os criminosos, para não perturbarem a ordem pública. A razão, norma tirânica, excluía absolutamente e reprimia a desrazão. Era a **experiência moral** da loucura. As Luzes trouxeram um olhar mais esclarecido sobre o fenômeno da loucura, e empreenderam a defesa dos direitos daqueles que não tinham condições de se defenderem por si mesmos.

Nos séculos XIX e XX fez-se a **experiência científica** da loucura: ela se tornou objeto científico, a razão almejava classificar e domesticar as diferentes formas de doença mental, fazendo do louco um objeto de investigação racional (e não um sujeito) mais do que de verdadeira compreensão: "Em nossa época, a experiência da loucura se faz na calma de um saber que, de tanto conhecê-la, a esquece".

Um discurso científico fonte de alienação

Longe de representar um progresso, contrariamente ao que admite a opinião comum, a forma como a Modernidade tratou da loucura legitimou uma nova forma de exclusão ao trancar o "louco" nos centros especializados, marginalizando-o por causa de sua "anormalidade".

Fonte de poder, o discurso científico sobre a loucura mantém sua influência sobre o indivíduo e o aliena. A razão é fonte de discriminação e de alienação.

Arqueologia das ciências humanas

A questão é saber em que condições o ser humano tornou-se um objeto de conhecimento para si mesmo. Fenômeno bastante recente, as ciências humanas resultam de uma mudança de *epistème*. Este termo grego designa o conhecimento implícito, a base estrutural na qual se articulam todos os conhecimentos em determinado período, os "quadros mentais" de uma época.

Desde o século XIX o homem tornou-se objeto de um conhecimento positivo e de investigação científica. As ciências humanas, como a psicologia e a sociologia, desenvolveram-se graças à emergência do conceito do humano concebido tanto como sujeito conhecedor quanto como objeto do saber. Esse conceito, Foucault predisse, está fadado a desaparecer: "O homem é uma invenção cuja arqueologia de nosso pensamento revela facilmente a data recente. E, talvez, o fim próximo" (Foucault, 1966).

Arqueologia do poder

Foucault analisou, ainda, as condições do exercício do poder por uma reflexão sobre os sistemas disciplinares.

O poder não é apanágio do Estado, mas está em toda parte; ele "se produz a cada instante, em todos os pontos, ou melhor, em toda relação entre um ponto e outro" (*A vontade de saber*). A sociedade desenvolve a instrução e o controle dos indivíduos. É o reino da norma que se instaura.

Não se procura tanto punir o criminoso, mas readequá-lo, enquadrá-lo ou, pelo menos, normalizar sua conduta. A prisão, sistema que se generaliza, visa à eficácia, o controle permanente do delinquente.

Interiorizada, a vigilância onipresente do indivíduo torna-se o meio de sujeitá-lo a ele mesmo. Os mecanismos pelos quais o poder invisível é exercido são múltiplos: a prisão, a escola, os hospitais, as casernas... todos esses mecanismos visam otimizar o controle dos indivíduos, ainda mais forte por ser invisível.

Foucault • 1926-1984

Uma obra-chave: *As palavras e as coisas*

Contexto

Foucault propôs uma "arqueologia das ciências humanas" (subtítulo da obra), que permitiria mostrar como e em que condições o homem tornou-se por si mesmo um objeto da ciência.

Extrato

O trabalho [...] isto é, a atividade econômica – somente surgiu na história do mundo no dia em que os homens se perceberam numerosos demais para poderem se alimentar dos frutos espontâneos da terra. Não tendo mais como subsistir, alguns morreram, e muitos outros teriam morrido se não se tivessem posto a cultivar a terra. E na medida em que a população se multiplicava, novas faixas de floresta tinham que ser derrubadas, desbravadas e cultivadas. A cada instante de sua história, a humanidade trabalha somente sob ameaça de morte: toda população, se não encontra novos recursos, é votada a se extinguir; e, inversamente, na medida em que os homens se multiplicam, eles empreendem trabalhos mais numerosos, mais distantes, mais difíceis, menos imediatamente fecundos. O peso da morte fazendo-se mais temível na proporção em que os meios de subsistência necessários são mais inacessíveis, o trabalho, inversamente, precisa crescer em intensidade e usar todos os meios de se tornar mais prolífico. Assim, o que torna a economia possível, e necessária, é uma perpétua e fundamental situação de escassez: diante de uma natureza que, por si mesma, é inerte e, salvo por uma minúscula parte, estéril, o homem corre risco de vida. Não é mais nos jogos de representação que a economia encontra seu princípio, mas ao lado dessa região perigosa onde a vida enfrenta a morte. [...] O *homo oeconomicus* não é aquele que imagina suas próprias necessidades, e os objetos capazes de satisfazê-las; é, sim, aquele que passa, e usa, e arrisca sua vida escapando da iminência da morte (Foucault, 1966).

Século XX

CHAVES TEXTUAIS

A origem do trabalho

- Trabalho: atividade pela qual o ser humano transforma a matéria para preencher suas necessidades e escapar do risco da morte.

- O trabalho é uma necessidade para viver.

A penúria está no centro da economia

- Teoria da escassez: porque as matérias-primas são insuficientes, o ser humano precisa produzir riquezas.

- A multiplicação da população gera uma multiplicação e uma complexificação do trabalho.

REFERÊNCIAS

AGOSTINHO. *Confissões*. Paris: Flammarion, 1964. v. XI

ALAIN. *Éléments de Philosophie*. Paris: Gallimard, 1941.

ARENDT, H. *Condition de l'homme moderne*. [s. l.]: Calmann-Lévy, 1961.

ARISTÓTELES. *Les politiques*. Paris: PUF, 1983.

BACHELARD, G. *La formation de l'esprit scientifique*. Paris: Vrin, 1938.

BACON, F. *Novum Organum*. Paris: PUF, 1986.

BERGSON, H. *L'énergie spirituelle*. Paris: PUF, 2005.

BERKELEY, G. *Princípios do conhecimento humano*. Paris: Flammarion, 1991.

BOUTOT, A. *Heidegger*. Paris: PUF, 1991.

COMTE, A. *Cours de Philosophie Positive – Première leçon*. [s. l.]: Hermann, 1975.

COURNOT, A. A. *Essai sur les fondements de la connaissance et sur les caractères de la critique philosophique*. Paris: Vrin, 1975.

TOMÁS DE AQUINO. Somme théologique. In: L'Être et l'esprit. Paris: PUF, 1964. v. 1.

DESCARTES, R. Méditation seconde. *Méditations Métaphysiques*. Paris: Flammarion, 1979.

DIDEROT, D. Lettre sur les aveugles à l'usage de ceux qui voient. *Oeuvres*. Paris: Gallimard, 1951.

Referências

EPICURO. Lettre à Ménécée. In: *Lettres et maximes*. Paris: PUF, 1987.

EPITETO. *Manuel*. [s. l.]: Delagrave, 1876.

ESPINOSA, B. *Traité Théologico-Politique*. [s. l.]: Hatier, 1999.

FOUCAULT,, M. Les mots et les choses. Paris: Gallimard, 1966.

FREUD, S. *Métapsychologie*. Paris: Gallimard, 1968.

HEGEL, F. *Esthétique*. Paris: PUF, 1995.

HERÁCLITO. *Fragmento*. Paris: PUF, 1986.

HOBBES, T. *Leviatan*. [s. l.]: Sirey, 1983.

HUME, D. *Enquête sur l'entendement humain*. Paris: Flammarion, 2006.

HUSSERL, E. *Méditations cartésiènnes*. Paris: Vrin, 1953.

KANT, I. *Réponse à la question*: qu'est-ce que les lumières? Paris: Aubier, 1947.

KIERKEGAARD, S. A. *Post-scriptum définitif et non scientifique aux miettes philosophiques*. [s. l.]: L'Orante, 1997. v. I

LEIBNIZ, G. *Nouveaux essais sur l'entendement humain*. Paris: Flammarion, 1966.

LÉVINAS, E. Éthique et infini – *Dialogues avec Philippe Némo*. Paris: Arthème Fayard, 1982.

LOCKE, J. Second traité du Gouvernement Civil. Paris: Flammarion, 1992.

LUCRÉCIO. *De la nature – D rerum natura*. Paris: Aubier, 1993.

MALEBRANCHE, N. De la recherche de la vérité: *éclaircissement*. Paris: Vrin, 1976. v. 3

MARCO AURÉLIO. Pensées pour moi-même. *In*: SCHUHL, P.-M. (ed.). *Les stoïciens*. Paris: Gallimard, 1962.

MARX, K. *Le capital*. [s. l.]: Sociales, 1978.

MERLEAU-PONTY, M. L'homme et l'adversité. *Signes*. Paris: Gallimard, 1951.

MILL, J. S. *L'Utilitarism*. Paris: Flammarion, 1988.

MONTAIGNE, M. de. *Essais*. Paris: Gallimard, 1973. v. I

MONTESQUIEU. *De l'esprit des lois*. Paris: Flammarion, 1979. v. XI

NIETZSCHE, F. *Aurore*. Paris: Gallimard, 1970. v. 3.

PASCAL, B. *Pensées*. [S. l.]: Lattès, 1988.

PLATÃO. *Mênon*. [S. l.]: Flammarion, 1964.

PLOTINO. *Ennéades*. Paris: Les Belles Lettres, 1967. v. 5

POPPER, R. *La logique de la découverte scientifique*. Paris: Payot, 1973.

SARTRE, J.-P. *O existencialismo é um humanismo*. Petrópolis: Vozes, 2010.

SCHOPENHAUER, A. *Le monde comme volonté et comme re-présentation*. Paris: PUF, 1966. v. IV

SEXTO EMPÍRICO. *Esquisses pyrroniennes*. Paris: Seuil, 1997. v. 1.

TOCQUEVILLE, A. de. *De la démocracie en Amérique*. Paris: Gallimard, 1968.

VOILQUIN, J. De la nature. *Les penseurs grecs avant socrate: de Thalès de Milet à Prodicos*. Paris: Flammarion, 1964.

WITTGENSTEIN, L. *Tractatus logico-philosophicus*. Paris: Gallimard, 1961.

Conecte-se conosco:

f   facebook.com/editoravozes

⊙   @editoravozes

𝕏   @editora_vozes

▶   youtube.com/editoravozes

🟢   +55 24 2233-9033

www.vozes.com.br

Conheça nossas lojas:

www.livrariavozes.com.br

Belo Horizonte – Brasília – Campinas – Cuiabá – Curitiba
Fortaleza – Juiz de Fora – Petrópolis – Recife – São Paulo

  Vozes de Bolso

EDITORA VOZES LTDA.
Rua Frei Luís, 100 – Centro – Cep 25689-900 – Petrópolis, RJ
Tel.: (24) 2233-9000 – E-mail: vendas@vozes.com.br